Über dieses Buch

Die »Illustrierte Sittengeschichte« von Eduard Fuchs ist eine Abrechnung mit der Prüderie der Zeit um die Jahrhundertwende. Fuchs trat mit seinem reich bebilderten Werk den Beweis dafür an, daß frühere Zeiten – Mittelalter, Renaissance, Barock – diese spezifisch bürgerliche Tabuisierung des Körperlichen nicht kannten.

Nach der grundlegenden Darlegung der Historizität der Sexualmoral geht Fuchs auf den körperlichen Typus, den seelischen Zustand und die modische Kleidung des Mittelalters und der Renaissance ein. Der schmalbrüstigen, langgliedrigen Idealfigur des mittelalterlichen Menschen mit Spitzhut und Schnabelschuhen folgte nicht ohne Grund der stiernackige, muskulöse Typ der Renaissance mit breiten Schultern, Pluderhose und weitausladendem Federbarett.

Das letzte, umfangreichste Kapitel dieses ersten Bandes schließlich behandelt die Wandlung der Familienformen und die im damaligen öffentlichen Leben einen wichtigen Platz einnehmenden Gebräuche vor- und außerehelicher Sexualität an der Wende vom Mittelalter zur Neuzeit.

Der Autor

Eduard Fuchs (1870–1940) schrieb als Autodidakt zahlreiche kultur- und kunstgeschichtliche Werke zu tabuisierten Themen wie Sexualität oder Judenhaß. Er illustrierte seine erfolgreichen Bücher mit zeitgenössischen Karikaturen u. a. Kunstobjekten, die er durch findiges Sammeln der Vergangenheit entriß.

Der Herausgeber

Thomas Huonker (*1954) promovierte 1982 zum Dr. phil. über Leben und Werk von Eduard Fuchs. 1985 veröffentlichte er ›Revolution, Moral & Kunst. Eduard Fuchs: Leben und Werk‹ (Limmat Verlag, Zürich 1985).

Eduard Fuchs

Illustrierte Sittengeschichte

in sechs Bänden

Band 1: Renaissance
Teil I

Band 2: Renaissance
Teil II

Band 3: Die galante Zeit
Teil I

Band 4: Die galante Zeit
Teil II

Band 5: Das bürgerliche Zeitalter
Teil I

Band 6: Das bürgerliche Zeitalter
Teil II

Fischer Taschenbuch Verlag

Eduard Fuchs

Illustrierte Sittengeschichte

Band 1: Renaissance
Teil I

Ausgewählt und eingeleitet
von Thomas Huonker

Fischer Taschenbuch Verlag

Lektorat: Walter H. Pehle

12.–15. Tausend: November 1988

Veröffentlicht im Fischer Taschenbuch Verlag GmbH,
Frankfurt am Main, Oktober 1985

Umschlagentwurf: Jan Buchholz/Reni Hinsch
Umschlagabbildung: ›Die Dirne und der Jüngling‹. Holzschnitt, 15. Jahrhundert
Satz: Fotosatz Otto Gutfreund, Darmstadt
Druck und Bindung: Clausen & Bosse, Leck
Printed in Germany
ISBN 3-596-24331-9

Inhalt

Vorwort des Herausgebers zur Neuausgabe

Die »Illustrierte Sittengeschichte vom Mittelalter bis zur Gegenwart« ist das sechsbändige Hauptwerk des Kulturhistorikers und Kunstsammmlers Eduard Fuchs (*31. 1. 1870 in Göppingen, †25. 1. 1940 in Paris; Näheres zu seiner Biographie im Vorwort zu Band 3 dieser Ausgabe, Angaben zu seinem Werk im Vorwort von Band 5).

Die Erstausgabe erschien von 1909 bis 1912 im Verlag Albert Langen und blieb bis zum Kaufkraftschwund der Weltwirtschaftskrise in unzähligen unveränderten Nachdrucken ein Renner des Münchner Kunstverlags. Das berühmteste Werk von Fuchs wurde bereits vor seinem vollständigen Erscheinen von den Hütern der herrschenden wilhelminischen Moral als Bedrohung der Sittlichkeit mit einer fast 20 Jahre andauernden Flut von Denunziationen, Beschlagnahmungen und Gerichtsverfahren bekämpft. Erst 1928 rang sich die deutsche Justiz dazu durch, den Fall endlich ad acta zu legen, bis dann – fünf Jahre später – nicht nur die schriftstellerischen Werke, sondern auch Fuchs selbst im »Dritten Reich« nicht mehr geduldet wurden.

Fuchs hat den Skandal, den seine »Illustrierte Sittengeschichte« zwanzig Jahre lang hervorrufen konnte, schon bei der Herausgabe des monumentalen Werkes vorausgesehen. Er brachte deshalb die anstößigsten Textstellen und Illustrationen von Anfang an in drei Ergänzungsbänden zu den drei Hauptbänden unter, die als »Privatdrucke« ausschließlich an »Gelehrte, Sammler und Bibliotheken« abgegeben werden sollten, keinesfalls jedoch ans gewöhnliche Publikum und schon gar nicht – wie noch der abschließende Gerichtsbeschluß von 1928 festhält – an »Frauen und Kinder«.

Von den selbsternannten Kämpfern gegen »Schmutz und Schund« geschürt, schwelte der von Fuchs im voraus einkalkulierte Skandal um die »Illustrierte Sittengeschichte« in ständigen Gerichtsprozessen mit Gutachten und Gegengutachten weiter. Max Horkheimer, einer der illustren Freunde von Fuchs, verfaßte ein Gerichtsgutachten, das dem Werk von Fuchs nicht nur »hohen wissenschaftlichen Wert«, sondern auch große »Tiefe und Klarheit« bescheinigt.

Der permanente Skandal, ohne Zweifel ein stetes Ärgernis für den Moralisten Fuchs, war aber gleichzeitig auch eine der Hauptenergiequellen für den ebensolange anhaltenden buchhändlerischen und finanziellen Erfolg der »Illustrierten Sittengeschichte«. Dieses Buch, das für das Lesepublikum des Kaiserreichs konzipiert worden war, blieb noch 1930 das meistverlangte Buch in der Berliner Reichstagsbibliothek. Sein einmaliger Erfolg überlebte somit nicht nur den Ersten Weltkrieg und die Novemberrevolution, sondern auch die Umwälzungen in der öffentlichen Moral während der goldenen zwanziger Jahre. Das bekannteste Werk von Eduard Fuchs verdankte also seinen durchschlagenden Erfolg nicht nur dem puritanischen Vorkriegsklima, sondern konnte noch neben Bubiköpfen und kniefreien Röcken, neben den hüllenlosen Shows von Josephine Bakers Berliner Gastspiel 1925 oder dem neuen nylonbestrumpften deutschen Sexidol Marlene Dietrich sein Terrain behaupten.

Erst die Weltwirtschaftskrise stoppte das Geschäft mit dem skandalumwitterten Bestseller. 1932 gingen die Rechte auf die Werke von Fuchs vom bankrotten Langen-Verlag auf den Leipziger Verlag Hesse & Becker über, der die Restbestände mit 20 % Rabatt verramschte. Die »Illustrierte Sittengeschichte« behielt aber noch über die Zeit des Faschismus hinaus und lange nach dem Tod von Fuchs ihre Präsenz auf dem Buchmarkt: Sie war zum Geheimtip des Antiquariatsbuchhandels geworden. Zwar griff jener stolze Besitzer, der sein Exemplar vor einigen Jahren für 6000.– DM zum Verkauf annoncierte, etwas zu hoch, denn die »Illustrierte Sittengeschichte« wurde wegen ihrer riesigen

Auflage nie zur gesuchten Rarität. Sie blieb allerdings immer eine solide Investition: In einer Produktion des Konstanzer Stadttheaters vom Sommer 1982, welche die fünfziger Jahre Revue passieren ließ, wird als Kurswert der »Sittengeschichte« von Fuchs in der unmittelbaren Nachkriegszeit ein Sack Kartoffeln angegeben...

Was stand hinter diesem literarischen Volltreffer, welcher dem Autor Fuchs als einem der ganz wenigen Literaten seiner Zeit während mehr als zwanzig Jahren ein Leben in angenehmen materiellen Umständen ermöglichte?

Keinesfalls darf das enorme Interesse, auf das die »Illustrierte Sittengeschichte« von Fuchs gestoßen ist, als subjektive Erfolgsstory eines cleveren Autors losgelöst von ihrem gesellschaftlichen Hintergrund betrachtet werden. Das Genre der Sittengeschichte ist ja beileibe nicht erst von Fuchs erfunden worden. Wenn man so will, kann man bereits Herodot, den »Vater der Geschichtsschreibung«, als Sittenhistoriker bezeichnen. Denn bei der geschichtlichen Betrachtung der antiken Völker im Umkreis Griechenlands verweilt Herodot sehr ausführlich bei deren religiösen Riten, Sexualleben, Familienformen und Festlichkeiten. Es war nun aber natürlich nicht die Rückbesinnung auf Herodot, die Fuchs dazu brachte, eine Sittengeschichte zu verfassen. Fuchs brauchte nur einen Blick in eine Buchhandlung seiner Zeit zu werfen, um festzustellen, daß dieses literarische Genre ein echtes Bedürfnis seiner Zeitgenossen abdeckte.

In der zweiten Hälfte des 19. Jahrhunderts waren allein in Deutschland Dutzende von kulturhistorischen Büchern mit dem Begriff der Sittengeschichte in Titel oder Untertitel erschienen. Das europäische 19. Jahrhundert sprengte zwar im Zug der Industrialisierung alle bisherigen geschichtlichen Grenzen, war aber vielleicht gerade deshalb im Baustil und in der Geistesgeschichte vom Historismus geprägt. Warum sollte eine dermaßen an der Geschichte interessierte Zeit nicht auch die Sittengeschichte ins öffentliche Interesse rücken? Die Vergangenheitsbeflissenheit des 19. Jahrhunderts allein kann aber nicht den ganzen Erfolg dieser Literaturgattung erklären. Mehr noch als der Hang der Zeit zur Historie machte der Druck der gerne als viktorianisch bzw. wilhelminisch bezeichneten zeitgenössischen Sexualmoral die von der Sittengeschichte bevorzugten Themen zum Faszinosum.

Das moralische Klima der Zeit um die Jahrhundertwende kann man vielleicht am besten mit dem Hinweis auf den Umstand erläutern, daß es damals in besseren Häusern als unschicklich galt, die Holzbeine etwa eines Tisches unbekleidet unter dem tief herabhängenden Tischtuch hervorragen zu lassen; der obszöne Anblick eines zu den gewagtesten Phantasien Anlaß gebenden unbekleideten Beines mußte auch in diesem Fall mit Hilfe von eigens dazu kreierten Tischbeinhüllen aus der Welt geschafft werden. Dem puritanischen Moraldruck, der auf die Ausschaltung aller Manifestationen des Unschicklichen ausgerichtet war, entsprach im Einzelnen der entgegengesetzte neurotische Zwang, an sich gänzlich unerotische Objekte sexuell zu fetischisieren.

Geistesgeschichtlich führte dieses eigenartige Zusammenspiel von actio und reactio auf moralischem und psychologischem Gebiet dazu, daß ausgerechnet zu dieser Blütezeit der extremsten sexuellen Zwangsmoral nicht nur die moderne Sexualwissenschaft mit ihren Pionieren Havelock Ellis oder Auguste Forel entstand, sondern daß mit der Psychoanalyse Freuds schließlich eine Weltanschauung populär wurde, die das Unaussprechliche, die sexuellen Tabus, nicht nur wissenschaftlich thematisierte, sondern die Sexualität gar ins Zentrum ihres Menschenbildes rückte.

Aus dieser Konstellation heraus ist der Boom des Genres der Sittengeschichten in der zweiten Hälfte des 19. Jahrhunderts und um die Jahrhundertwende zu erklären. Die prüden, förmlichen und steifen Bürger dieser Jahrzehnte waren fasziniert von der Entdeckung, die ihnen die Sittengeschichte lieferte, daß nämlich die nackten Tatsachen des sittlichen und sexuellen Gebarens nicht nur anderer Völker, sondern auch der eigenen Vorfahren ihre gewagtesten Träume und Phantasien bei weitem überboten.

Aber aus diesem Zusammenhang heraus sind auch die Fehler in der Optik mancher sittengeschichtlicher Darstellungen der Zeit vor dem Ersten Weltkrieg zu erklären. Viele der damaligen Sittengeschichten begnügten sich damit, diese sexuellen Phantasien der Zeitgenossen auf andere Völker oder vergangene Jahrhunderte zu projizieren. Auch die vorliegende »Illustrierte Sittengeschichte« ist nicht ganz frei von solchen Projektionen. Doch Fuchs war derjenige Sittenhistoriker, der als erster und in vorher wie nachher nie erreichtem Maße ein Mittel in seine historische Forschungs- und Darstellungsweise einbrachte, das ihn gegen solche zeitgebundenen Phantasmagorien weitgehend gefeit machte. Die »Illustrierte Sittengeschichte« von Fuchs lebt von ihren Illustrationen. Die Stelle aus der Einleitung zum ersten Hauptband, wo Fuchs eine Einschätzung der bildlichen Quellen für die Geschichtsschreibung formuliert, zeigt genau, wie bewußt und effizient Fuchs das Bildmaterial aus den historisch aufgearbeiteten Zeitläuften als Schutz gegenüber den eigenen Phantasien einsetzte:

»Wir sehen im Bilde (...) das allerzuverlässigste Hilfsmittel zur wirklich plastischen Rekonstruktion der Vergangenheit. Außerdem ist u. E. das zeitgenössische Bild auch zugleich das einzige und das beste Kontrollmittel der literarischen Darstellung. Das Bild ist die klarste und einfachste Geschichtsquelle. Am näher präzisierten Beispiel erweist sich dies sofort. Wie umständlich und kompliziert ist es z. B., auch nur einen ganz einfachen Modetyp mit Worten so zu schildern, daß vor der Phantasie des Lesers ein absolut richtiges Bild entsteht. Jede Kontrolle würde sofort zu dem Beweis führen, daß sich schließlich jeder einzelne eine andere Vorstellung konstruiert hat.«

Zum vollen Verständnis dieser am Bilddokument orientierten Arbeitsmethode von Fuchs seien noch zwei Hinweise gegeben:

Erstens war es damals noch allgemein üblich, mit der Illustration historischer Werke einen Holz- oder Kupferstecher zu beauftragen, der sich dann die historischen Szenerien seiner ganz persönlichen Imagination entsprechend ausmalte.

Zweitens war Fuchs der Bruch mit der damals in Blüte stehenden Historienmalerei nur deshalb möglich, weil er als unermüdlicher und ungemein findiger Sammler alle Illustrationen für seine Bücher, alle diese Bilddokumente vergangener Zeiten selbst aufgestöbert hatte; der größte Teil davon gehörte im Original zu den reichen Beständen seiner Kunstsammlung. Ohne diesen ungeheuren Besitz vor allem an Grafik hätte Fuchs seine Sittengeschichte nicht illustrieren und auch nicht schreiben können. Denn die Bilder waren für ihn bei der Formulierung der Texte unentbehrlich; alle seine Bücher, auch die Sittengeschichte, sind eigentlich nichts anderes als Kommentare zum Vorzeigen seiner liebsten Sammelobjekte.

Von daher wird auch der ganz spezifische Stil verständlich, in dem alle Werke abgefaßt sind. Fuchs ist sich seiner Sache beim Schreiben sehr sicher, denn die Beweise – die Bilddokumente – liegen ja offen auf dem Tisch. So kommt der Autodidakt Fuchs ohne wissenschaftlichen Apparat und ohne Hypothesen aus. Es gilt nur noch, das Gezeigte im Text zu wiederholen und zu bekräftigen. In dem Aufsatz von Walter Benjamin über den Sammmler und Historiker Eduard Fuchs von 1937, der bis 1975 die einzige Arbeit über den während der Nazizeit in Vergessenheit Gebrachten blieb, wird noch ein anderer Grund für die zahlreichen Wiederholungen in den Texten von Fuchs erwähnt, nämlich »eine Rabelaisische Freude an den Quantitäten, die sich bis in die üppigen Wiederholungen seiner Texte bemerkbar macht«. Beide Gründe für diesen Makel der Werke von Fuchs hängen übrigens eng zusammen, denn die sich unbeschwert wiederholende Selbstsicherheit, in der Fuchs seine Bücher schrieb, bezog er nicht nur aus dem Besitz, sondern vor allem auch aus der riesigen Zahl der berücksichtigten Bilddokumente. So schloß er z. B. das Vorwort zu seinem ersten größeren Werk, einer zweibändigen Geschichte der Karikatur, in selbstbewußtem Stolz mit folgender Formulierung ab: »Die Zahl der (...) für dieses Werk durchgesehenen Karikaturen beträgt nach unseren bibliographischen Notizen ca. 68000 Stück.«
Um das Thema der Wiederholungen und des Verhältnisses von Bild und Text im Werk von Fuchs abzurunden, sei hier noch hinzugefügt, daß er nur einige wenige Bilddokumente mehr als einmal publizierte; für diese seltenen Fälle von Bildwiederholungen entschuldigte er sich beim Leser zudem stets ausdrücklich und mit konkreten Gründen.
Es ist jedoch nicht allein das überlegene Gefühl des Kunstkenners und -besitzers beim Kommentieren seiner Schätze, das seinen Stil so apodiktisch und zugleich so redundant macht. Neben seinem offenkundigen Erfolg als Schriftsteller gibt es noch eine weitere Quelle der literarischen Selbstsicherheit von Fuchs, die ihn manchmal Plattheiten im Brustton des Evangelisten repetieren läßt: Es handelt sich dabei um die feste Verankerung von Fuchs im marxistischen Denken der II. Internationale, wie es im deutschen Sprachbereich von Karl Kautsky systematisiert worden war. Diese Lehre erklärte sich mit Elementen aus dem Denken von Marx und von Darwin den Gang der Weltge-

schichte von der Blaualge bis zum Sieg des Sozialismus als gesetzmäßige Entwicklung. Sicher ist dieser ungebrochene moralische Optimismus, den Fuchs tel quel übernommen hat, eine der Begrenzungen seiner Sittengeschichte. Für Fuchs war der baldige Anbruch des Sozialismus eine realere Erwartung als der Ausbruch des Ersten Weltkriegs kaum zwei Jahre nach dem ersten Erscheinen des Werks.

Es sind diese beiden Stützen, das Bilddokument und der Marxismus der Vorkriegssozialdemokratie, welche Fuchs auf dem dunklen und schlüpfrigen Terrain der Sittengeschichte, deren Themen die Tabus ihrer Zeit waren, klarsichtig und zielsicher dahinschreiten ließen, wo zeitgenössische bürgerliche Autoren ähnlicher Werke hilflos und blind den dekadenten Phantasmagorien ihrer neurotischen Zeit nachstolperten. Und es ist diese herausragende Statur des Werkes von Fuchs, die dessen Wiederentdeckung nach der faschistischen Zäsur ermöglicht und rechtfertigt.

In der vorliegenden sechsbändigen Auswahl aus der »Illustrierten Sittengeschichte« wird die von Fuchs vorgenommene Aufteilung in Haupt- und Ergänzungsbände nicht nachvollzogen. Der Textaufbau folgt im wesentlichen den ehemaligen Hauptbänden, wobei die aus den ehemaligen Ergänzungsbänden übernommenen Zusätze direkt eingeschoben sind. Die Reihenfolge der Illustrationen wurde geändert.

Der Originaltext wurde um rund die Hälfte gekürzt, was sich angesichts der erwähnten häufigen Wiederholungen nicht nur negativ auswirkt; allerdings fielen den Kürzungen auch zahlreiche Textdokumente und Quellenauszüge aus den Ergänzungsbänden zum Opfer. Alle Auslassungen (außer weggefallenen Bildverweisen u. ä. Details) sind mit [...] bezeichnet.

Jede Kürzung ist problematisch. Aber am schwersten ins Gewicht fällt hier sicher die Reduktion der Zahl der Abbildungen (von ca. 2500 auf rund 1000) sowie deren Verkleinerung.

Das in der Originalausgabe monumentale, großformatige, luxuriös gebundene und gediegen gedruckte Hauptwerk von Fuchs liegt hier in einer handlichen, preisgünstigen Auswahlausgabe vor. Darin liegt eine gewisse Ironie des Schicksals. Denn Fuchs hatte als Buchproduzent – er lieferte ja nicht nur den Text und die Bilder zu seinen Werken, sondern kümmerte sich jeweils auch um die Wahl des Schrifttyps, des Papiers, des Druckverfahrens etc. – stets zwei Seelen in seiner Brust: Einerseits mußte für ihn als echten Bibliophilen ein Buch ein Gesamtkunstwerk aus edlen Materialien sein, andererseits verschloß er sich zumindest theoretisch nie dem Anspruch, auch für weniger Bemittelte zu schreiben; er ließ seine Bücher stets auch in erheblich billigeren Lieferungen erscheinen, die nicht gebunden waren.

Vielleicht hat es sich Kurt Tucholsky nicht genau so vorgestellt, als er 1932 im »Avis an meinen Verleger« kurz und bündig forderte: »Macht unsere Bücher billiger!« Aber jedenfalls ist dieser Wunsch nun auch im Fall der »Illustrierten Sittengeschichte« von Fuchs in Erfüllung gegangen.

Thomas Huonker

Einführung in diesen Band

Der Titel »Illustrierte Sittengeschichte vom Mittelalter bis zur Gegenwart« würde eigentlich nicht vermuten lassen, daß das Werk mit der Renaissance beginnt. Für Fuchs, der nicht nur hinsichtlich seines moralischen Optimismus in der Tradition der Aufklärung steht, sondern auch hinsichtlich seiner Kritik am Christentum, war das Mittelalter eine finstere Zeit ohne besonderen Reiz. Von dem Jahrtausend zwischen 500 und 1500 n. Chr., das im allgemeinen als Mittelalter bezeichnet wird, streift Fuchs in der »Sittengeschichte« nur gerade die letzten Jahrhunderte. Aber auch dieser kulturgeschichtlich sehr ergiebige »Herbst des Mittelalters« (Huizinga) interessiert Fuchs nicht als eigenständige Epoche. Er sieht im Spätmittelalter nur den Gegensatz und die Vorbedingung zur Kunst der Renaissance, zum Zeitalter der Entdeckungen, des beginnenden Welthandels und der Reformation.

Ist also schon der Begriff des Mittelalters im Haupttitel problematisch, so ist es derjenige der Renaissance im Titel der ersten zwei Halbbände nicht weniger. Fuchs beginnt seine Abhandlung der Renaissance nicht nur bereits im Spätmittelalter; er zieht sie auch bis weit über die gängigen Daten der Epoche hinaus in die Länge. Die Reformation verfolgt er bis zum 30jährigen Krieg, und in kunstgeschichtlichen Epochenbegriffen gesprochen, bringt Fuchs auch einen großen Teil des Barock in seinem Verständnis der Renaissance unter. Diese chronologische Großzügigkeit resultiert keinesfalls aus unvollständiger Bildung, sondern wiederum aus der engen Verwurzelung von Fuchs in seinem ungeheuren Bildmaterial. Seine breite, gesamteuropäisch dokumentierte Darstellung muß herkömmliche Stilbegriffe sprengen, die an der spezifischen und begrenzten Entwicklung einzelner europäischer Länder orientiert sind. Dafür zeigt sie sehr genau die regionale Ungleichzeitigkeit der europäischen Entwicklung von ca. 1350 bis gegen 1700 auf.

Mit dieser Epoche vom Mittelalter bis zum Barock befassen sich die beiden ersten Bände dieser Ausgabe. Sie sind nicht chronologisch, sondern thematisch unterteilt. Der erste Band umfaßt zunächst eine Grundlegung des gesamten Werks (Einleitung, Kapitel I), dann generelle Überlegungen zum Wesen der Renaissance (Kapitel II) sowie die Kapitel über Körper und Kleidung, Liebe und Ehe (Kapitel III und IV).

Einleitung

Die oberste Aufgabe der Sittengeschichtsschreibung muß stets sein, zu zeigen, wie die Dinge einstmals gewesen sind: Rekonstruktion der vergangenen Wirklichkeit durch planmäßiges Zusammenfügen der jeweils charakteristischen Tatsachen. Je plastischer und blutvoller dabei die Vergangenheit vor dem Leser lebendig wird, um so besser ist die Aufgabe gelöst. Das gilt natürlich in gleicher Weise, ob es sich in der betreffenden Arbeit um das Gesamtgebiet der Sittengeschichte handelt, oder, wie hier, nur um ein Teilgebiet: das der geschlechtlichen Moral. [...]

Wer sich auf sogenannte »allgemein gültige sittliche Maßstäbe«, die außerhalb von Zeit und Raum liegen sollen – »gebettet in der Natur des Menschen« –, festlegt, kann nur verherrlichen oder verunglimpfen, aber niemals zum historischen Verständnis einer Sache oder Person vordringen. Die Verleugnung einer ewig unwandelbaren sittlichen Idee ist somit die unbedingte Voraussetzung, will man die Erscheinungen der Vergangenheit – in unserem Falle die sittlichen Zustände – richtig, also wissenschaftlich anschauen.

Die Verleugnung allgemein gültiger sittlicher Maßstäbe ist natürlich etwas ganz anderes als das Leugnen sittlicher Triebkräfte in der Geschichte; das Wirken der Letzteren kann man trotz alledem uneingeschränkt anerkennen. So selbstverständlich dies ist, so darf man doch nie unterlassen, dies ausdrücklich zu betonen, weil die Leute, die in der Geschichte immer das Walten ewiger sittlicher Gesetze sehen wollen, einem stets das letztere unterschieben, freilich mit mehr Fingerfertigkeit als Logik. Ebenso selbstverständlich ist, daß sich aus dieser von uns geforderten Stellung zu den Dingen auch nicht ohne weiteres eine geschichtliche Rechtfertigung aller Erscheinungen der Vergangenheit ableiten läßt, geschweige denn eine Apologetik, was ebenfalls oft genug untergeschoben wird. Das Abstrahieren von einer unwandelbaren sittlichen Idee als ewigem Weltgesetz für alle Menschen, Klassen, Völker und Zeiten ist nur die Methode, aber auch die unentbehrliche Voraussetzung, die es ermöglicht, die Dinge – »das Gute und das Böse« – in ihrer historischen Bedingtheit zu erkennen. Wenn man diese Bedingtheit, das kategorische Muß der Geschichte, aufdeckt, zieht man aber noch lange nicht den Schluß: weil es mit historischer Notwendigkeit zu diesen oder jenen Zuständen einst hat führen müssen, darum sind diese betreffenden »historischen Notwendigkeiten« vor dem Urteil der Geschichte auch gerechtfertigt. Der Mörder ist, um einen ganz trivialen Vergleich heranzuziehen, noch lange nicht entschuldigt, wenn man seine Tat in ihren Zusammenhängen begreift. Dagegen führt diese Geschichtsbetrachtung zu etwas anderem, und zwar zu etwas wirklich Bedeutsamem: zu dem letzten Grunde der wissenschaftlichen Betrachtung der Dinge und darum zu einer höheren Logik der Geschichte. [...] Wenn die historische Betrachtung der Dinge zu der Erkenntnis führt, daß die sittlichen Maßstäbe ständig wechseln, und das »Was ist sittlich?« darum jeweils eine andere Beurteilung zu erfahren hat, so ergeben sich für die Lösung der in einer Sittengeschichte gegebenen Probleme als erstes Erfordernis zwei Aufgaben. Diese beiden Aufgaben bestehen darin: erstens die Zusammenhänge zwischen dem sittlichen Gebaren oder den herr-

Die Wahrheit.
Anonymer Holzschnitt aus dem 16. Jht.

schenden sittlichen Anschauungen und dem allgemeinen gesellschaftlichen Sein der Menschen zu untersuchen und festzustellen, und zweitens, jene Gesetze zu entschleiern, denen das jeweilige sittliche Geschehen folgt; jene Faktoren sind aufzudecken, die die sittlichen Anschauungen jedes Zeitalters prägen und umformen. [...]

Die Schilderungen dieser inneren Zusammenhänge und die Feststellung der Faktoren, die das jeweilige sittliche Gebaren der Menschen formen und umwälzen, muß daher stets den Ausgangspunkt einer jeden methodisch aufgebauten Sittengeschichte bilden, die mehr sein will als ein interessantes Geschichtenbuch. [...]

Du sollst nicht unkeusch sein. Illustration zum 6. Gebot aus einem Gebetbuch des 15. Jhts.

Freilich muß hier hinzugesetzt werden: Diese Ausführungen sollen und können sich, gemäß der ganzen Anlage des Werkes, das nicht in der theoretischen Analyse, sondern in einer plastischen Tatsachenschilderung seine Hauptaufgabe erblickt, nur auf die wichtigsten Hauptlinien beschränken, und unsere Ausführungen werden sich darum nur in knappen Umrissen bewegen.

Überdies maßen wir uns auch gar nicht die Kräfte an, die gewaltigen Aufgaben lösen zu können, die der theoretischen Geschichtsbetrachtung auf diesem Gebiet noch harren. Wir verhehlen uns keinen Augenblick, daß unsere theoretischen Darlegungen nur ganz primitiver Art sein können. Aber sie sollen auch nichts mehr sein als Wegeweiser, Orientierungstafeln mit knappen Erläuterungen.

An dieser Stelle ist nun noch der äußeren Hilfsmittel zu gedenken, mit denen wir die Aufgabe der plastischen Rekonstruktion des sittlichen Gebarens der einzelnen Völker, Klassen und Volkskreise in den verschiedenen Epochen zu lösen haben.

Die Erfüllung dieser Aufgabe muß auf den zeitgenössischen Urkunden fußen, und darum auf deren weitestmöglicher Verwendung. Zeitgenössische Urkunden haben wir einerseits in der zeitgenössischen Literatur jeder Art, andererseits in der zeitgenössischen bildnerischen Darstellung von Personen, Dingen und Ereignissen. Nur dadurch, daß die Zeit in solcher Weise selbst zu Worte kommt: in ihrer eigenen Sprache, in ihrem eigenen Jargon, in den von ihr selbst gebildeten Vergleichen usw., und zwar so oft und so ausführlich wie möglich, erwacht und ersteht sie zu wirklichem Leben. Zu einem Leben, in dem wir dann nicht nur selbst mitten drin zu stehen scheinen, sondern das wir außerdem durch die Methode unserer Geschichtsbetrachtung von erhöhter Tribüne aus in seiner Gesamtheit zu überschauen vermögen, so daß uns neben dem Einzelbild immer auch dessen Beziehungen zum Ganzen offenbar werden.

Gegenüber den beiden Arten Urkunden ergibt sich darum die Aufgabe, alles das heranzuziehen, worin sich die jeweilige sittliche Anschauung der Zeit und der verschiedenen Klassen charakteristisch manifestiert hat, was greifbares Zeugnis davon ablegt. Hinsichtlich der Literatur sind das: Nachrichten aller Art, Verordnungen, Verbote, Sittenmandate, Schilderungen von Gebräuchen, Spielen und Festen, und nicht zum wenigsten die künstlerischen literarischen Produkte jener Zeit: Gedichte, Schwänke, Erzählungen, Schauspiele, einerlei ob kirchlichen oder profanen Charakters. Solche Dokumente werden wir nicht nur vereinzelt, sondern, wie gesagt bei jeder Gelegenheit heranziehen, um die eigene Schilderung zu stützen, zu vertiefen oder zu unterstreichen.

Das gleiche gilt von der zeitgenössischen bildlichen Darstellung. Die Bedeutung des zeitgenössischen Bildes als Hilfsmittel der Geschichtsschreibung dünkt uns aber dem literarischen Dokument nicht nur ebenbürtig, sondern ihm in mancherlei Hinsicht sogar noch überlegen. Wir sehen im Bilde geradezu das wichtigste, weil das allerzuverlässigste Hilfsmittel zur wirklich plastischen Rekonstruktion der Vergangenheit. Außerdem ist u. E. das zeitgenössische Bild auch zugleich das einzige und das beste Kontrollmittel der literarischen Darstellung. Das Bild ist die klarste und einfachste Geschichtsquelle. Am näher präzisierten Beispiel erweist sich dies sofort. Wie umständlich und kompliziert ist es z. B., auch nur einen ganz einfachen Modetyp mit Worten so zu schildern, daß vor der Phantasie des Lesers ein absolut richtiges Bild ersteht. Jede Kontrolle würde sofort zu dem Beweis führen, daß sich schließlich jeder einzelne eine andere Vorstellung konstruiert hat. Bei einer reich gegliederten Mode ist die Schilderung noch komplizierter, und das Resultat würde selbst bei der glänzendsten Darstellungsgabe ohne Zweifel noch ungenügender sein. Dasselbe gilt in gleicher Weise von allen anderen Erscheinungstatsachen: vom Wirtshausleben, von den Festen, vom Liebesgebaren, kurzum von allem. Wie ganz anders, wenn das Bild als kontrollierbare Tatsache direkt und fertig, in plastischer, von keiner Stimmung beeinflußten Klarheit sofort daneben rückt!

Modebild einer maskierten Dame. Callot, 17. Jht.

Und nicht nur darin besteht der Wert des bildlichen Kommentars, daß die Schilderung sich dem Bearbeiter als dankbarer erweist. Dem Bilde kommt noch eine weitere wichtige Sondereigenschaft zu: Jede bildliche Schöpfung aus der Zeit löst im nachdenklichen Beschauer außerdem unzählige von Assoziationen aus, an die der Verfasser oft selbst nicht gedacht hat, oder die anzuführen häufig nichts weniger als im Interesse einer übersichtlichen und durchsichtigen Darstellung des fraglichen Gegenstandes liegen würde. Hunderte, nein viele Hunderte von Bildern geben nicht nur einen Einzelzug, eine Einzelerscheinung aus dem Bilde der Entstehungszeit, sondern umspannen jedes für sich allein eine ganze Welt, einen ganzen Komplex von bezeichnenden Tatsachen, sind also für sich allein nicht selten eine Sittengeschichte, aus der jeder, der zu sehen vermag, immer neue Einsichten ablesen kann. Zur größeren Klarheit fügt sich der unerschöpfliche Reichtum.

Die unabweisliche Konsequenz dieser Tatsache ist, daß eine Sittengeschichte, der es als oberste Aufgabe gestellt ist, zu zeigen, wie die Dinge und Zustände in ihrer äußeren Erscheinung einst gewesen sind, nicht nur dringend des zeitgenössischen Bildmaterials als Brücke zur richtigen und möglichst fehlerlosen Anschauung bedarf, sondern daß ein Verzicht auf das Bild überhaupt nicht zulässig ist. Zum mindesten muß daher der Verfasser alle wichtigen Gesichtspunkte bildlich belegen. Und so werden wir denn neben dem zeitgenössischen Literaturdokument auch jede Form der zeitgenössischen bildlichen Darstellung in unsern Dienst stellen: die Buchillustration, das Fliegende Blatt, das Modebild, das Kunstwerk, das Porträt, die wissenschaftliche zeichnerische Darstellung und vor allem das Sittenbild.

Vor allem, wie gesagt, das Sittenbild. Dieses wird und muß eine Hauptrolle spielen, obgleich zwar vorsichtige Leute, – was wir nicht unerwähnt lassen wollen, weil es uns willkommene Gelegenheit gibt, unsern Standpunkt am besten zu fixieren –, zu verschiedenen Zeiten gegen das zeitgenössische Dokument, soweit es sich um Sittenschilderungen handelt, den Einwand erhoben, dasselbe dürfe immer nur mit starken Einschränkungen als Beweis gelten, weil jeder zeitgenössische Sittenschilderer übertrieben habe, wie er auch heute noch übertreibe, und zwar im Positiven ebenso wie im Negativen, und gleich stark, ob er mit der Feder oder mit dem Stift hantiere. Weiter sei das Bild, das der Sittenschilderer von seiner Zeit schaffe, vor allem deshalb sehr unzuverlässig, weil der Durchschnitt des Lebens immer am wenigsten registriert wurde, dagegen um so eifriger alle Übergriffe. Diese Einwände sind zweifellos richtig und gelten sowohl für die Literatur als auch für das Bild. Aber wir setzen ihnen das Wort entgegen, aus dem wir einst die Bedeutung der Karikatur für die Geschichtsschreibung herleiteten: Die Wahrheit liegt nicht in der Mitte, sondern im Extrem. Durch die Steigerung ins Extrem wird das Wesen der betreffenden Sache oder Person offenbar. Und darum ist die Übertreibung im Positiven wie im Negativen kein Nachteil, sondern im Gegenteil ein Vorteil: gerade der in Betracht kommende besondere Wertfaktor des zeitgenössischen Dokuments.

Und daraus leiten wir denn auch für das vorliegende Werk die Verpflichtung her, in besonderem Maße auch die Karikatur wieder zu Wort kommen zu lassen, d. h. in dem ihr gebührenden Maße, denn sie ist das Dokument, das diese Tendenz sozusagen im Prinzip verkörpert. Für den Leser aber heben wir hervor, daß er sich bei der Beurteilung dieser Produkte des

Die Freuden des Lebens. Federzeichnung aus einem mittelalterlichen Hausbuch

Die Ausschweifung der Mönche. Hieronymus Bosch, 1562

satirischen Geistes keinen Augenblick durch die tiefsinnigen Salbadereien des landläufigen Einerseits- und Andererseitsstandpunktes beirren lassen darf, der gerade hinsichtlich der Karikatur die größten Einschränkungen gemacht haben will und nie etwas Geistreicheres zu sagen wußte, als »daß die sittlichen Zustände in der schönen guten alten Zeit natürlich nicht so verderbt gewesen seien, wie es die zeitgenössischen Moralisten und Satiriker beliebt hätten, auf ihren Bildern darzustellen.« Solche Bilder – wissen diese Leutchen gewöhnlich weiter hinzuzusetzen – seien zweifellos stark übertrieben und vielmehr Zeugnis der Freude an derben Späßen, wie man sie vor allem im 14., 15. und 16. Jahrhundert gehabt habe, als Zeugnisse des wirklichen Lebens selbst usw. Wie schön klingt diese objektive Anschauung, dieses gerecht abwägende Urteil! Leider müssen wir widersprechen und sagen, daß dieser landläufige Standpunkt nur die eine Bedeutung hat, daß er die vollkommene Unklarheit der betreffenden Biederleute über das Wesen der Karikatur, über das, was sich in ihr manifestiert und zum Ausdruck ringt, mit jedem Wort verrät. Gewiß ist das Wesen der Karikatur die Übertreibung. [...] Und trotzdem ist in solchen

Werken der Wahrheitsgehalt am größten. Und zwar nicht trotz der Übertreibung, sondern gerade wegen der Übertreibung. Im Übertreiben wird der Kern der Sache herausgeschält, die irreführende Draperie beiseite geschoben. Das Auge sieht das Grundgesetz infolge der quantitativen oder qualitativen Häufung seiner Hauptbestandteile lebendig werden; das wahre Wesen wird sichtbar, und zwar so stark sichtbar, daß man es nicht mehr übersehen, nicht mehr daran vorbeisehen kann. Der stumpfeste Blick erkennt, um was es sich allein dreht, der schwerfälligste Verstand begreift das innere Geheimnis der Sache. Das alles schafft das Extrem. Und darum findet man die Wahrheit eher beim Extrem als in der Mitte. Den Kern der Sache wollte jede Zeit herausschälen, und auf diese Weise hat ihn jede Zeit herausgeschält. Jede hat die Konsequenzen der Theorie angewendet, ehe sie diese selbst begründet und ergründet hatte. Das gleiche gilt von der literarischen Seite. Und darum gebührt der Karikatur in Wort und Bild in einer Sittengeschichte unter allen Umständen immer ein hervorragender Raum.

Wenn wir das in seiner ganzen Bedeutung einschätzen, was wir hier über den Wert des zeitgenössischen Dokumentes gesagt haben, so kommen wir schließlich noch zu einer anderen Schlußfolgerung; diese lautet: Jede Zeit hat sich ihre Sittengeschichte bereits selbst geschrieben. Sie hat sie geschrieben in allen den tausend Formen, in denen sie sich schöpferisch manifestierte. Und es macht darum nichts aus, ob sie in religiösem Gewande einhertrat, oder im Flitterstaat der ausgelassenen Lebensfreude. Immer ist sie es, die Zeit, die sich darin birgt und bewegt; ihr spezielles Menschentum steckt dahinter. An uns ist es also nur, die von jeder Zeit geformten Hieroglyphen, in die sie ihre Geschichte umgeformt hat, richtig zu entziffern und zu deuten. Und diesen Deuterdienst wollen wir hier tun. [...]

Karikatur einer Rompilgerin

KAPITEL 1

Ursprung und Wesen der Sittlichkeit

Die Basis unserer gesamten Kultur mit ihren tausend Ausstrahlungen und ihren tausend Errungenschaften ist die Institution des Privateigentums. Auf dem Privateigentum ist alles aufgebaut, mit ihm ist alles verknüpft, die erhabenste Manifestation des Menschengeistes nicht weniger oder nicht loser als das Gemeine und Kleinliche des täglichen Lebens. Die Tendenzen des Privateigentums haben daher auch in der Richtung der geschlechtlichen Moral deren Grundform bedingt und geschaffen, und diese Grundform ist die Monogamie, die Einzelehe.
Die Einzelehe wurde nicht nur früher, sondern wird auch heute noch gewöhnlich als die Frucht der individuellen Geschlechtsliebe hingestellt. Das ist ein fundamentaler Irrtum, denn sie hatte damit weder in ihrem Prinzip, noch in dem Zweck, den sie erfüllen sollte und auch erfüllte, zu keiner Zeit auch nur das Geringste zu schaffen. Die individuelle Geschlechtsliebe zu ihrer Basis zu machen, – das ist höchstens das Ideal, dem die Einzelehe als Institution zustrebt; doch wurde sie von ihm weder gezeitigt, noch hat sie es bis jetzt mehr als vorübergehend oder bei mehr als einer oder der anderen Klasse erreicht. Die Monogamie entsprang ganz anderen Kulturergebnissen und ganz anderen gesellschaftlichen Bedürfnissen. Sie entstand, wie Lewis H. Morgan in seiner Geschichte der Entwicklung der Familie erschöpfend nachgewiesen hat, aus der Konzentrierung größerer

Die Verliebten.
Kupferstich aus dem 15. Jht.

Reichtümer in einer Hand – und zwar der eines Mannes – und aus dem Bedürfnis, diese Reichtümer den Kindern dieses Mannes und keines anderen zu vererben. Legitime Erben sind ihr erster und ihr letzter Zweck und jahrhundertelang auch ihr einziger Zweck gewesen. Die Frau sollte Kinder gebären, die mit zweifelsfreier Sicherheit nur von einem bestimmten Manne gezeugt sein konnten. Die Griechen, bei denen sich die Einzelehe zuerst entwickelte, haben das auch unumwunden als ihren ausschließlichen Zweck bekannt. Darum hat man auch, was gleich hier eingeschaltet werden mag, in der Monogamie nicht das Resultat der Versöhnung von Mann und Weib vor sich, ebensowenig die höchste Eheform, sondern, wie man gleich sehen wird, die »Proklamation eines bisher in der ganzen Vorgeschichte (der Menschheit) unbekannten Widerstreits der Geschlechter«.

Dies sind Basis und Endzweck der Einzelehe. Also führt die innere Logik dieser Organisationsform der Geschlechtsbetätigung auf diese Forderung hinaus: Der gegenseitige Geschlechtsverkehr hat sich zu beschränken auf den Verkehr eines Mannes mit einer Frau und einer Frau mit einem Manne, und wiederum ausschließlich innerhalb der zwischen den beiden geschlossenen Ehe. Infolgedessen also absolute Keuschheit von Mann und Weib vor der Ehe und absolute Treue beider

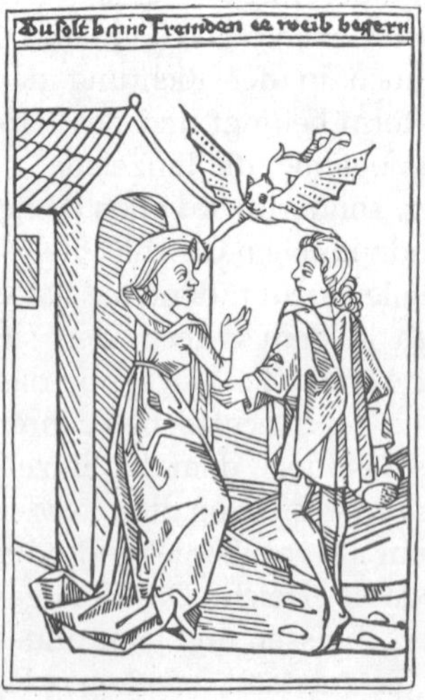

Du sollst keines Fremden Weib begehren.
Holzschnitt aus dem 16. Jht.

Teile während der Ehe. Das wäre die logische Konsequenz, die das Institut der Einzelehe im letzten Grunde von den Menschen fordert. Gewiß wurde dieses Gesetz offiziell auch aufgestellt, aber in seiner unbeugsamen Starrheit gilt es immer nur für die Frau, für den Mann dagegen hatte es in allen Zeiten höchstens offiziöse Gültigkeit.

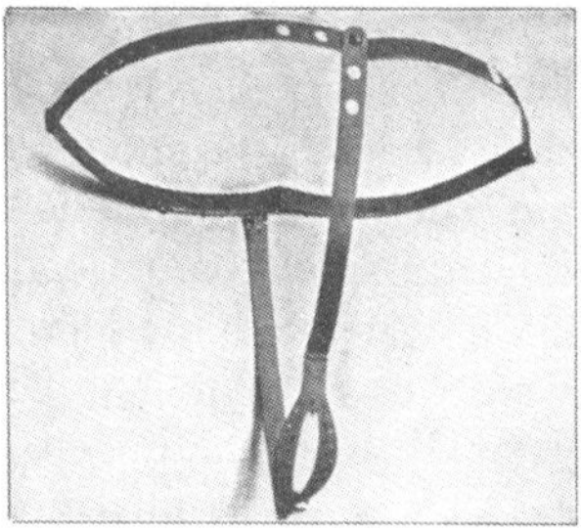

Eiserner Keuschheitsgürtel aus dem 15. Jht.

Das ist ein auffallender und offenkundiger Zwiespalt. Aber dieser Widerspruch ist nur scheinbar vorhanden. Er ist nichts weniger als ein unlöslicher Widerspruch, sondern im Gegenteil, wie man sofort einsehen wird, tatsächlich »die natürliche Ordnung der Dinge«. Weil die Einzelehe nicht aus der individuellen Geschlechtsliebe geboren ist, sondern weil sie auf der Konvenienz gegründet ist, so stellt sie eine Familienform dar, die sich nicht

Frauenhaus mit zechenden und streitenden Junkern

auf natürlichen, sondern auf ökonomischen Bedingungen aufbaut. Da aber diese ökonomischen Grundlagen ausschließlich in den wirtschaftlichen Interessen des Mannes bestanden – und auch heute noch bestehen –, so mußten sie auch von Anfang an die prinzipielle Unterjochung des einen Geschlechts durch das andere, nämlich die Herrschaft des Mannes in der Ehe und die davon unzertrennliche Unterdrückung des anderen Teiles, der Frau, im Gefolge haben. Die Entstehung des Privateigentums forderte also darum nur die Monogamie der Frauen, weil damit ja der Zweck, legitime Erben zu bekommen, erfüllt war. Der offenen oder versteckten Polygamie der Männer dagegen stand nichts im Wege. Und da der Mann in der Ehe die herrschende Klasse darstellt, die Frau die unterdrückte und ausgebeutete, so ist auch der Mann stets der einzige Gesetzgeber gewesen, der die Gesetze ausschließlich nach seinen Interessen formuliert hat. So hat er zwar fast immer streng die Keuschheit der Frau gefordert und die Untreue der Frau ebensooft zum größten Verbrechen gestempelt, es aber gleichzeitig immer selbstverständlich gefunden, daß seinen eignen Begierden stets nur ganz primitive Schranken errichtet wurden. Alles das ist, wie gesagt, nichts mehr und nichts weniger als die innere Notwendigkeit der Sache und darum eben »die natürliche Ordnung der Dinge«.

Auf Grund dieses Zwiespaltes ist aber freilich noch etwas anderes, etwas, was weniger beabsichtigt ist, die »natürliche« Ordnung der Dinge: – die Rache der vergewaltigten Natur. Diese Rache der Natur tritt in zwei ebenso unvermeidlichen wie von unserer Kultur untrennbaren gesellschaftlichen Einrichtungen in Erscheinung. Das ist erstens der Ehebruch als unvermeidliche gesellschaftliche Einrichtung und zweitens die Prostitution als unvermeidliche gesellschaftliche Einrichtung.

Der Sklave rächt sich stets mit dem Mittel, durch das er besiegt und geknechtet wird. Daß kein anderer Mann als der Ehegatte ihr Lager teile und ihren Leib besitze, bestimmt das Gesetz, das der Frau von Kirche, Staat und Gesellschaft vom Beginn der Reife an auf Schritt und Tritt in allen Sprachen und in tausenderlei Formen und Formeln durchs ganze Leben hindurch vorgehalten wird, – daß auch andere Männer ihr Lager geteilt haben und Besitzer ihres Leibes gewesen sind, und daß die sichere Vaterschaft höchstens auf moralischer Überzeugung beruht, war die

Die ertappten Ehebrecher. Französischer Kupferstich aus dem 17. Jht.

Rache der Frau durch alle Zeiten und bei allen Völkern. Und das trotz aller gesellschaftlichen Ächtung, wenn der Fehltritt zutage kam, trotz der harten und häufig barbarischen Strafen, mit denen diese Rache der Frau immer bedroht gewesen ist. Sie ist ununterdrückbar, weil eben die Basis der Ehe solange widernatürlich ist, wie sie auf der Konvenienz beruht. Das Gleiche gilt von der Prostitution, dem Surrogat der Ehe. Kein Gesetz hat sie jemals zu unterdrücken vermocht, keine noch so brutale Ächtung ihrer Priesterinnen hat diese auch nur einen einzigen Tag aus dem gesellschaftlichen Aktivbestand ausgemerzt. Die Prostitution hat sich höchstens ab und zu verstecken müssen und hat das auch ab und zu getan, aber die Wege zu ihren Schlupfwinkeln sind darum doch stets von allen Interessenten gefunden worden. Und diese Unvertilgbarkeit ist auch ganz logisch. Die Institution des Privateigentums, basierend auf der ökonomischen Entwicklung zum Handel, hat allem einen Warencharakter verliehen, hat alle Dinge auf ihr Geldverhältnis zurückgeführt. Die Liebe ist darum genau so ein Handelsartikel geworden wie Unterhosen. Und deshalb ist ja auch von der Ehe in der Mehrzahl der Fälle der Charakter des Handelsgeschäftes nicht zu trennen, genau wie die Prostitution – die Bezahlung der Liebe im Stücklohn im Gegensatz zur Verakkordierung im ganzen, wie der Zynismus den Unterschied zur Ehe niederträchtig, aber nicht ganz unzutreffend charakterisiert hat – untrennbar von der Monogamie ist, durch die sie ebenso systematisch jeden Tag von neuem gezüchtet wird, wie sie deren Lobredner verdammen, weil sie im letzten Grunde doch jenes Sicherheitsventil darstellt, dessen die Monogamie unbedingt bedarf, um ihren Hauptzweck, die legitimen Erben, wenigstens einigermaßen sicher zu stellen. Also, man mag sich drehen und wenden, wie man will, und so fatal und so peinlich das ist: Ehebruch und Prostitution sind unvermeidliche gesellschaftliche Einrichtungen; der ständige Liebhaber der Frau, der Gehörnte und die Dirne sind stehende und unausrottbare gesellschaftliche Charakterfiguren, mit einem Wort: »Das ist die natürliche Ordnung der Dinge.« [...] Hinsichtlich der verschiedenartigen Wirkung der ehelichen Treue kann man behaupten: Wir haben Epochen und Volksteile, in denen sich bei der Gesamtheit das oberste Grundgesetz der Einzelehe, die Treue der beiden Ehegatten, relativ siegreich durchgesetzt hat und diese Forderungen allen Ernstes von aller Welt vertreten wurden. Diesen Perioden und Volksteilen stehen jedoch auch solche gegenüber, wo diese Grundbedingung der ehelichen Geschlechtsmoral von der großen Masse gänzlich in den Wind geschlagen wurde und es direkt zum Programm erhoben wurde, daß die verheiratete Frau nicht weniger offen der Polyandrie huldigen dürfe, wie der Mann der Polygamie. Steigerten sich die einen Tendenzen dahin, daß Mann und Frau, wenn auch nicht öffentlich, so doch vor ihrem Gewissen schon für untreu galten, wenn sie nur mit den Gedanken sündigten, und daß die Frau schon laut der Untreue geziehen wurde, wenn sie sich nur dazu herbeiließ, mit einem fremden Manne ein Wort zu wechseln, so steigerten sich die andern – es sind z. B. das jene, die den Keuschheitsgürtel auf ihrem Kleideretat hatten – dahin, daß die Frau einem Courmacher selbst die verwegensten Handgreiflichkeiten gestatten, ja diesen sogar offen dazu ermuntern durfte, ohne die eheliche Treue dadurch zu verletzen, denn deren Begriff war ausschließlich auf den direkten Geschlechtsakt eingeengt. In anderen Zeiten ist der Ehegatte der eifrigste Kuppler gewesen, der täglich seine Frau zum Kauf auf den Markt stellte, die verheiratete Frau die geschäftigste und

Die Geldehe. Kupferstich von Hendrick Goltzius

geschickteste Dirne, die in ihrem Ehebett die Karriere ihres Gatten sicherstellte, seine Konkurrenten unschädlich machte, seine Prozesse gewann, sein Vermögen verzehnfachte usw. Zeiten und Klassen, in denen die aus Liebe geschlossene Ehe als oberstes Ideal galt, stehen wiederum solche gegenüber, in denen die Liebe offen als keine nötige Voraussetzung für die Ehe, ja sogar als unvereinbar mit der Ehe angesehen wurde und die Frau in unverblümter Weise vom Standpunkt des rechnerischen Kalküls oder nach Maßgabe ihrer Eigenschaften als »Zuchtstute« vom Manne gewählt wurde. Die Griechen z. B. sahen in der Ehe ausschließlich eine solche Konvenienz, sie sahen niemals etwas anderes darin; und darum mußte die Frau bei ihnen erst Hetäre werden, um Weib sein zu dürfen. Die eine Zeit und Klasse macht aus der Frau ein Haus- und Arbeitstier, einen lebenslänglich verurteilten Haussklaven, oder die geduldige Gebärmaschine, der keinerlei eigner Wille zusteht; die andere erhebt sie zum verwöhnten Luxusgegenstand, dessen geringste Marotte Gesetz ist, oder zum Genußobjekt, zum raffinierten Genußinstrument, das seine Aufgabe darin hat, im Ehebett dem Gatten dieselben Delikatessen zu bieten, durch die ihn die Vorgängerinnen, seine verschiedenen Maitressen, delektiert und an sich gefesselt haben. Schließlich gibt es auch solche Zeiten und Klassen, in denen Mann und Frau zu zwei Kameraden, zu treuen Genossen werden, die vereint des Lebens steile Pfade erklimmen und seinen höheren Zielen zustreben.
[...]

Die Zeitmoral gestattete zu gewissen Epochen, daß die öffentliche und die häufigste Unterhaltung der Männer sich um derbe Schilderungen der Liebe drehte, um handgreifliche und eindeutige Darstellungen von Liebesabenteuern, die man selbst erlebt hatte, oder die man von anderen kannte, um spezialisierte Berichte über außergewöhnliche Erfolge oder Niederlagen in den Kämpfen der Venus. Als einziges Beispiel sei an die nahezu dreihundert Fazetien des Poggio (1380–1459) erinnert, die fast ausschließlich solche Gegenstände betreffen und den täglichen Gesprächsstoff der Bischöfe und Kardinäle unter Papst Martin V. bildeten, wenn sie hauptsächlich zu diesem Zwecke jeden Tag an einem bestimmten Platz des päpstlichen Hofes zusammenkamen; selbst die Päpste, trotzdem sie in erster Linie der Gegenstand der erotischen Späße waren, haben sich häufig an diesen Unterhaltungen beteiligt. Die Zeitmoral gestattete weiter in gewissen Epochen, daß bei solchen Unterhaltungen, wenn das Derbste unverblümt vorgetragen wurde, auch die Frauen in den Kreis der Zuhörer gezogen wurden. Die deutschen Fastnachtsspiele des 14. und 15. Jahrhunderts, die nach unseren Begriffen von klotzigster Derbheit sind, erklangen munter vor Frauen- so gut wie vor Männerohren. Und die Frauen waren nicht nur als Hörer gelitten, sie durften sogar ungeniert an den Unterhaltungen teilnehmen und ebenfalls das Intimste zum Inhalt ihrer Scherze und Gespräche machen. Sie durften ebenso derbe Geschichten erzählen und mit über die Technik der Verführung, des Liebesaktes, über köstliche Erfahrungen im Ehebett usw. diskutieren. Als Beispiele erinnere man sich an die Erzählungen des Boccaccio, an die hundert Erzählungen der lebensfrohen Königin von Navarra und ähnliche Dokumente. Die Frau durfte weiter zu gewissen Epochen in Hofkreisen schauspielerischen Darstellungen beiwohnen, deren einziger Gegenstand die Agierung erotischer Orgien war. Beispiele dafür sind die öffentlichen Vorführungen von Liebeskämpfen zwischen schönen nackten Kurtisanen und nackten herkulischen Männern, oder von Begattungsszenen zwischen brünstigen Hengsten und rossigen Stuten am Papsthofe Alexanders VI.; solche Tierbegattungsszenen wurden der männlichen und weiblichen Hofgesellschaft als öffentliches Schauspiel ebenso am französischen, am englischen Hof und an verschiedenen kleinen deutschen Höfen vorgeführt. Zur Charakterisierung der entsprechenden Belustigungen des Volkes seien die Narren- und Eselsfeste genannt, bei denen phallische Verkleidungen und phallische Witze stets die Hauptpointen ausmachten.

Die Ehe aus Liebe. Hendrick Goltzius

Zu den gleichen Zeiten durften sich Männer und Frauen bei ihren gegenseitigen Galanterien der deutlichsten Worte und

Derbheit des Liebesgebarens. Spanischer Kupferstich, 1545

Do. sic fu cata rap basia stult amans

Tierbegattungsszene. Kupferstich von Paul Flint

Vergleiche bedienen. Zu anderen Zeiten, man denke hier an das 17. Jahrhundert, und für Deutschland an jene Epoche, die in der Literatur durch die schlesische Dichterschule charakterisiert ist, bestand die Unterhaltung der Gesellschaft in einer fortlaufenden Kette mehr oder weniger versteckter Pornographien; jedes Wort und jeder Satz hatte seinen pornographischen Nebensinn, und je kontrastreicher der verschiedene Sinn eines Wortes war – wenn es dem Raffinement gelang, mit der harmlosesten Sprachformel den zynischsten Nebensinn zu verknüpfen –, um so begeisterter wurde ein solches Wort beklatscht und von Salon zu Salon getragen. Erstaunliche Virtuosität gerade darin erlangte vor allem die Gesellschaft des 18. Jahrhunderts und die des zweiten französischen Kaiserreichs. Der höchste Gipfel in diesen letztgenannten Zeiten war, daß die Frau mit Vorliebe schlüpfrige Worte in der

Hausbad. 15. Jht.

Unterhaltung anwendete, und die Zeit ließ ihr gesellschaftliches Ansehen in gleichem Verhältnis mit der Frivolität wachsen, mit der sie die Geschicklichkeit hatte, das allergemeinste Wort pikant auszusprechen.

Solchen Zeiten und Klassen stehen wiederum andere gegenüber, die jeden Mann ächteten, der es gewagt hätte, in Gesellschaft ein unziemliches Wort zu sprechen, und die die Frau kategorisch zwangen, selbst dann zu erröten, wenn harmlos von Natürlichem gesprochen wurde. Die Spitze davon ist jener Gipfelpunkt der Prüderie, die der Frau verbietet, den Namen von bestimmten Kleidungsstücken und Körperteilen überhaupt auszusprechen. Ähnliche Zeiten verbieten dem Mann und der Frau in Gesellschaft die Benutzung einer Reihe der harmlosesten Worte und Satzbildungen, weil das Raffinement die erotische Zweideutigkeit hineingebannt hat und alle Welt sie darum auch ständig darin findet.

Viele Hunderte der bezeichnendsten Unterschiede weisen die Gesetze des Anstandes auf. Sie verbieten in der einen Zeit der Frau kategorisch, sich vor einem andern Mann als dem Ehegatten im Negligé sehen zu lassen, und wäre dieses so dezent wie nur möglich, geschweige, daß sie einen fremden männlichen Besuch im Bett empfangen und bei ihrer Toilette anwesend sein lassen dürfte. In einer anderen Zeit macht sie das intimste Negligé zur eigentlichen Empfangstoilette, empfängt alle Besuche am Bett – la ruelle, der Gang neben dem Bett ist im 17. Jahrhundert der Korso ihrer Freunde und Courmacher – und findet es selbstverständlich, daß der Freund und Besucher Zeuge ihrer Toilette ist und dabei seine erotische Neugier offenkundig und handgreiflich betätigt. In der dritten gestattet sie, daß Männlein und Weiblein nackt zusammen baden und dabei ergötzliche Unterhaltungen pflegen. [...]

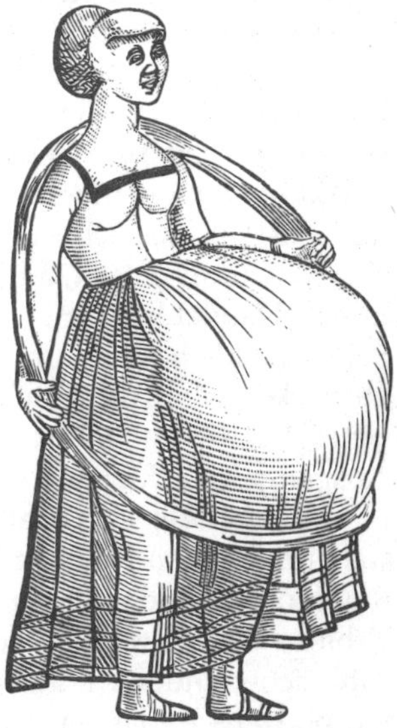

9 Jahre schwanger. Flugblattillustration

Herzogin von Urbino. Tizian

Gibt es in zahlreichen Zeiten nichts Peinlicheres für eine Frau, als sich öffentlich im Zustande der Schwangerschaft zu zeigen, und wird jede unverheiratete Frau durch diesen Zustand direkt infamiert und von aller Welt mit verächtlichen Blicken gestreift, so gibt es wiederum Zeiten, die förmlich die Geschlechtlichkeit in Aktion demonstrieren, bei jeder einzelnen Frau demonstrativ den Zustand der Schwangerschaft vortäuschen und zu diesem Zweck ventres à deux, à trois ou à quatre mois konstruieren und in den Handel bringen.

Selbst gänzlich nackt, um auf diese Weise als erotisches Wunder zu wirken, darf die Frau mitunter ihrer Zeit unter die Augen treten. Es ist ihr im 16. Jahrhundert, in der Renaissance, am Ausgang des achtzehnten Jahrhunderts, im Zeitalter des Direktoriums und des Konsulates gestattet, sich völlig hüllenlos porträtieren und zur Schau stellen zu lassen. Berühmt sind in dieser Richtung die Bildnisse der Diana von Poitiers, der Herzogin von Urbino, der Schwester Napoleons, der Madame Récamier und zahlreicher anderer Frauen. Sogar »liebend« darf sie sich zuzeiten porträtieren lassen. Die Zeit der Regentschaft gestattet, die Portieren und die Vorhänge am Boudoir auseinanderzufalten und alle Welt zum Zeugen der intimsten Liebesszenen zu laden. Wieder andere Zeiten gestatten der schönen Frau, im Gewande des Madonnenbildes ein erotisches Schauspiel zu entfalten, man denke an das Porträt der Agnes Sorel als Jungfrau Maria und an ähnliche Madonnenbilder. Und nicht nur durch das Mittel der die Wirklichkeit übertragenden und darum heroisierenden Kunst darf sie der Öffentlichkeit zum erotischen Schauspiel dienen, sondern auch durch die profansten technischen Mittel. Unsere Gegenwart z. B. gestattet es jeder Schauspielerin, sich im kostümlosen Kostüm der Rollen der Judith, der Salome oder der Monna Vanna photographieren und tausendfach in allen Kunsthandlungen öffentlich ausstellen und ihr Bild so in den Detailhandel bringen zu lassen. Wenn sie sich auf der Bühne noch des zarten Trikots bedienen muß, so ist ihr gestattet, vor der photographischen Kamera sich auch dieses zu entledigen. Und zahlreiche berühmte Schauspielerinnen aller Länder, soweit sie einen halbwegs schönen Körper haben und vor allem über einen schön entwickelten und noch jugendlich strotzenden Busen verfügen, beeilen sich, wenigstens vor der photographischen Kamera eine dieser Rollen zu agieren, um so auf offenem Markt, vor aller Welt und von hunderttausend lüsternen Blikken begutachtet, pikant mit ihrer Nacktheit zu prunken. [...]

Das Liebespaar. Kupferstich aus dem 15. Jht.

In dem jeweiligen sittlichen Gebaren bestimmter Zeiten und in deren entsprechenden Satzungen haben wir genau wie in den Rechtsanschauungen, in der Religion, in den künstlerischen Manifestationen usw. nur die gesellschaftliche Verkörperung der ökonomischen Basis dieser Zeit vor uns. Genauer ausgedrückt: Die sämtlichen Ideologien ohne Ausnahme sind das logische und entsprechende Widerspiel der jeweiligen Höhe des Entwicklungsgrades, in dem sich der Produktionsmechanismus befindet; dazu gehören: der Grad der gesellschaftlichen

Arbeitsteilung, der Umfang der Klassengliederung, die Verteilung des Besitzes, also die Eigentumsverhältnisse, kurz alles, was der Begriff »die ökonomische Grundlage einer Zeit« in sich zusammenfaßte. Das Privateigentum, das materielle Interesse hat die Gesamtbasis unserer Geschlechtsmoral bestimmt; nun, es bestimmt in ebenso kategorischer Weise ständig deren Unterbestandteile. Mit anderen Worten: Weil das Privateigentum die Basis des Gesamtkomplexes der Moral ist, darum muß die Geschlechtsmoral im einzelnen innerhalb ihres Hauptrahmens wechseln und sich den Änderungen und Entwicklungen anpassen, die das Privateigentum durchmacht, dem sie unterworfen ist.

Gewiß ist der Geschlechtstrieb an und für sich kein ökonomisches Motiv, aber die Art seiner Betätigung wird darum doch durch die ökonomische Basis der Gesellschaft bedingt. Durch sie wird bedingt, ob er – wohlgemerkt: alles als Massenerscheinung angesehen und gewertet! – Mann und Frau zur frühzeitigen oder zur späten Eheschließung drängt, ob er die ständige Maitresse oder die vagierende Dirne, die vornehme Lebedame oder die heruntergekommene Tippelschickse als Surrogat der Ehe verlangt. Durch die ökonomische Basis wird bedingt, ob die Frau in der Ehe Hausfrau, Mutter oder Dame wird, ob die Tochter nach den Qualitäten der Zuchtstute oder der Fähigkeit zur Repräsentation gewählt, ob sie zum Luxusgegenstand oder zum unentbehrlichen Hausmöbel erzogen wird. Durch die ökonomische Basis wird bedingt, ob die gegenseitige eheliche Treue das Wichtigste ist oder die pikanten Freuden des Geschlechtslebens. Durch sie wird bedingt, in welchem Maße der Kampf um den Mann, oder um das Weib, geführt wird, ob Hunderte oder Zehntausende von Frauen vergeblich den Weg ins Ehebett suchen und »dem Laster in die Arme fallen«, wie der Traktätchenstil die Sache so schön formuliert usw. usw. [...]

Nun wird man vielleicht einwenden, daß solche großen Fragen, wie die Schwankungen innerhalb der Zahl der Eheschließungen, die Höhe des Zuflusses zur Prostitution, der Umfang ihrer Nutznießung und ähnliche Dinge mehr ja von wirtschaftlichen Interessen beeinflußt sein mögen, daß aber derart untergeordnete Dinge, wie Fragen und Gesetze des Anstandes, der Mode, der tiefere oder geringere Busenausschnitt an den Frauenkleidern, die Wandlungen des Geschmacks gegenüber den sinnlichen

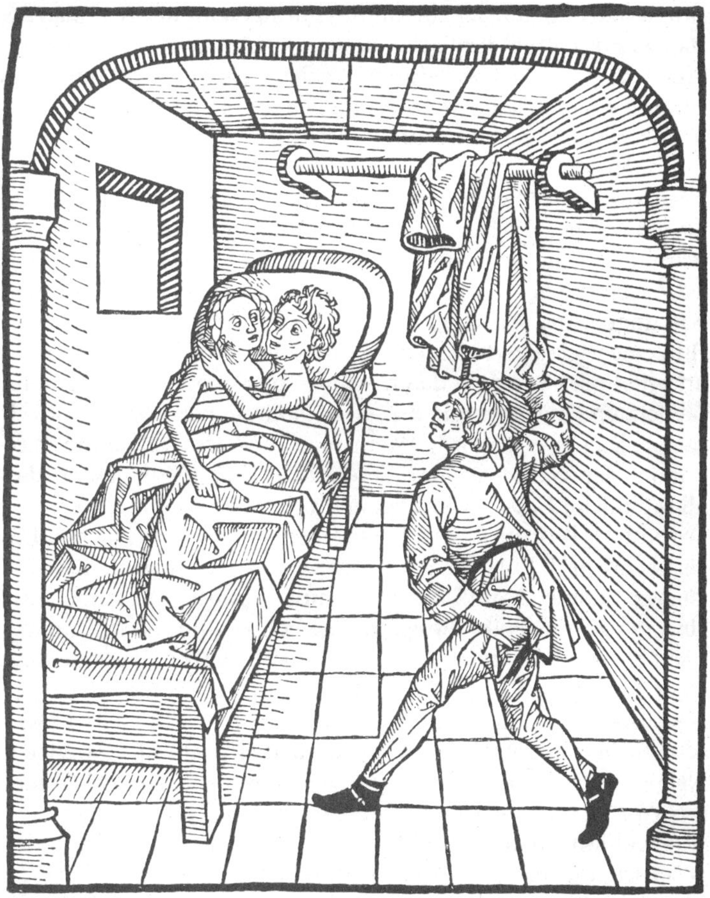

Dem Liebhaber wird der Mantel gestohlen. Schwankillustration aus dem 15. Jht.

Schönheitsbegriffen und so weiter doch damit nicht zusammenhängen könnten. Auf einen solchen Einwand ist mit derselben Widerrede zu antworten: Jawohl, auch alle diese scheinbar nebensächlichen Dinge haben sehr viel damit zu tun, auch sie reflektieren ausnahmslos nichts anderes als die ökonomische Basis des gesellschaftlichen Seins der Menschen und Völker. Nur eben im übertragenen Sinn und darum etwas mehr verschleiert, so daß man bei vielen Erscheinungen erst mühsam durch den äußeren Schein hindurchdringen muß, bevor man auf das wahre Wesen der Sache stößt.

Auch dies wollen wir durch Analyse einiger Erscheinungen unter Beweis stellen, weil wir nämlich dabei auch zu einer Reihe anderer wichtiger Ergebnisse gelangen, die hier in Betracht kommen.

Gleich die erste Schlußfolgerung, von der man ausgehen muß, ist ein solches wichtiges Ergebnis. Wenn man die bis jetzt begründeten Beispiele überblickt, so wird man sicher das eine als bewiesen zugeben müssen, daß man moralische Forderungen, Satzungen und Anschauungen niemals ohne weiteres als Ausfluß eines gesteigerten oder verminderten sittlichen Empfindens ansehen darf, sondern daß man, wie hier geschehen ist, immer die letzten Beweggründe dessen aufspüren muß, was im einzelnen Fall bezweckt wird. Wenn man dies aber tut, ergibt sich daraus der Hauptsatz der Erkenntnis, und dieser lautet: daß alles sittliche Gebaren in Theorie und Praxis bestimmten gesellschaftlichen Bedürfnissen entspricht, – das ist das Tatsächliche und Entscheidende, das, was man das immanente Gesetz nennen kann. Wenn wir uns darüber vollständig klar sind, so ist mit Hilfe dieses neu gewonnenen Gesichtspunktes nicht allzu schwer zu erkennen, daß nicht nur die Hauptpostulate der Geschlechtsmoral von den materiellen Interessen einer Gesellschaft bestimmt und geregelt werden, also ein gesellschaftliches Bedürfnis sind, sondern daß auch alle die vielen Neben- und Sondergebiete es notwendig sein müssen. Mit anderen Worten: Wir müssen alle die genannten Erscheinungen und Ausstrahlungen des geschlechtlichen Gebarens am Prüfstein des gesellschaftlichen Bedürfnisses erproben.

Wenn wir so verfahren, so werden wir zuerst auf den sehr wichtigen Umstand stoßen, daß die gesellschaftlichen Bedürfnisse nicht nur zu jeder Zeit andere sind, sondern auch innerhalb derselben Zeit höchst verschiedenartig.

Die Völker haben, seitdem die Menschheit in die Zivilisation eingetreten ist, aufgehört, homogen zu sein. Sie sind das immer nur im äußeren Rahmen der Sprache geblieben, dagegen haben sie sich innerlich stets in verschiedene Klassen gespalten; die Entwicklung des Privateigentums, auf der sich die Zivilisation überall aufbaute, hat überall mit innerer Notwendigkeit zur Klassenbildung und damit auch zur Klassenscheidung geführt.

Die beiden Liebhaber. Holzschnitt aus dem 16. Jht.

In erster Linie erstreckte sich diese Scheidung in Besitzende und in Nichtbesitzende. Diese Scheidung hat sich stets sofort auch in politische Formen umgesetzt. Auf große Linien reduziert: in herrschende Klassen, unterdrückte und zur Herrschaft drängende Klassen und in absterbende Klassen. Jede dieser einzelnen Klassen hat aber andere Interessen, das heißt: neben den Haupt-

Schlemmerei der Reichen. Hans Burgkmaier

lebensinteressen, auf denen sich die ganze Zeit aufbaut, ihre eigenen, ihre besonderen Lebensinteressen. Interessen, die sich nicht nur von denen der anderen Klassen unterscheiden, sondern die zu einem großen Teil denen der anderen diametral entgegengesetzt sind, ihnen also direkt feindlich gegenüberstehen.

Aus dieser Verschiedenartigkeit der Interessen folgerte nun zu allen Zeiten nichts anderes als eine Verschiedenartigkeit des geschlechtlichen Gebarens, der sittlichen Anschauungen und Satzungen. Das heißt: die Geschlechtsmoral ist zu allen Zeiten nicht einheitlich, sondern stets in einzelne Klassenmoralitäten geschieden, die sich nicht selten ebenfalls aufs strengste voneinander scheiden und weiter einander mitunter ebenfalls feindlich gegenüberstehen.

Tanzendes Bauernpaar

Kann die Tatsache der Klassenscheidung ohne weiteres als begreiflich angesehen werden, so bedarf es andererseits einer eingehenderen Begründung dafür, daß die Klassenunterschiede sich besonders deutlich in der geschlechtlichen Moral offenbaren, und daß das wirtschaftliche Interesse hier ganz kategorisch befiehlt. Als geschichtliches Beispiel sei die verschiedenartige Auffassung der Ehe beim Handwerksmeister und beim Kaufmann im 16. Jahrhundert angezogen. Ist die Frau beim Handwerksmeister die dienende Sachwalterin des Hausstandes, die strenge, züchtige Hausfrau, die für Ordnung sorgt, über Küche und Keller herrscht, so ist sie beim reichen Kaufmann die Dame, die Bediente, die den sinnlichen Genuß verkörpert. Und beide Auffassungen sind in den verschiedenen wirtschaftlichen Voraussetzungen der beiden Klassen organisch begründet. Der Haushalt des Handwerksmeisters muß geordnet sein, die Frau muß auf Strenge halten, sie muß ihr Ansehen beim Dienstboten wahren, sie muß ständig auf Sparsamkeit sehen, muß am frühesten aus den Federn sein und muß die letzte Runde durch das Haus machen und sich persönlich überzeugen, daß alles wohlgeordnet und wohlverschlossen ist, damit weder von Feuer noch von Dieben Gefahr droht. Auf einer solchen peinlichen Ordnung und Sparsamkeit selbst im kleinsten beruht die ganze Existenzmöglichkeit und Wohlfahrt der kleinhandwerklichen Wirtschaft; wo diese beiden Dinge außer acht gelassen werden und systematisch gegen sie verstoßen wird, ist die Existenz aufs schwerste bedroht. Diese Lebensbedingungen strahlen aber in allen ihren Anschauungen von den Rechten und Pflichten der Hausfrau wider, ihnen wird alles untergeordnet, das gesamte Gebaren, das Auftreten, das fern von jeder Anmaßung ist, die Kleidung, kurzum alles. Die Erziehung der Kinder in diesem Geiste muß ihre stete Sorge sein. Und wie im Positiven, so im Negativen. Die Handwerkerfrau empfindet es infolgedessen als eine Schande, etwas zu tun, was den Anschein vom Gegenteil erwecken könnte, sie geht mit

»Die Frawen, wann sie in ein Kindtbett gahn.« Aus Jost Ammanns Trachtenbuch, 16. Jht.

züchtig niedergeschlagenen Augen über die Straße, um keine falsche Meinung von sich zu erwecken, sie überwindet die Eitelkeit, die sie verlockt, sich in kostbarere Gewänder zu kleiden, als ihr Vermögen gestattet. So erwächst in ihr der Typ der züchtigen Hausfrau, die »in Zucht und in Ehren« ihr Leben verbringt, und so lautet daher auch das für sie gültige Sittengesetz. Diesem Gesetz muß sie gehorchen bei Strafe des Unterganges. Geht sie auf den Tanzboden und bei jeder Gelegenheit zur Nachbarin zum Schwätzen, so wird die Magd lässig und unordentlich sein; hat sie den Kopf mit Buhlschaften voll, so wird der junge Geselle, statt gleichmäßig zu arbeiten, ob der Meister zu Hause ist oder nicht, die Gelegenheit seiner Abwesenheit benützen, um ungefährdet den Weg in ihre Schlafkammer zu finden. Sie wird dann nicht die letzte sein, die zu Bett geht, sondern sie wird nur darauf bedacht sein, daß der Buhle möglichst oft seine Lust an ihr stillen kann. Die natürliche Eitelkeit, als die Schönste zu gelten, wird sie verlocken, sich so verschwenderisch wie möglich zu kleiden. Weil sie aber mit alledem die gesamte Existenz der Familie in dem einen Falle stützt, in dem anderen in Gefahr bringt, so ist das für sie gültige Sittengesetz, das sie entweder zur züchtigen Hausfrau oder zur schlechten Hausfrau stempelt, eben nichts anderes als der ideologische Ausdruck der wirtschaftlichen Basis, auf der sich die Existenz und Blüte des Handwerks aufbaut. Ganz dasselbe gilt natürlich in entsprechender Weise auch vom Manne dieser Klasse.

Ganz anders gestaltet die ökonomische Basis, auf der sich die Ehe und der Hausstand des begüterten Kaufmanns aufbaut, das sittliche Gebaren dieser Klasse. Durch den Besitz wird die Frau vom Haushalt emanzipiert; das ist das erste Resultat. Der Haushalt wird hier nicht auf das Bedenklichste gefährdet, wenn die Frau nicht mehr selbst nach allem sieht, wenn sie die Beaufsichtigung anderen überläßt, wenn die Erziehung der Kinder von Fremden besorgt wird. Sowie die Verschwendung aber prinzipiell aufhört, eine Gefahr für die Existenz der Familie zu sein, dagegen zu einer ständigen Möglichkeit wird, entwickelt sich die Frau in gleicher Weise ebenfalls zu einem Luxusgegenstand. Das ist immer und überall das erste Resultat der Emanzipation der Frau. Darin dokumentiert sich zuerst der zunehmende Reichtum, daß der Mann ein Luxustierchen aus seiner Frau macht. Damit aber gelten für sie logischerweise absolut andere

Nürnberger Geschlechterbraut. Aus Jost Ammanns Trachtenbuch, 16. Jht.

Gesetze von den Rechten und Pflichten einer Hausfrau. Sie soll das erste Mittel sein, das Leben des Gatten zu verschönern und die Zahl seiner Genüsse zu vermehren. Dadurch aber, daß die Frau ganz andere Lebenszwecke erhält, zwingt ihr diese Rolle auch ganz andere Lebensformen auf, und damit eine ganz andere Moral. Was die Frau des Handwerkers höchstens in zweiter Linie sein darf: Freudespenderin des Mannes, – das rückt bei ihr kategorisch in den Vordergrund, wird bei ihr die erste Pflicht. Als oberstes Instrument des Luxus wird sie zum obersten Instrument des Genusses. Sie muß Vergnügen bereiten, und zwar immer wieder von neuem, tagaus, tagein. Je besser ihr das gelingt, und je länger ihr das gelingt, um so sicherer ist ihre Herrschaft gefestigt. Der Luxus soll den Umfang des Besitzes augenfällig demonstrieren – das gilt in den früheren Zeiten, wo Kapitalbildung erst beginnt, ungleich mehr denn heute. Als geschätzester Luxusartikel muß und kann die Frau diese Aufgabe am wirkungsvollsten erfüllen. Damit ist aber ihre Hauptrolle innerhalb ihrer Klasse gegeben: Sie muß ständig »repräsentieren«.

Die Summe davon formt natürlich ebenfalls alle ihre Anschauungen, sie bildet ihre Sprache, bildet ihre gesellschaftlichen Formen, bildet ihre Gedanken, bildet ihre Kleidung. Dem Gatten und Manne gegenüber ist die Frau in erster Linie Werkzeug des Genusses, – und auch das muß sie repräsentieren. Und darum soll und will sie als besonders bevorzugtes Werkzeug des Genusses nicht nur von ihrem eigenen Gatten, sondern von jedem Manne angesehen werden. Bin ich hierzu nicht wie geschaffen? Das ist die Frage, die sie durch den Schnitt ihrer Robe an jeden richtet. Und es bleibt nicht bei der Frage. Demonstrativ verschafft sie jedem die sichere Gewißheit davon, indem sie ihre für die Liebe geschaffene Körperlichkeit stolz zur Schau trägt, von dem vollendet geformten Busen so viel als möglich und bei jeder Gelegenheit sehen läßt, die schmiegsame Eleganz ihres Leibes, ihre ewige, unverwüstliche genußverheißende Jugend so vorteilhaft wie möglich im Kostüm abzeichnet. Und während sie das tut, wahrt sie den Anstand, den von ihrer Klasse geforderten spezifi-

Basler Trachtenbild.
Hans Holbein, 15. Jht.

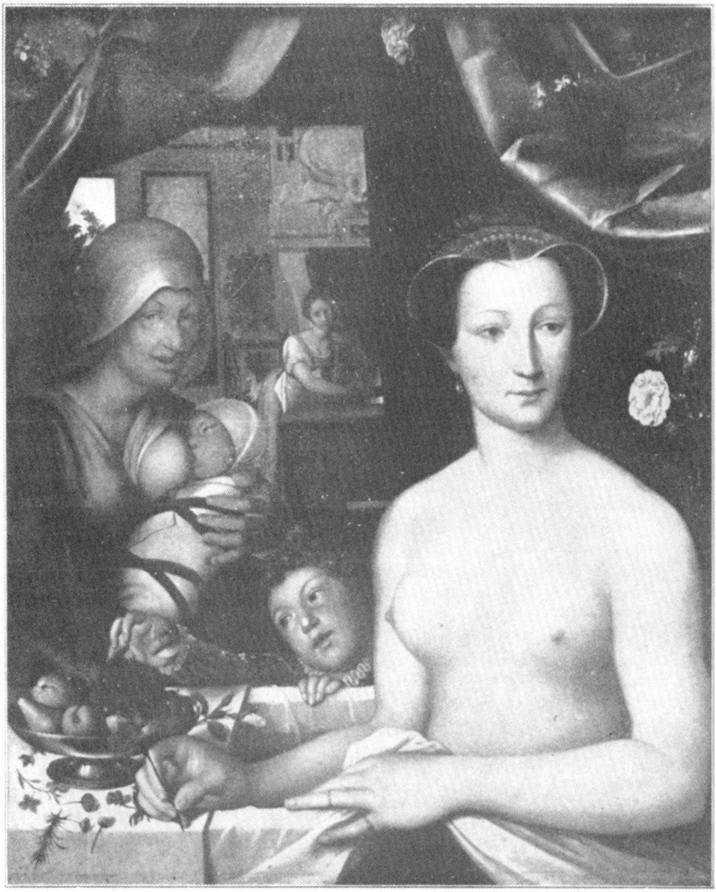

Diana von Poitiers

schen Anstand. Durch ihre Sprache, durch die Gewähltheit ihres Ausdrucks steigert sie dies alles, und einzig dies. Das Leben soll ein ewiger Festtag sein, ist die aus dem Besitz, dem Überfluß von selbst sich stets gebärende Logik und Forderung. Die äußere Erscheinung der Frau ist daher vom frühen Morgen bis zum späten Abend nie anders als festtäglich, sie ist förmlich die Verkörperung des zum Festtag gewordenen Lebens. Nichts an ihr erinnert an den Alltag, an seine Mühen, an seinen Staub; und alles, was daran erinnern könnte, ist aus ihrer Nähe verbannt;

sie steht immer inmitten der hell strahlenden Festtagsbeleuchtung. Um dies zu erreichen, scheidet man aus ihrem Leben alles aus, was diese Stimmung beeinträchtigen könnte. Dazu gehört selbst das Heiligste des Lebens, wie zum Beispiel der Mutterberuf der Frau. Von dem Augenblick an, wo die Frau durch die ökonomischen Verhältnisse prinzipiell zum Genußinstrument erhoben wird, schränkt sich die Neigung zum Mutterberuf von selbst ein. Denn Kindergebären raubt die Frau der Gesellschaft, zerstört die Festtagstimmung für lange und beeinträchtigt vor allem die körperliche Schönheit; es macht frühzeitig alt, der Busen verliert durch das Stillen seine verführerische Pracht. Also rückt dieser Teil des Ehezwecks in die zweite Reihe und wird schließlich zum notwendigen Übel degradiert. Die ideologische Ausstrahlung davon, wie sie in der Klassenanschauung zum Ausdruck kommt, ist, daß das persönliche Stillen des Kindes allmählich als »unanständig« gilt, und in noch höherem Grade eine häufige Schwangerschaft.

Die Amme.
Kupferstich von Crispin de Passe, 17. Jht.

Analog formen sich alle anderen Anschauungen, gemäß dem anderen geschlechtlichen Gebaren. Der Ehebruch verliert seine soziale Gefahr. Denn die Frau, die in erster Linie Genußinstrument ist und in der Liebe nur die delikatesten Formen des Genusses sieht, erfüllt die Gesetze der Natur nicht in taumelnder Trunkenheit, sondern als Künstlerin, die auch beim gewagtesten Spiel die Spielregeln nicht vergißt, die alles gestatten und nur die Folgen ausschließen, die an das Spiel die Last knüpfen. Weil der Ehebruch aber seine soziale Gefahr verliert, hört er in der Vorstellung auch auf, die größte Sünde zu sein. Dagegen wird alles, was zu ihm führt, eher zur hohen und geschätzten Tugend. Die Geschicklichkeit, die Gäste ans Haus zu fesseln, rangiert in der gesellschaftlichen Wertung viel höher

Die galante Edeldame. Kupferstich von Jakob Heyden, 1636

als die sittenstrenge Sprödigkeit, die das Haus vereinsamt. [...]

Dies das Bild im großen, wie sich das geschlechtliche Gebaren und seine Satzungen in den verschiedenen Klassen verschieden formen, gemäß den durch eine andere materielle Basis veränderten Bedürfnissen. Natürlich formen sich in gleicher Weise die Anstands- und Sittlichkeitsbegriffe beim Adel, beim Hofmann, beim Fürsten, – der ebenfalls eine Klasse mit spezifischen Klasseninteressen und Bedürfnissen repräsentiert, – beim Bauern, bei der Geistlichkeit, beim Proletarier usw. [...]

Nicht viel weniger bedeutsam als die Eigenschaft des Klassenunterscheidungsmittels ist der zweite Faktor: die spezifische Moralanschauung im Dienste der Klassensolidarität als Klassenbindemittel. Die spezifischen sittlichen Anschauungen einer Klasse werden zu einem Bindemittel gemacht, das die Aufgabe hat, den gesellschaftlichen Zusammenhalt innerhalb der betreffenden Klasse zu verstärken. Was unterscheidet, bindet nämlich zugleich auch stets von selbst zusammen, und zwar diejenigen, die sich in gleicher Weise von anderen bereits unterscheiden oder unterscheiden wollen. Wodurch man sich von anderen abgegrenzt fühlt, seien es nun sozial niedriger stehende oder feindliche Klassen, dadurch fühlt man sich stets zugleich einig. Es ist wie eine gemeinsame Uniform oder Feldbinde, wie die Standarte, unter der man sich sammelt. Und in prononzierter Weise wird diese Standarte entfaltet, das heißt: werden diese besonderen Eigenschaften gepflegt; die Unterschiede werden pointiert und mit Absicht und Bewußtsein zum Augenfälligen herausgearbeitet. In diesen Unterschieden fühlt man sich zuerst solidarisch. Und das ist auch ganz logisch, weil hier die soziale Zusammengehörigkeit zuerst in sichtbare Erscheinung tritt und damit allen, Freund und Feind, zum Bewußtsein kommt. Jeder Verstoß des einzelnen gegen diese Unterschiede wird daher als ein gegen die eigene Klasse gerichtetes Verbrechen angesehen. Das gilt für das Gesamtgebiet der Moral – der streikbrechende Arbeiter ist in den Reihen seiner Kampfgenossen der größte Verbrecher; der die Forderungen seiner Arbeiter jederzeit billig erwägende Arbeitgeber ist kein geringerer in den Augen der seinigen –, es gilt aber auch bis in das kleinste Detail der Sonderanschauungen auf dem Gebiete der Geschlechtsmoral. [...]

Wenn man alles dies zusammenfaßt, um es in eine knappe Formel zu prägen, die man als das bestimmende Gesetz zu bezeichnen hat, so kommt man zu folgender Formulierung der hier entwickelten Gesichtspunkte:

Erstens: Jede Gesellschaftsordnung stellt als sittliches Gesetz den Zustand der Gesellschaft auf, oder formuliert als sittlich das, worauf ihre Existenz beruht, wodurch weiter die Bedingungen ihrer Existenz gestärkt oder gesichert werden. Andererseits erklärt sie als unsittlich und verwerflich, was ihrem speziellen Lebensinteresse feindlich ist, was die Institutionen in Gefahr bringt, auf denen sie basiert.

Landsknecht und Soldatendirne. Nürnberger Holzschnitt von Hans Guldenmund

3. Sinnerbild

Am Scheidwäg nit verfehl, die rechte Straß erwehl.

O, es wöll, es wöll der Himmel! daß, zu diser Zweyfelzeit,
die bald heüratreiffe Jugend von dem Scheidewäg nicht weit
nicht verfehl der Tugendstraß, die zwar rüher wird geschetzet
alß die sanfte Wollustbahn; aber nicht wie selbe letzet.
Tugendstraß zum Leben führet, in des Abrahamen Schoß
da, wie Lazarus zu werden höchster Freüden mitgenoß.
Aber jenner Wollustwäg, wie gebahnet er gepreiset,
mit dem Schlämmer in den Teich, ach! in Schwefelteich verweiset.

Einer Tugendliebenden Jugend in
Zürich, ab der Bürgerbibliothec
für das 1652. Jahr/. verehrt.

»Am Scheidwäg«. Schweizer Kupferstich von Konrad Meyer

Onanierender Bauer. Deutsche Holzskulptur aus dem 16. Jht.

Zweitens: Was im ganzen und großen gilt, das gilt auch im einzelnen. Da, wie gesagt, eine Gesellschaftsorganisation niemals eine homogene Einheit darstellt, sondern stets in verschiedene Klassen geschieden ist, mit ebenso verschiedenen und einander widersprechenden Interessen, so differenziert und kor-

»Das zehend Gebot«. Holzschnitt aus dem 16. Jht.

rigiert jede einzelne Klasse wiederum für sich die Satzungen der Gesamtmoral in ihrem spezifischen Klasseninteresse. Das heißt: Jede einzelne Klasse erklärt als sittlich, was sich als Ideologie ihrer spezifischen Sonderinteressen ergibt; was diesen widerspricht, erklärt sie in gleicher Weise als unsittlich.
Will man diese Erkenntnisse wiederum in einem einzigen Satz zusammenfassen, so kann man sagen: Sittlichkeit ist die Ideologie des gesamten Lebensinteresses einer Zeit, differenziert durch die spezifischen Klasseninteressen.
Das kann man als das Gesetzmäßige bezeichnen, wenn man aus der Fülle der Erscheinungen den Hauptkern herausschält. Natürlich folgt daraus auch, daß auch nicht willkürlich von einzelnen Personen oder Konzilien Gesetze der Sittlichkeit fabriziert werden können, – von einem Luther, Rousseau oder Kant genau so wenig wie von einem Kirchenfürsten, einem Konsistorium moralsalbender Prälaten oder einem Reichstag. Diese können höchstens, die Personen wie die Konventikel, Gewordenes in divinatorischer Form prägnant offenbaren oder formell-juristisch

sanktionieren. Wenn man daher sagt: »seit Luther«, »seit Rousseau«, »seit Kant« oder »seit dem und dem Beschluß«, so ist das nur in sofern richtig, als man in den betreffenden persönlichen Offenbarungen oder gesetzgeberischen Sanktionen den Ausdruck oder Gipfel einer bestimmten historischen Tendenz sieht, ein Resultat und nicht eine Ursache. [...]

Im Anschluß an das eben Begründete ist hier noch eine weitere Schlußfolgerung, und zwar in bezug auf die für Mann und Frau im allgemeinen verschiedenen Gesetze der Geschlechtsmoral zu machen. Erklären die weiter oben entwickelten Gesetze, daß genau so wie es verschiedene Klassenideologien gibt, es auf Grund derselben ökonomischen Ursachen auch im Prinzip verschiene Geschlechtsideologien geben muß, eine besondere für den Mann, eine besondere für die Frau, oder genauer und auf den Hauptpunkt spezialisiert: daß der Mann polygam leben darf, die Frau dagegen monogam leben muß, – erklärten, wie

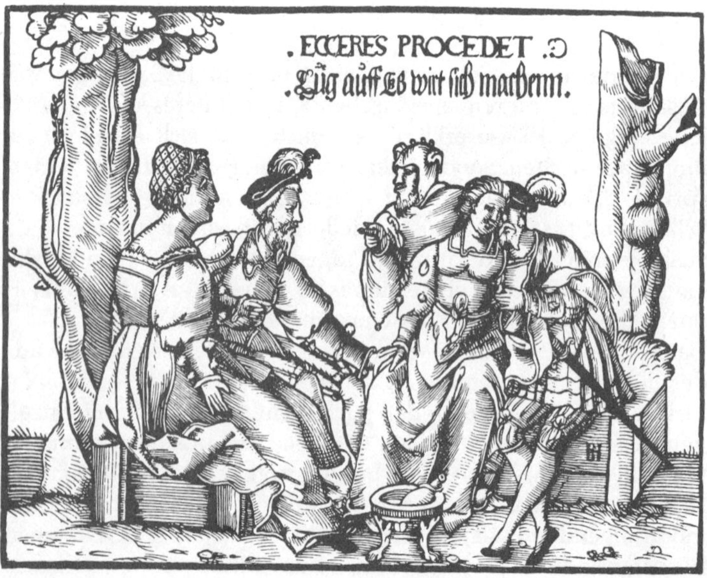

Buhlerische Liebe. Holzschnitt aus dem 16. Jht.

Verliebte Unterhaltung. Holländischer Kupferstich von N. W. van Haeften

gesagt, die oben entwickelten Gesetze die historische Bedingheit dieses Zustandes, denn mit der auf dem Privateigentum aufgebauten Monogamie entstand sofort eine Klassenscheidung zwischen Mann und Frau – die erste Form der Klassenscheidung in der Geschichte! –, so erklärt das eben Ausgeführte die an sich eigentlich erstaunliche Tatsache, warum auch die Frau diese verschiedene Rechte- und Pflichtenverteilung zwischen Mann und Frau als die »natürliche Ordnung« und den gegebenen

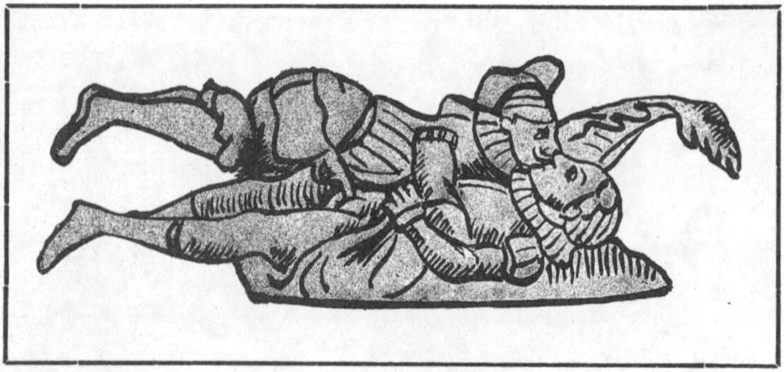

Beineinlage auf einem Morgenstern (Nachzeichnung)

Zustand der Dinge in allen Zeiten und Ländern und bis in unsere Gegenwart herauf ansieht. Es ist dies nichts anderes als die Klassenideologie der herrschenden Klasse »Mann«, die von dieser der von ihr ebenfalls nicht nur sozial und physisch, sondern auch geistig beherrschten Klasse »Frau« als allgemein gültige Ideologie aufgezwungen worden ist. Und diese Ideologie ist von der Frau auch als solche akzeptiert worden – solange sie noch zu keinem eigenen Klassenbewußtsein erwacht war. Zu dem letzteren ist es bekanntlich erst im letzten Drittel des 19. Jahrhunderts in ausgesprochenem Maße gekommen. Und daher gibt es auch erst seit dieser Zeit eine prinzipielle Kritik an dem Gesetz von zweierlei Recht für Mann und Frau auf dem Gebiet der geschlechtlichen Moral als eines Ausflusses der angeblich natürlichen Ordnung der Dinge.

Wenn es heute nach dieser dreißig- bis vierzigjährigen Kritik nicht nur noch unzählige Männer, sondern noch viel mehr Frauen gibt, die diese Kritik verdammen und den seitherigen Zustand in der Tat als die »natürliche« und darum »ewige« Ordnung der Dinge ansehen, so beweist dies nur, wie stark die Klassenherrschaft des Mannes noch ist, das heißt: wie im eigentlichen Wesen noch ungebrochen. [...]

Wir haben nachgewiesen, daß die jeweilige Entwicklungshöhe des Produktionsmechanismus, der Grad, wie die Menschen ihre gesellschaftlichen Bedürfnisse zu befriedigen imstande sind, das allgemeine gesellschaftliche Sein und somit auch die jeweilige sexuelle Moral der Gesellschaft bestimmt. Weil dies der Fall ist,

darum aber muß auch dem ferneren und von keinem Denkenden bestrittenen Fluß der wirtschaftlichen Entwicklung ein gleich steter Fluß der Umformung des allgemeinen sittlichen Gebarens und der jeweils gültigen Normen entsprechen.
Aber auch ein gleich konsequenter Fluß, was wir ebenfalls nicht übersehen dürfen. Und weil wir heute schon die Hauptrichtung der wirtschaftlichen Weiterentwicklung klar zu erkennen vermögen, darum vermögen wir auch, ohne daß wir dadurch in die komische Situation des leichtfertigen Prophezeiens verfallen, zu sagen, welches die Linien sind, die den sittlichen Normen der Zukunft das Gepräge geben werden, das heißt: in welcher Richtung sich diese prinzipielle Umformung vollziehen wird. Wir vermögen zu sagen: Wie die Entwicklung unsere Gegenwart zu einer höheren Sittlichkeit emporführte, so wird sie das in der Zukunft, wo sich die Tendenzen der Gegenwart und der Vergangenheit mit naturgesetzlicher Notwendigkeit schließlich erfüllen müssen, in noch ungleich höherem Maße tun. [...] Diese Zukunft aber wird sein, daß Monogamie eines Tages eine Wahrheit werden wird: für den Mann und für die Frau. Diese Wahrheit verwirklicht sich in demselben Schritt, in dem eine Gesellschaftsordnung sich anbahnt, für die bei allen ihren Mitgliedern die individuelle Geschlechtsliebe als Bindemittel zwischen zwei Menschen verschiedenen Geschlechts keine bloße Fiktion mehr ist, hinter der sich die schmutzigsten Rechenexempel verbergen, sondern das einzige und das normale Bedürfnis und Gesetz des Lebens. Daraus folgt aber zugleich das Erhebendste dessen, was die Logik dem in die Geschichte der Menschheit Eindringenden zu eröffnen vermag: Die Menschheit steht nicht am Ausgang, sie steht am Anfang ihrer Geschichte, und zwar am Anfang des wirklich glorreichen Teiles ihrer Geschichte. [...]

KAPITEL 2

Das Wesen der Renaissance

Die Renaissance wird mit ihrem Beginn gemeinhin in die Mitte des Quatrocento verlegt; alles Frühere gilt als Mittelalter. Ihr Ende, ihren Ausgang, setzt man ebenso gemeinhin auf das Ende des Cinquecento.

Gegen diese Datierung ist nicht viel einzuwenden, solange man unter dem Begriff Renaissance nur den Rahmen für eine Kunstepoche sieht, die einerseits vom Zeitalter der Gotik, andererseits von dem des Barock begrenzt ist. Sowie man aber diesen Begriff in weiterem Sinne historisch auffaßt, also darin den Ausfluß eines völlig neuen Kulturfaktors sieht, – und das kann man, da die Renaissance in der Vorstellung längst ein ganz bestimmter Kulturbegriff geworden ist –, und sowie man sich nicht auf ein einzelnes Land beschränkt, sondern alle Länder in den Kreis seiner Betrachtung zieht, wo dieses selbe neue Prinzip in Aktion trat, dann muß man das Geburtsdatum wesentlich höher hinaufrücken und den Ausgang viel weiter in die Neuzeit herein datieren, das heißt: man muß in diesen Begriff alles das einbeziehen, was im letzten Grunde im Wesen dasselbe ist. Gilt die Zurückdatierung in erster Linie für Italien, so gilt die Ausdehnung in die Neuzeit herein für die Niederlande und für England.

Diese Erweiterung erzeigt sich sofort nicht nur als logisch, sondern auch als unumgänglich, sobald man sich darüber klar wird, was man im allgemein geschichtlichen Sinne unter Renaissance zu verstehen hat, also nicht bloß unter dem kunstgeschichtlichen Namen. Die Beantwortung dieser Frage kann hier ganz kurz sein, da derselbe Gedanke an anderer Stelle des Buches doch noch eine eingehendere Behandlung erfahren muß. Und darum kann man sich damit begnügen, zu sagen: Die Renaissance, kulturgeschichtlich angeschaut, bedeutet das Auftreten und den Sieg einer völlig neuen Wirtschaftsordnung in der Geschichte der europäischen Menschheit, und zwar, wie schon oben erwähnt, das Aufkommen der Geldwirtschaft, die siegreiche Überwindung der vorhergegangenen Naturalwirtschaft und die erste Expansion der Geldwirtschaft. In der politischen Form bedeutet diese Phase die Geburt, die Kinder- und die Jünglingsjahre der bürgerlichen Welt, also das Entstehen des städtischen Bürgertums und dessen erstes Blütezeitalter. Führte das erste zur Herrschaft des Handwerks, also der Zünfte, so das zweite zu der des Kaufmanns, denn auf dem Handelskapital kam es zur ersten Akkumulation des Kapitals, also zu dessen erster welthistorischer Expansion. Ihr Ende erreichte diese Pha-

Liebesszene des Aretin. Skizze, angeblich von Julio Romano

Herkules und Omphale. Kupferstich nach Annibale Carraci

se, als die Logik der neuen Kräfte soweit getrieben war, daß sie in unlöslichen Widerspruch zu der nicht in gleichem Maße entwickelten Wirklichkeit kam. In diesem Stadium mußte es zu einer neuen Umwälzung und Verschiebung der wirtschaftlichen Machtverhältnisse kommen, und diese kam denn in der Entwicklung zum fürstlichen Absolutismus zum Ausdruck. Diese Epoche, die in jedem Lande verschieden an Dauer und Intensität ist, aber im Kerne dieselbe Entwicklungsepoche im Leben der europäischen Völker darstellt, ist das, was man kulturgeschichtlich unter dem Begriff Renaissance zusammenfassen kann.

Wenn man diese Entwicklung in Zeit- und Ländergrenzen ausdrückt, so ergibt sich: Sie setzte am frühesten in Mittel- und Norditalien ein, und zwar dort in markanter Weise bereits im Anfang des 13. Jahrhunderts. In Mittel- und Norditalien, dem Herrschaftsgebiete des weltbeherrschenden Papsttums mit seinen städtischen Domänen, waren die Bedingungen zuerst gegeben, die zur Entstehung und zur Blüte der neuen wirtschaftlichen Mächte führten. Deutschland schloß sich etwa ein Jahrhundert später dieser Umwälzung an, und zwar in erster Linie der Süden Deutschlands und die Städte dem Rhein entlang: die natürlichen Verbindungswege Italiens mit den nordischen Völkern und den nordischen Häfen. In der gleichen Zeit setzte diese Bewegung in Spanien, in Frankreich und in den Niederlanden ein, am spätesten schließt sich in den äußeren Ergebnissen England dem allgemeinen Reigen an, das jedoch weniger wegen seiner insularen Lage, wie manche glauben, länger von den neuen Faktoren der geschichtlichen Notwendigkeit unberührt blieb, als deshalb, weil hier der Kapitalisierungsprozeß der Gesellschaft einen völlig anderen Ausgangspunkt als im festländischen Europa nahm. Setzte in diesem der Kapitalismus mit der Entstehung des Handelskapitales ein, so in England mit der Kapitalisierung des Grundbesitzes als des Hauptproduzenten des wichtigsten Handelsartikels jener Zeit: der Wolle. Dadurch aber kam es in England damals zu einer ganz eigenartigen bürgerlichen Entwicklung.

Dejanira.
Kupferstich von Hans Sebald Beham

Zum Abschluß dieser Epoche kam es am frühesten in Spanien und Frankreich; hier entwickelten sich auf Grund verschiedener Voraussetzungen am ersten die Bedingungen, aus denen sich der fürstliche Absolutismus herausbilden konnte. In Deutschland kam es am Ausgang des 16. Jahrhunderts zu demselben Resultat. Am spätesten folgte Holland, das erst in der zweiten Hälfte des 17. Jahrhunderts in den fürstlichen Absolutismus einmündete. Und in England kam es eigentlich gar nicht mehr dazu. Hier war der Sieg, den die bürgerliche Welt in der glorreichen Revolution von 1649 errang, endgültig; nur daß er später durch einen Kompromiß geschmälert wurde. Darum war auch die weitere politische Entwicklung Englands so vollständig verschieden von der festländischen.

Die kunstgeschichtliche Auffassung umfaßt demgegenüber nur den zweiten Akt dieses weltgeschichtlichen Schauspiels, das künstlerische Widerspiel, das sich die siegreiche Expansion des Handelskapitals geformt hat. Aber wie man sieht, hat dieses grandiose Schauspiel auch einen ersten Akt, und es hat so gut eine Einleitung, wie es einen Schlußakt hat. Die Kunstgeschichte belegte diese anderen Teile mit anderen Namen, die Kulturgeschichte muß das Ganze, Anfang, Mitte und Ende umfassen, den gesamten Kreislauf und nicht nur den Höhepunkt.
Dieser gesamte Kreislauf der ersten Entwicklungsphase der modernen Geldwirtschaft innerhalb der europäischen Kultur ist der Rahmen des vorliegenden Bandes. [...]

Die Vorstellungen des Lebens sind nicht metaphysischer Art, von außen hineingetragen – sozusagen hineingepredigt –, sondern dialektischer Art; sie ergeben sich jeweils aus der spezifischen Eigenart der Bewegung des Lebens. Alle Ideen und Anschauungen, denen man in der Weltgeschichte begegnet, sind nur die Kristallisationen dieser Bewegungslinien des Lebens, also des gesellschaftlichen Seins der Menschen.
Das ist, in eine knappe wissenschaftliche Formel gepreßt, der Grundgedanke, von dem wir in unserem Einleitungskapitel ausgegangen sind. Worauf es jedoch für die geschichtserklärende Verwertung dieser Erkenntnis in erster Linie ankommt, das ist die Frage: Welche Faktoren bestimmen diese Bewegungslinien des Lebens? Die Antwort auf diese Frage haben wir ebenfalls gegeben: Es sind, wie wir in großen Umrissen zu zeigen versucht haben, einzig und ausschließlich die materiellen Interessen der Menschen, von denen die Bewegungslinien des Lebens geformt werden und ihre entscheidende Richtung erhalten.

Die Satyrfamilie. Holzschnitt von Urs Graf, 1520

Die Freuden der Venus. Kupferstich von Gerhard de Jode, 17. Jht.

Da sich nun aber die materiellen Interessen der Menschen, wie wir es ebenfalls gezeigt haben, in ständiger Umformung befinden, und zwar infolge der stetigen Umwälzungen im Produktionsmechanismus, weil dadurch teils neue Bedürfnisse bei den Völkern und Klassen entstehen, teils seither herrschende ausgeschaltet oder eingeschränkt werden, so ergibt sich aus diesem Zusammenhang für die geschichtliche Entwicklung der Ideen und Anschauungen eine überaus wichtige Konsequenz, auf die wir bis jetzt noch nicht zu sprechen gekommen sind. Diese wichtige Konsequenz besteht darin, daß prinzipielle, also grundstürzende Umwälzungen im seitherigen Produktionsmechanismus der Menschen unbedingt auch zu einem völlig neuen geistigen Inhalt des Lebens, je nachdem sogar, wenn man so sagen will, zu einer völligen Neugeburt der Idee führen müssen.

Solche prinzipiellen Umwälzungen, die in direkter Linie zu einer völligen Neugeburt der Anschauungen und Vorstellungen führen, vollziehen sich, wenn ein ganz neues Wirtschaftsprinzip in die Geschichte eintritt, also eine Form der Produktionsweise aufkommt, die im Gegensatz zu der seitherigen steht, und durch die darum eine gänzlich veränderte Organisationsform der Gesellschaft nötig wird. Die letztgenannte Wirkung macht das Aufkommen eines solchen neuen Wirtschaftsprinzips zu einem revolutionären Faktor in der Geschichte. Dieser Faktor verändert die Gesellschaft in ihrem Wesen, weil er ihren Boden von Grund aus umformt und seine Wirkung nicht nur auf die Ausschaltung einiger weniger Widersprüche beschränkt, die sich in dem lang-

Tritonen und Nymphen. Radierung von Pierre Brebiette, 17. Jht.

samen Fluß der Entwicklung herausgebildet haben. Die Veränderung des Wesens der seitherigen Gesellschaft besteht darin, daß sich erstens mit dem Entstehen eines neuen Wirtschaftsprinzips unbedingt auch neue Klassen mit neuen Interessen, und infolgedessen auch neuen Anschauungen, herausbilden, und zweitens darin, daß der neue Faktor alle die Klassen, die er vorfindet, entweder auflöst oder entsprechend umwälzt. Diese beiden Erscheinungen sind die unvermeidlichen Ergebnisse jeder derartigen Entwicklung, und im Verlauf dieses Prozesses muß sich logischerweise die gesamte seitherige Physiognomie des gesellschaftlichen Seins der Menschen ändern.

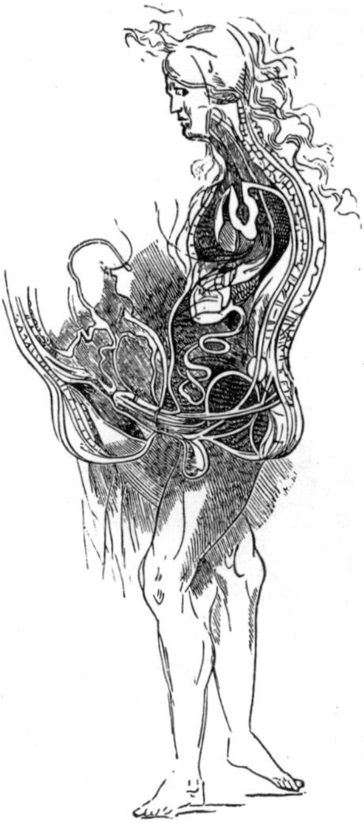

Geschlechtsakt. Leonardo da Vinci

An solchen Wendepunkten müssen darum auch die Grenzlinien aller Kultur erstehen, die eine alte Zeit abschließen und den Anfang einer neuen bezeichnen. Je konsequenter natürlich sich ein neues Prinzip durchsetzt, je revolutionärer und tiefgreifender seine Bedeutung ist – ob es auf der ganzen Linie den seitherigen Boden der Gesellschaft zerstört und durch einen neuen ersetzt, oder nur teilweise –, um so klarer und ausgeprägter müssen diese Grenzlinien erstehen, die die alte Zeit, das seitherige gesellschaftliche Sein der Menschen mit dem ihm entsprechenden Gedankeninhalt, von der neuen trennen, und um so schroffer muß sich die Gegenwart von der Vergangenheit abheben, wie der Tag von der Nacht, der Sommer vom Winter. Ob jedoch die Scheidung der Zeiten von vornherein klar oder im Gegenteil zuerst kaum wahrnehmbar ist, – eines bleibt sich gleich: Stets kommt es bei solchen geschichtlichen Entwicklungshöhen und Wendepunkten zu einem ganzen Zeitalter der Revolutionen, das nicht eher seinen Abschluß findet, als bis sämtliche Gebiete des Lebens von dem neuen Prinzip erfaßt und umgewälzt sind und

Liebesszene des Aretin. Skizze, angeblich von Julio Romano

sich dem neuen Herrn der Welt, ihrem neuen Gesetzgeber organisch angliedern und unterordnen. Ein solcher Prozeß kann in einigen Jahrzehnten vor sich gehen, er kann auch Jahrhunderte dauern.

Aber nicht nur eine gänzlich veränderte Gestalt muß das neue Bild der Zeit aufweisen, wenn es von einem neuen Geschichtsbaumeister geformt wird, sondern – und das ist das Wichtigste! – solche revolutionären Epochen der Geschichte müssen zugleich die großartigsten Schauspiele darstellen, die die Geschichte der Menschheit ihrem Betrachter überhaupt liefert. Vornehmlich in ihnen muß sich das stolzeste Erleben und das herrlichste Erfüllen konzentrieren; hier muß der Menschengeist seine stolzesten Siege feiern. Andererseits muß gerade in ihnen die Tragik im Unterliegen ihre erschütterndsten Formen finden. Schlachtfelder müssen hier erstehen, deren Eindruck durch alle Jahrhunderte hindurch nichts von seiner ergreifenden Wirkung verliert. Alles das ist innere Notwendigkeit und unschwer zu begreifen.

In solchen Zeiten dominiert stets das Schöpferische – es muß hier dominieren, wie wir gleich zeigen werden –, und darum ist Größe in solch einer Zeit. Größe ist aber einzig das im höheren Sinne Schöne.

Liebesszene des Aretin. Skizze, angeblich von Julio Romano

In dem Augenblick, in dem ein neues Prinzip in die Welt kommt, ergeben sich jeder Form der menschlichen Tatkraft unwillkürlich neue Möglichkeiten, zum mindesten andere Möglichkeiten. Damit erweitert sich aber auch stets in gleicher Weise der Horizont, der das Leben der Menschen umgrenzt, und nicht nur der Horizont des Einzelnen oder einzelner engbegrenzter Gruppen. Eben dadurch, daß die gesamte Gesellschaft auf einen anderen Boden gestellt wird, erweitert sich der Horizont zum mindesten aller der Klassen, deren seitherige Kreise gestört und aufgelöst werden.

Sowie sich aber dem Streben neue Ausblicke und damit neue Möglichkeiten auftun, wachsen dem Geiste Flügel, die ihn alsbald in unermeßliche Weiten tragen. Er ringt der Zeit ihre neuen Probleme ab, und vorahnend erschaut er mitunter schon aus den Keimen die Früchte, die oft erst in Jahrhunderten reif werden. Die Phantasie löst sich aus, den Menschen ist es, als sei bisher ein dichter, undurchdringlicher Schleier davorgezogen gewesen, der selbst das Nächstliegende den Blicken verborgen hatte. Nun, da dieser Schleier hinweggezogen ist, erscheint der Ausblick in die Zukunft den Menschen scheinbar unbegrenzt und die Fülle der neuen Gesichte, die jäh vor dem Geiste auftauchen, unermeßlich und endlos. Es ist ein Akt der allgemeinen und gleichzeitigen Befruchtung, den die Menschheit in solchen Zeiten erlebt, und die Zeugungswonnen durchschauern alle Welt. Jeder einzelne glaubt hinfort in seinem Schoße die Zukunft zu tragen, die neue Welt, die unbedingt auch eine schönere Welt sein wird. Damit geht ein wonniges Frühlingsahnen, ein glaubensstarkes Zukunftsahnen von etwas bevorstehendem Großem durch alle Klassen und Nationen, mitunter durch ganze Weltteile.

Der längst träge gewordene Fluß der Entwicklung kommt damit auf allen Gebieten in jähe Bewegung und rollt rascher, kühner und stolzer seine Bahn. Die kluge Bedächtigkeit, die seitdem als gepriesenste Tugend gegolten hatte, wird zum verächtlichsten Laster. Raschheit des Entschlusses, Kühnheit im Handeln, kecke Unternehmungslust und unbegrenzter Wagemut finden die höchste Bewunderung, und mögen sie bis zur wahnwitzigen Waghalsigkeit gehen. Die Leidenschaften steigern und konzentrieren sich in diesen Zeiten ins Grandiose: der Haß und die Liebe. Die an der Erhaltung des seitherigen Zustandes der Dinge Interessierten fühlen sich mit dem Wanken des Bodens, in dem ihre Existenz wurzelt, nicht nur angegriffen, sondern in ihren »heiligsten« Rechten bedroht. Das wandelt sie zu Berserkern, denen nur eines gilt: den Fortgang des Neuen mit allen Mitteln aufzuhalten, und wäre dadurch der ganze Bestand der Menschheit bedroht. Nicht viel toleranter sind die neuen Klassen, in denen sich der wirtschaftliche Hauptgedanke der neuen Epoche verkörpert. Aufsteigende Klassen sind niemals sentimental und nie-

Der Guitarrespieler.
Aus den Maskenbildern des J. D. Geyn

Priapus. Deutsche Buchillustration

mals heuchlerisch, und darum stellen sie ihre historischen Rechte mit den deutlichsten Worten in die Tagesordnung der Geschichte und haben nur Hohn und Spott für ihre wirklichen oder vermeintlichen Gegner. Eine große selbstaufopfernde Liebe umspannt diesen beiden Gruppen gegenüber alle die, die aus dem Neuen, das in die Welt gekommen ist, neue und schönere Ideale für die Zukunft der Menschheit ableiten. In den Reihen dieser erwächst die schönste Form aller sozialen Tugenden, – das selbstlose Solidaritätsgefühl, das die Person der Sache mit Begeisterung zum Opfer bringt. Im Aufeinanderstoßen dieser verschiedenen Tendenzen entstehen nun die gewaltigsten Formen der Klassenkämpfe, die meistens furchtbar schauerlich in ihrem ganzen Verlaufe sind, entsetzlich in jeder ihrer Einzelheiten, aber dennoch schön, weil es ums Ganze geht, um das Schicksal der ganzen Welt, und weil sie darum Größe haben.

In solchen Zeiten werden die ererbten Vorurteile meistens kühn über den Haufen gestoßen. Weil das Alte als überwunden gilt, wird alles, was sich von ihm herleitet, als unwahr empfunden und darum von vornherein allem mit Zweifel und Hohn entgegentreten, was den Stempel des Hergebrachten, des allein durch sein Alter Ehrwürdigen trägt. Alle bestehenden Verhältnisse und Institutionen werden kritisiert; und da die Entwicklung selbst Tag für Tag die stolzesten Säulen der Vergangenheit, die für die Ewigkeit errichtet schienen, jäh zusammenbrechen läßt, wird jede Autorität wankend und verliert ihre seither unbestrittene Anwartschaft auf Vertrauen, Glauben und selbstverständliche Achtung. Bei allem, was da ist, wird schließlich nach seiner inneren Berechtigung geforscht, und wenn es den Gründen des Neuen gegenüber irgendwie nicht stichhaltig ist, wird ihm grausam das Todesurteil gesprochen. Das alles gilt nicht nur auch, sondern mit in erster Linie von allen Satzungen, die das geschlechtliche Leben der Menschen regeln; denn hier empfindet der Mensch die von der Sitte gezogenen Schranken am ehesten.

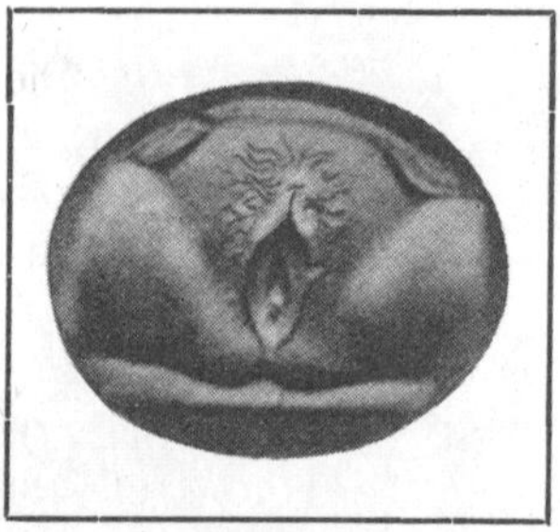

Renaissancesiegel

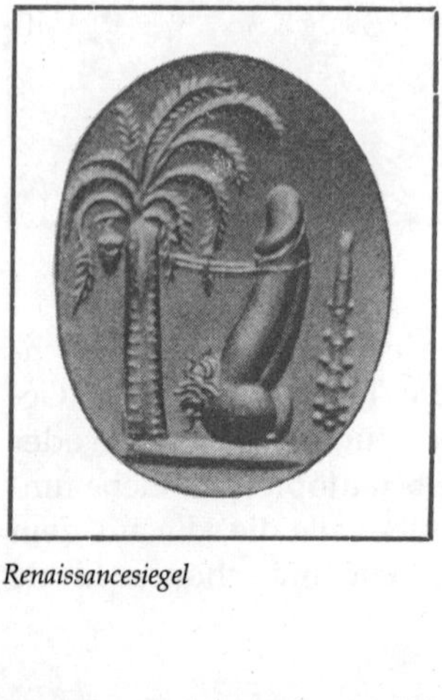

Renaissancesiegel

So kühn, wie man im Vernichten und im Niederreißen ist, so imponierend und unerschöpflich gebär-

Erotischer Steinfries am Rathaus zu Bremen

det man sich in solchen Epochen aber auch im Aufbauen. Die Produktivkraft wächst ins Ungeheure. [...] Überall errichtet man neue Tafeln, überall rammt man neue Pfähle ein, um einen stolzeren Gesellschaftsbau zu errichten. Man flickt nicht nur das allzu Schadhafte, sondern baut am liebsten von Grund aus neu. Keine Aufgabe, und wäre sie noch so gigantisch, noch so phantastisch, erscheint dem einzelnen wie der Gesamtheit dabei zu groß, zu gefährlich, zu weitgreifend; denn man ist im gesamten Denken und Fühlen universell, jeder einzelne fühlt förmlich die Kräfte eines Riesen in sich. Alles will man mit seinem Willen umspannen, alles will man ergründen, jeden Widerstand will

Erotischer Steinfries am Rathaus zu Bremen

Venus und Amor.
Kupferstich von Hans Sebald Beham

man brechen, alles will man meistern. Das zeichnet den einzelnen und ganze Klassen und Völker aus, denn es ist die einheitliche Physiognomie der Zeit. Die höchsten Forderungen stellt man an Dinge und Personen, unbegrenzt und maßlos ist man in seinen Ansprüchen. Darum gibt man auch stets der Reife den Vorzug, sie hat den höchsten Preis, im Körperlichen und im Geistigen. Nicht der Jüngling, der verspricht, und nicht die knospende Mädchenblume, die verheißt, werden in solchen Zeiten am höchsten gewertet, sondern der Mann im Zenit seiner Kraft, der erfüllt, und die Frau auf der Höhe der Entwicklung, die versteht. Der Mann soll Apoll und Herkules, die Frau Venus und Juno in einer Person sein.

Aber solche Zeiten sind nicht nur kühn im Wollen, sondern sie sind im Gegensatz zu andern Zeiten stets nicht weniger imponierend und gewaltig im Vollbringen. Das Vollbringen hält mit dem Wollen gleichen Schritt. Das Höchste und Tiefste, was der Menschengeist je ersonnen und geformt hat, wurde stets in solchen Zeiten vollbracht. Und gleich groß ist die Vollendung der Einzelleistung wie der Reichtum an immer neuen Gebilden. Die Zeit ist in jedem Atemzug schöpferisch, und niemals geht ihr der Atem aus. Was ehedem nicht von Jahrhunderten zuwege gebracht worden ist, wird jetzt mitunter spielend bewältigt, und größer und stolzer, als man je und kurz zuvor noch zu träumen gewagt hätte. Jede Aufgabe, die sich die Menschen in solchen Zeiten stellen, hat außerdem einen Zug ins Heroische; denn in jeder lebt die Summe der ganzen gewaltigen Zeit-Energie, und es ist, als wäre die Zeit selbst mit unsichtbaren Händen auch im Kleinsten am Werke. Aus diesem Grunde ist allem, was in solchen Zeiten entsteht, gleichsam der Stempel des unvergänglichen Ewigkeitswertes aufgedrückt. Natürlich ist damit nicht gesagt, daß hier ausnahmslos das positiv Beste erreicht würde;

denn die positive Höhe des Erreichbaren ist stets davon abhängig, welche Mittel der in Frage stehenden neuen Zeit zur Lösung ihrer neuen Probleme zu Gebote stehen, sie ist abhängig von der Reife oder Höhe der vorhergegangenen Epoche. Mit dem Umfang oder der Reife der Mittel, die nur der Anwendung harren, wächst der Umfang an Kühnheit und Tatkraft und die Summe der Erfüllungen einer Zeit; sie engen sich aber ein und bleiben kühne Versprechen und ebensolche Wagnisse in demselben Maße, in dem die Mittel, das Erbe der Vergangenheit, primitiv und unentwickelt sind. Darum können auch die Maßstäbe nur relativ sein, aber es ist trotzdem zutreffend, wenn man von solchen Zeiten sagt: Alles wandelt in ihnen scheinbar auf den Höhen der Vollendung. –

Das ist das Wesen und die Eigenart der Zeiten, in denen ein neues Wirtschaftsprinzip in die Geschichte der Menschheit eintritt; und das macht in seiner Summe den Anblick einer solchen Epoche der Revolutionen zu einem so erhebenden. Nur der Philister, der stets »seine Ruh'« haben will, empfindet ein geheimes Grauen davor. Alle, die noch Ideale des Menschengeistes vor der strebenden Menschheit liegen sehen, können sich nicht satt sehen an den Wundern solcher Zeiten, sie schauen stets mit geheimem Neid auf jene, denen es vergönnt gewesen ist, in solchen Epochen zu leben; denn diese haben die Gipfel der Menschheit erklommen und geschaut, über die zu schreiten das höchste Glück ist, dessen der Mensch teilhaftig werden kann. Die heißeste Sehnsucht jedes bewußt Vorwärtsschreitenden ist darum aber auch, daß sich solche Zeiten von neuem erfüllen mögen, und zwar recht bald, weil die Menschheit in ihren Erfüllungen dann wiederum der strahlenden Wunder voll sein wird. Der Wunder und Offenbarungen, die dieses Mal sogar noch unendlich größer sein werden als die, die früher in die Welt gekommen sind. Denn weder positiv noch relativ unentwickelt werden nun die Mittel sein, mit denen die zukünftige Menschheit ihre neuen Probleme zu lösen haben wird, sondern im Gegenteil aufs reichste entwickelt. Die

Juno. Holzschnitt aus dem 15. Jht.

ROSARIVM

CONIVNCTIO SIVE
Coitus.

O Luna durch meyn vmbgeben/vnd ſuſſe mynne/
Wirſtu ſchön/ ſtarck/vnd gewaltig als ich byn.
O Sol/ du biſt vber alle liecht zu erkennen/
So bedarffſtu doch mein als der han der hennen.

ARISLEVS IN VISIONE.

Coniunge ergo filium tuum Gabricum dile-
ctiorem tibi in omnibus filijs tuis cum ſua ſorore
Beya

Titelblatt eines philosophischen Werkes aus dem 16. Jht.

PHILOSOPHORVM.
FERMENTATIO.

Hye wird Sol aber verschlossen
Vnd mit Mercurio philosophorum vbergossen.

O n

Kapitelvignette eines philosophischen Werkes aus dem 16. Jht.

Vorbedingungen zu dem Allergrößten sind dann gegeben, weil die neue Zeit eine Klasse vorfindet, die diesem höchsten Ziel bewußt und klar vorgearbeitet hat, und deshalb wird auch nicht nur ein Hutten, sondern es werden Hunderttausend in ihren Reihen stehen. Dann wird es wieder »eine Lust sein zu leben«, – die höchste Lust sogar!

Eine solche Epoche war die Renaissance. Mit anderen Worten: Alles das, was wir eben geschildert und beschrieben haben, erfüllte sich im Rahmen der europäischen Kultur, als das neue Wirtschaftsprinzip – die Entwicklung zur Warenproduktion und die daraus resultierende Geldwirtschaft – im 14. und 15. Jahrhundert zum zweiten Male in die europäische Weltgeschichte eintrat und dem Mittelalter seine Grenzlinien zog. Als diese Entwicklung aber dem Mittelalter seine Grenze setzte, schuf sie zugleich das Geburtsdatum für eine völlig neue Zeit, die binnen zweier Jahrhunderte aus der Enge der in den Rahmen der Markgenossenschaft gespannten bäuerlichen und handwerksmäßigen Produktion empor zu den kühnen Höhen des Welthandels führte und damit die ersten Stufen des modernen Kapitalismus aufbaute.

Die revolutionäre Bedeutung der Renaissance kann nicht leicht übertrieben werden, denn sie war das grandioseste Revolutionszeitalter, das die neuere Zeit aufweist. Diese Revolution war ebenso grandios an Umfang und Dauer, wie an tiefgehender Bedeutung, denn sie umspannte das gesamte zivilisierte Europa, schloß ihren Kreislauf nicht früher, als bis das neue Prinzip, das in ihr in Erscheinung trat, sich allerorten siegreich durchgesetzt hatte, und inaugurierte die größte Epoche der europäischen Menschheit seit dem Zusammenbruch und Ausgang der Antike. [...]

Venus und Amor. Französische Renaissancestickerei

Damit bekam auch das gesamte Denken und Fühlen einen völlig neuen Inhalt. Sämtliche Anschauungen und Ideen wurden von Grund aus anders. Der Warenhan-

Die Liebe. Holländischer Kupferstich von Jacobus Matham, um 1600

del schuf, indem er im Kaufmann eine ganz neue Klasse, die erste Form des modernen Bürgertums, entstehen ließ, und indem er die anderen bereits existierenden Klassen gründlich umformte, ganz neue Ideologien und brachte damit auch ganz neue Energien in die geschichtliche Entwicklung. Um nur auf die augenfälligste hinzuweisen: Weil der Produktion für den

Selbstbedarf ganz bestimmte enge Grenzen gezogen sind, hat die persönliche Energie des einzelnen im Mittelalter nur ganz bescheidene Antriebskräfte zur Expansion, und der Geist drängt niemals sozusagen über sich selbst hinaus. Ganz anders wird das im Zeitalter der Warenproduktion, die zum Welthandel geführt hat. Hier gibt es gar keine Grenzen mehr. Infolgedessen stehen hinter dem einzelnen und der Gesamtheit die stärksten Antriebskräfte, und alles explodiert infolgedessen und immer von neuem, es drängt ins endlos Weite, ins Unermeßliche; der Geist führt hier immer über sich selbst hinaus, über die von der jeweiligen Wirklichkeit bedingten Schranken. Ein völlig neuer Mensch kam damit in die Welt, mit total neuen Gesichtspunkten. Der Mensch wurde aus einem Kollektivisten ein Individualist, und damit vor allem ein Verdiener.

Diese Bewegung setzte am frühesten in Italien ein. Und zwar sind die ersten Anfänge in Süditalien anzutreffen. Dort entstanden im Mittelalter die frühesten Handelsbeziehungen zwischen dem Orient und Europa. Erst bekriegten die Griechen und Sarazenen die Italiener, dann zwangen sie ihnen ihre Waren auf – das alte Rezept –, besonders Seide und Gewürze. Der überseeische Handel setzte damals ein, und zwar zuerst in dem Handel mit Konstantinopel. Auf Süditalien folgten Norditalien und der Reihe nach Spanien, Frankreich, Deutschland, die Mittelmeerländer und so weiter; denn überall führten die Bedürfnisse zur Warenproduktion, und überall entwickelte sich der Handel schließlich zum Welthandel und führte damit die europäische Menschheit Schritt für Schritt aus dem Mittelalter heraus.

Der Kulminationspunkt dieser revolutionären Umwälzung waren das 15. und vor allem das 16. Jahrhundert. Kann das Trecento und Quatrocento überall noch als die Zeit der Vorahnungen angesehen werden, wo es wie erstes Frühlingswehen durch die Welt ging, so wurde das Cinquecento im gleichen Maße überall das Zeitalter der höchsten Erfüllungen. An seiner Schwelle stehen die großartigsten Dokumente des Schöpferischen. Man denke nur an die herrlichen Offenbarungen der Kunst; hier entstand in allen Ländern das Reifste und Schönste auf allen objektiven künstlerischen Gebieten, die Sprache erhielt ihre tiefsten und wirkungsvollsten Laute in der Literatur, die Malerei ihre glühendste Fülle, die Bildhauerei ihre vollendetsten Formen, die Architektur ihre imponierendsten Linien. [...]

KAPITEL 3

Das physische Schönheitsideal der Renaissance

Jede Zeit und jede Gesellschaft ideologisiert sich. Und zwar in ihren sämtlichen geistigen Offenbarungsformen. Sie ideologisiert sich in ihrer Philosophie, in ihrer Wissenschaft, in ihren Rechtssystemen, in ihrer Literatur, ihrer Kunst, ihren Lebensregeln, und nicht zum mindesten in ihren Vorstellungen vom Körperlichen. Das letztere geschieht, indem sie bestimmte Gesetze der Schönheit aufstellt und dadurch einen Typ konstruiert, den sie zum Ideal erhebt. Da die sämtlichen Ideologien einer Zeit von deren Wesen abhängig sind – denn Ideologien sind ja nichts anderes als die besonderen Lebensgesetze und Lebensinteressen der Haupttendenz eines Zeitalters in übertragenem Sinne –, so sind auch alle Ideologien um so großartiger und um so kühner, je gewaltiger der Sieg der Menschheit ist, den eine neue Epoche darstellt, und je umfangreicher die Möglichkeiten sind, die sich der Zeit dadurch aufgetan haben. So mußten denn alle Ideologien, die sich die Renaissance geschaffen hat, von Größe erfüllt sein. Diese Größe hat ihren höchsten Ausdruck sicher in der künstlerischen Nachbildung des Menschen gefunden, diese aber ist natürlich nur der Reflex der allgemeinen Vorstellungen vom Körperlichen in dieser Zeit.
Die Renaissance mußte im Körperlichen davon ausgehen, daß sie den Menschen als physische Erscheinung von neuem ent-

Adam und Eva. Kupferstich von Lucas van Leyden

deckte; und davon ist sie auch ausgegangen. In der asketischen, an keine bestimmte Landesgrenze gebundenen, sondern den ganzen Machtbereich der katholischen Kirche umspannenden Weltanschauung des Mittelalters ist der Körper nur die vorübergehende und vergängliche Hülle der unsterblichen Seele. Wie die mittelalterliche Weltanschauung aber die überirdische Seele zum höchsten Begriff und zum einzigen Zweck des Lebens entwickelte, mußte die körperliche Hülle der Seele, weil sie deren letzten Zwecken immer hinderlich war, in der Vorstellung zum verächtlichen Anhängsel herabsinken.

Was sich verlieren läßt, eigne sich keiner an!
Die Welt nimmt ihr Geschenk von jedermann.
Denk an das Bleibende, Herz, strebe himmelan:
Selig ist in der Welt, wer sie verachten kann!

So sang Bernhard von Clairvaux, einer der sprachgewaltigsten Dichter der mittelalterlichen Askese um die Mitte des 12. Jahrhunderts. Der Körper ist dem Mittelalter nur ein Fraß für Würmer und Maden. Die Ideologie des Mittelalters entwickelte dar-

um den körperlichen Menschen nicht, oder richtiger: sie entwikkelte ihn nur negativ, nämlich zu der Form, in der er der Bestimmung seines überirdischen Inhaltes am wenigsten hinderlich war: als Schemen, als Schemen der Seele.
Selbstverständlich ist damit nicht gesagt, daß das Sinnliche im Mittelalter absolut ausgeschaltet gewesen sei. Nicht nur, daß zu allen Zeiten »das Fleisch stärker ist als der Geist« und sich darum die sinnliche Lebensbetätigung von der Askese als Programmsatz der mittelalterlichen Lebensanschauung nicht ausschalten ließ, – außerdem war, wie jede, auch die Gesellschaft des Feudalzeitalters nicht homogen. Sie schied sich in jedem Lande in verschiedene Klassen. Und da eine herrschende Klasse sehr wohl eine bestimmte Ideologie bei den Massen stützen kann, ohne sich selbst an deren Satzungen gebunden zu halten, so hat die kirchlich-strenge Lehre von der Askese die Kreise des höfi-

Verliebte Scherze im Bade. Nach einem Bilde des Meisters mit den Bandrollen

Liebesgarten und Badefreuden. Federzeichnung aus dem mittelalterlichen Hausbuch

Junge Frau. Handzeichnung aus dem 15. Jht.

schen Feudaladels nirgends abgehalten, für sich in ihrem Minnedienst eine spezifische Klassenideologie zu schaffen, die ausschließlich aufs Sinnlich-Genießerische gerichtet war. Der romantische Frauendienst im Minnezeitalter war gerade in seiner perversen Verschrobenheit sehr realistisch. Die Satzungen der Liebeshöfe drehten sich mit keinem Wort um die unsterbliche Seele, wohl aber mit jedem um den minniglichen Leib. Und wenn wir in diesem Sinnenkult auch die ersten Keime der individuellen Geschlechtsliebe haben, so war der dem Minnedienst frönende Adel doch eine niedergehende Klasse, und aus diesem Grunde bestand seine Sinnlichkeit nur im Raffinement des Genusses; sie war nicht schöpferisch manifestierend, sondern dekadent, spielerisch und darum ausschließlich lasziv. Aus der zudem unvermeidlichen Verquickung mit den Idealen der mittelalterlichen christlichen Weltanschauung erwuchsen die mystischen Liebesideale der Ritterzeit am letzten Ende zu nichts anderem als zu systematisierter Lüsternheit. Und davon ist auch das sinnliche Schönheitsideal des Rittertums ein vollgültiges Zeugnis: Es war die Pointierung des Physischen in der Richtung des raffinierten Genießens.

Zu alledem trat die überall den nationalen Rahmen und eine Massenkultur entwickelnde Renaissance in einen strikten Gegensatz. Sie setzte, weil sie von einer aufsteigenden Klasse getragen war, dem Raffinement die kraftstrotzende Ideologie der Gesundheit entgegen. Dadurch aber wurde die Renaissance in des Wortes vollem Sinne wirklich. Sie holte den Himmel auf die Erde herunter und entkleidete die Dinge ihres mystischen Charakters. In erster Linie tat sie dies gegenüber dem Menschen.

Da die Renaissance sich auf dem Welthandel aufbaute und das Zeitalter der Entdeckungen inaugurierte, entriß sie den Menschen dem Jenseits, dessen Eigentum er bisher gewesen war, und machte ihn sich selbst zu eigen: Jeder wurde entweder als Käufer oder als Verkäufer ein wertvolles Objekt ihres Interesses. Damit rückte aber von selbst der Mensch in den Mittelpunkt der Erscheinungswelt, und zwar der Mensch als physischer Begriff und nicht bloß als erbärmliche Hülle einer unsterblichen Seele, was er ehedem gewesen war. Das Objekt »Madensack« wurde zum Subjekt.

Damit entstanden ein vollständig neuer Adam und eine vollständig neue Eva. Nicht daß die Menschen an sich anders wurden. Nein, nur das Programm, nach dem man sich den Menschen »malte«, wurde ein anderes. Nie haben die überirdischen Schattengestalten der mittel-

Liebhaber und Frau.
Holzschnitt aus dem 15. Jht.

Die Vertreibung aus dem Paradies. Kupferstich von Hans Sebald Beham, 1543

alterlichen Heiligenbilder gelebt, aber auch nie die im entgegengesetzten Sinne überirdischen Heroengeschlechter des Rubens. Mit anderen Worten: das sinnliche Programm, das man sich von Adam und Eva hinfort machte, änderte sich dem veränderten gesellschaftlichen Sein der Menschen entsprechend. Und da jeder neue Zustand alsbald sein neues Ideal entwickelt, so gestaltete sich dieses ebenfalls entsprechend. Der Mensch, der nicht mehr bloß Instrument der überirdischen Seele ist, sondern Instrument des irdischen Lebens, entwickelte sich folgerichtig zu einem idealen Instrument des irdischen Lebens, entwickelte sich folgerichtig zu einem idealen Instrument der irdischen Freuden: darin bestand die erneute Entdeckung des Menschen. [...]

Der Mann gilt als vollkommen, also als schön, wenn ihn die physischen Merkmale auszeichnen, die seiner geschlechtlichen Aktivität entsprechen: Kraft und Energie. Die Frau gilt als schön, wenn sie zu dem ihr von der Natur zugewiesenen Mutterberuf körperlich am vorteilhaftesten ausgestattet ist. Obenan steht der Busen, die Nährquelle des Lebens. Er kommt um so mehr zu seinem Recht, je mehr die Renaissance vorschreitet. Man bevorzugt weiter im Gegensatz zum Mittelalter, das bei der Frau die schmalen Hüften und möglichst schlanken Glieder liebte, breite Hüften, pralle Lenden, stramme Schenkel.
In J. B. Portas Menschlicher Physiognomie, die im 16. Jahrhundert in Frankfurt erschien, liest man die physische Erscheinung des Mannes also beschrieben:

Sind derowegen die Männer von Natur eines großen Leibs, haben breite Angesichter, die obersten Augbrauen etlichermaßen eingebogen oder gekrümmt, große Augen, viereckigte Kinn, dicke und spannädrige Hälse, starke Schultern und Ripp, breite Brüste, hohle Bäuche, beinigte und schein-

Idealtyp des Mannes. Kupferstich von Aldegrever, 1530

bare Hüftscheiben, spannäderige, gleichigte und starke Oberschenkel und Arme, harte Knie, spannäderige Schienen, hinabwärtsgezogene Waden, spannäderige Knoten, gleichigte Füße, große, wohlformirte und spannäderige Hände, starke, große und weit voneinander ragende Schulterblätter, große, starke und mit Rippen wohlversehene Rucken, der Ort zwischen dem Rucken und Lenden gleicheckigt und voller Fleisch, beinigte starke Lenden, rahne Arsbacken, hart und trocken Fleisch, langsamen Gang, große und grobe Stimme und so fort an. Von Gemüth und Sitten aber sind sie großmüthig, unerschrocken, gerecht und redlich, einfältig und des Siegs begierig.

Von einer schönen Frau entwirft Ariost in der Schilderung einer seiner Heldinnen im Rasenden Roland das folgende Bild:

»Schnee ist der Hals, die Kehle Milch, geründet
Der schöne Hals, der Busen voll und breit.
Und wie das Meer nun anwogt und verschwindet,
Wenn linder Hauch der Wellen Spiel erneut,
So wogt das Apfelpaar – das andr' ergründet,
Was noch verhüllet wird von dichtem Kleid,
Nicht Argus Blick; doch jeglicher erachtet,
Es sei so schön, als was man schon betrachtet.
Den schönen Arm, vom rechten Maße, endet
Die weiße Hand, von Elfenbein gedreht,
Länglich und schmal, an der, wie sie sich wendet,
Hervor kein Knöchel, keine Ader steht.
Der kurze, runde, nette Fuß vollendet
Die herrliche Gestalt voll Majestät;
Es strahlet durch der Schleier dichte Hülle
Hervor der Engelreize Fülle.«

Da jede revolutionäre Zeit in ihrem großen Schöpferdrange stets über das Normale hinausgeht, so begnügt sie sich nicht mit der Entwicklung einer Normalfigur, sondern sie übertreibt immer das Wesentliche. Und darum entwickelte die Renaissance ihr physisches Ideal auch förmlich zum Heldengeschlecht. Beim Manne liebt man nicht bloß die breite Brust, sondern die herkulische Erscheinung; er soll, wie schon gesagt, Apoll und Herkules in einer Gestalt sein. Sein Gesicht muß den Zug starker Energie tragen; drum gilt einzig die Adlernase als schön. [...]
Bei den Frauen liebt man die großen Formen, die über das Zierliche und Niedliche hinausgehen; sie sollen, wie ebenfalls schon gesagt wurde, Venus und Juno zugleich sein. Die Frau, deren Mieder von strotzendem Reichtum kündet, steht am höchsten im Wert, drum prahlt auch schon die Jungfrau mit stattlichen Brüsten. Nach Brantôme verdient die majestätisch gebaute Frau die höchste Bewunderung: großer, imposanter

Wer weiß, ob's wahr ist. Satirischer Holzschnitt eines anonymen Augsburger Meisters auf die Liebesschwüre der Männer. Um 1550

Türkisches Badekostüm. Holzschnitt aus dem Trachtenbuch des Jost Ammann. 16. Jahrhundert

Witwentracht. Aus dem Trachtenbuch von Weigel. 16. Jahrhundert

Der Guitarrespieler. Aus den Maskenbildern des J. D. Geyn

Fuhrmannstracht. Aus dem Trachtenbuch von Weigel. 16. Jahrhundert

Aristoteles und Phyllis. Satire auf den unterjochten Ehemann. Holzschnitt von Lucas von Leyden. 16. Jahrhundert

Das Weib. Holzschnitt eines unbekannten Nürnberger Meisters

Idealtyp der Frau. Kupferstich von Aldegrever, 1530

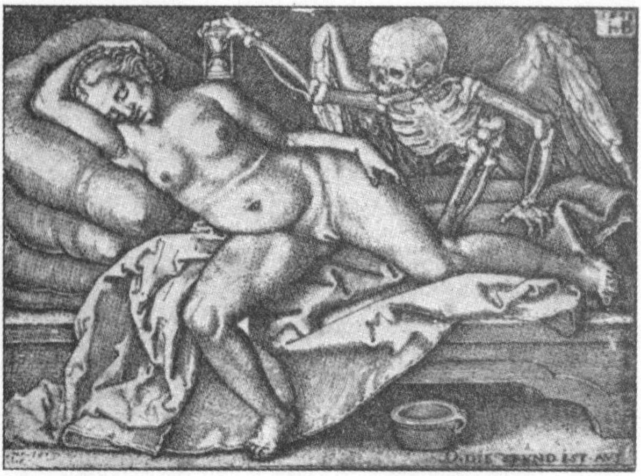

Der Tod und die junge Frau. Kupferstich von Hans Sebald Beham, 1548

Wuchs, voller, stattlicher Busen, breite Hüften, pralle Lenden – die Schönheit der Venus Callipygos in ausgesprochenem Maße – und einen ebensolchen Gliederbau: volle Arme und stramme Schenkel, »die in der Umklammerung Riesen zu erdrücken vermögen«. Das ist nach Brantôme die wahrhaft schöne, die königliche Frau. Der Anblick solcher Frauen ist die höchste Freude, denn ihr Besitz und ihre Liebe gewährt dem Manne die höchste Wonne. Im Anschluß an ein Liebesabenteuer, das Brantôme von einer majestätisch gebauten Frau erzählt, schreibt er:

Deshalb verdienen die stattlichen Frauen den Vorzug, wäre es auch nur wegen ihrer Grazie und Majestät; denn in diesen Dingen werden sie ebenso wie bei andern Handlungen und Verrichtungen geschätzt; gleichwie die Führung eines großen und schönen Streitrosses hundertmal angenehmer ist und dem Reiter mehr Freude macht als die eines kleinen Kleppers.

Dieses ist die Grundtendenz der Zeit, die alle Länder beherrschte, wo der neue Entwicklungsfaktor in Aktion trat. Darum ist das Resultat auch insofern gleichartig, als überall der neue Mensch gebildet wurde, als überall das Körperliche in den Mittelpunkt rückte und die körperliche Schönheit überall in der Richtung des pontiert Sinnlichen gefunden wurde, – das zusammen ist das in erster Linie Gemeinsame und zugleich das in allen Ländern Augenfälligste. […]

Was eine Zeit auf den Schild erhebt, damit treibt sie stets auch einen Kultus. Auf den Schild hat jene Zeit den physischen Menschen gehoben, mit ihm trieb sie landauf, landab im ganzen Verlauf der Renaissance den größten Kultus; er wurde für sie der erhabenste und darum zugleich der vergöttertste Begriff des Lebens.

Bei jedem Kultus geht man stets sofort vom Allgemeinen zum Einzelnen über, zur Detailmalerei. Man entdeckt hundert Einzelschönheiten und fixiert von jeder einzelnen eine Idealform. Der Schönheitskodex, den man in der Renaissance für jeden einzelnen körperlichen Reiz aufstellte, ist der dokumentarische Beweis sowohl für die Tatsache der Entdeckung des neuen Menschen, als auch für die Art des Kultus, den man mit dem Körperlichen trieb. [...]

Über sechsunddreißig bestimmte Schönheiten – das ist die höchste Zahl, nach anderen nur über achtzehn, dreiundzwanzig und siebenundzwanzig – »soll ein Weibstück verfügen, wenn es gut geraten und gar appetitlich zu schauen sein will«. Diese Schönheiten werden teils durch Format, teils durch Farbe und so weiter bezeichnet; und um sie noch mehr zu verdeutlichen, illustrierte man sein Ideal obendrein durch den Hinweis auf die Frauen ganz bestimmter Städte und Länder. Die Kölnerinnen sind bekannt wegen ihrer schönen Hände, die Brabanterinnen wegen ihres schönen Rückens, die Französinnen wegen ihres schön gewölbten Bauches, die Österreicherinnen wegen ihres stattlichen Busens, die Schwäbinnen wegen der besonderen Schönheit der Venus Callipygos, und die Bayerinnen sind gar berühmt wegen der Zierde, die der intimsten fraulichen Schönheit eignet, – man ist genau und will nichts vergessen, und aufsteigende Klassen sind überdies niemals prüde. Deshalb begnügt man sich auch noch nicht einmal damit, sondern ist

Die Schönheit und der Tod. Kupferstich von Hans Sebald Beham

Junge Frau bei der Morgentoilette. Kupferstich aus dem 16. Jht.

mitunter noch intimer in der Schilderung. Eine Frau, die wirklich schön sein will, darf nun nicht bloß über einzelne dieser Schönheiten gebieten, sondern sie muß sie alle haben: »Welche Frau hat also guten Leib, das wär ein wunderschönes Weib« heißt es in des Ritters Eyb Denkwürdigkeiten. Dieser Schönheitskodex wurde in allen Ländern in Sprüche und Reime gebracht, und so ist er uns in fast ebenso vielen Lesarten, verschiedene davon illustriert, erhalten geblieben. Zwei mögen hier Platz finden. Ein sehr verbreitetes Hochzeitslied zerlegt »die fünfunddreißig Schönheitsstück eines hübschen Jungfräuleins im Schönheitswald« folgendermaßen:

»Drei weiß, drei schwarz, drei rothe Stück,
Drei lang, drei kurze und drei dick,
Drei groß, drei kleine und drei enge,
Und sonsten rechte Breit und Länge,
Den Kopf von Prag, die Füß vom Rhein,
Die Brüst aus Österreich von Krain,
Aus Frankreich den gewölbten Bauch,
Aus Baierland das Büschlein rauch,
Rücken aus Brabant, Händ aus Cölln,
Den A. ... aus Schwaben küßt ihr G'selln.«

Eine in Eschenburgs Denkmälern überlieferte Priamel lautet:

»Ein Weib nach Hübschheit als ich sag,
Müßt haben eines Weibs Haupt von Prag
Ein Büschlein von einer aus Frankreich
Und zwei Brüstlein von Österreich,
Ein Kehl und Rücken von Brabant,
Von Kölner Weibern die weiße Hand,
Zwei Füßlein dort her vom Rhein
Von Baiern soll'n die Sitten sein
Und die Red' dort her von Schwaben
So thäten sie die Frauen begaben.«

Adam und Eva. Radierung von Rembrandt, 1638

Ähnliche, nur etwas detaillierter gefaßte Priameln finden sich in den Denkwürdigkeiten des Ritters von Eyb und im Liederbuch der Klara Hätzlerin. Auch Hans Sachs hat dieses Thema dichterisch behandelt, und wie verschiedene seiner Poeme ist auch dieses als illustriertes Flugblatt erschienen. Der Vergleich der

verschiedenen Lesarten untereinander erweist übrigens, daß die Ansichten über die Schönheit der Frauen bestimmter Städte ganz verschieden sind. Gefällt dem einen an der Frau aus Flandern der Rücken, so gefallen dem andern an ihr die Arme, dem dritten die Schenkel, dem vierten die Brüste, dem fünften »die fleischige Posteriora«. In der von der Klara Hätzlerin notierten Priamel sind es an der Schwäbin der Busen, der diese besonders auszeichnet, dagegen ist es bei der Hätzlerin die Polin, der die Schönheiten der Venus Callipygos am verführerischesten eignen. Nicht nur die deutsche Literatur weist solche gereimte Formulierungen des Schönheitskodex auf, wir kennen solche auch in lateinischer, französischer, spanischer und italienischer Sprache. In Prosa gibt es ebenso viele Variationen. Es genügt hier auf Bebels Fazetien zu verweisen. [...]
Die Nürnberger Fastnachtspiele sind voll von Lobhymnen auf die leibliche Schönheit der Frauen im allgemeinen. Eine Probe dafür mögen einige Verse bieten aus »Ein hübsch Spiel«. Es ist ein Wettkampf, bei dem der den Sieg haben soll, der zu Ruhm und Preis der Frauen das Köstlichste zu sagen weiß.

Der Ander:
So hört zum erstenmal mich Jungen!
Mir ist gen Frauen also gelungen,
Die haben mir solchen Mut geben,
Sollt ich in ihrem Willen leben
Mit gehn, mit stehn, mit thun und lassen,
Eher wollt ich alles deß' mich maßen,
Damit man aller Welt gefällt,
Und nur in Weibs Dienst blieb ein Held.

Der Dritt:
Auf Erden mag je nicht liebers sein,
Denn hie ein zartes Fräulein fein,
Der Angesicht aus Freuden schimmert,
Der ihre Wänglein sein geminnert,
Ihr Mundlein rot als ein Scharlach,
Und was in Freuden je gesach,
Dafür liebt sie mir in meinem Mut,
So mir der Nachthunger weh tut.

Der Vierd:
Ein Weiblein, dem die Augen fenstern,
Recht als die Sonne tut her glenstern
Und der die Pron sein geflenselt,
Sam schwarz auf weis und rot gepenselt

Und ihr die Stirn her gleißet fein,
Sam ein durchgrabenß Helfebein,
Die nehm ich für mein Nachtmahl heimt,
Und wär man mir ein Jahr darumb feind.

Der Fünft:
Ein junges Weib gerad und stolz,
Die aufgericht geht gleichsam ein Bolz,
Ihr Haupt und Haar ist wol gekront
Und die ihr Sprach und Stimm süß tont
Und der ihr Nack' ist rein erhaben,
So ihr die jungen Gesellen nachtraben,
Die nehm ich für zwen Grosch ein Nacht,
Und käm ich darumb in Pabstes Acht.

Der Sechst:
Ein Weibsbild, eine hübsche Person,
Der all ihr Händel wol anstahn,
Die ein lieblichs Antlitz hat,
Ihr Mundlein stets zu lachen statt,
Drauß ihr Zähnlein weiß her glitzen
Und Grüblein auf ihren Wangen sitzen
Und ihr Kinn ist wol gespalten,
Zu der wollt ich mich gerne halten.

Der Acht:
Ein weiblich Bild, die rein her blickt,
Der alle ihre Gelider sein wohl geschickt,
Ihr Haupt und Hals, ihr Arm und Bein,
Als nit zu groß und nit zu klein,
Und ihre Seiten sein ran und schmal,
Und unter dem Nabel nicht ist kahl,
Und willig wär, was ich sie bät,
Der wollt ich dienen früh und spät.

Man sieht, von geistiger Schönheit ist hier nicht viel, nämlich gar nicht, die Rede. Wenn die Worte Zucht und Sitte gebraucht werden, so bezieht sich dies ausschließlich auf die rein sinnliche Liebesbetätigung. Niemals ist es der Geist, niemals der Seelenadel, worum es sich dreht, sondern immer der minnigliche Leib, der durch die verschiedensten Reize den Mann zur Liebe lockt, und diese Dinge allein machen liebenswert und verlocken zu Huldigungen. In einigen Versen des eben zitierten Fastnachtsspieles ist dies sogar noch wesentlich deutlicher gesagt.
Von den einzelnen Schönheiten wird der Schönheit des Busens das begeistertste Hohelied gesungen. Er ist weiß als Elfenbein, es sind Venushügel, Zuckerballen, er deutet sich auf dem Mieder an »wie aufgehende Frühlingssonnen«, »er strotzet wie zwei

Die Schönheit und der Tod. Holzschnitt von Hans Sebald Beham

ragend Speer« und so weiter. Ihm widmet man landauf, landab die meisten Lobgesänge. Wo ein Ton zum Ruhm der Frau erklingt, wird des Busens zuerst und in den lautesten Tönen gedacht. Hans Sachs singt von der Schönen:

Ein Hälslein und ne Kehle weiß,
Darunter ich zwei Brüstlein preis
Mit blauen Äderlein geziert
Und bin und wider dividiert. [...]

Dem hohen Lied, das dem Busen in der Literatur gesungen wird, ist das nicht nur ebenbürtig, das ihm in den objektiven Künsten erklingt, sondern es übertrifft dieses sogar noch. Nie hat man in der Malerei die Herrlichkeit des Busens mit einer ähnlich stolzen Begeisterung dargestellt, als in der Renaissance.

Seine ideal-schöne Verbildlichung ist eines der unerschöpflichen künstlerischen Motive der Zeit. Er ist der Zeit das herrlichste, das köstlichste Wunder der Schönheit, und darum findet man Tag für Tag Gelegenheit, ihn zu malen und zu zeichnen und dadurch zu verherrlichen. Man mag aus dem Leben der Frau darstellen, was man will, immer ist es auch eine Gelegenheit, eine neue Strophe zu seinem Ruhme beizusteuern. Und immer ist es die gesunde, natürliche Schönheit, die verherrlicht wird – seine Zweckschönheit. Es sind stets Brüste, die dazu geschaffen sind, darnach zu greifen, um die Kraft zum Leben daraus zu trinken. Auf bestimmte Illustrationsproben zu verweisen, wäre zwecklos, wir müßten die Hälfte aller Bilder dieses Bandes nennen.

Dem Kultus des Busens kommt nur eines nahe: die begeisterte Verherrlichung, die man dem intimsten fraulichen Reiz erweist. Keine Sprache, die nicht ungezählte Lobgesänge darauf und auf das enthält, worin seine besonderen Schönheiten und Vorzüge bestehen. Die meisten derartigen Huldigungen sind natürlich von einer geradezu hanebüchenen Deutlichkeit; aber gerade darin offenbart sich die robuste schöpferische Kraft der Renaissance. Eine häufige Form der Verherrlichung war, daß man darüber diskutierte, ob die obere oder die untere Hälfte der Geliebten der bessere Teil sei. Und man entschied sich bei aller Verehrung des Busens doch meistens für den unteren Teil. Auch sei der Busen nur deshalb so schön, weil er die Gedanken am besten zu jenem Freudenorte hinleite, – das ist gewöhnlich das Fazit, zu dem man in dem Streit kam, welcher Schönheit der erste Preis gebühre. Das charakteristischste Beispiel der Verherrlichung dieser intimsten weiblichen Schönheit ist die uralte Erzählung »vom weißen Rosendorn«. Die Fabel dieser Erzählung ist im höchsten Grade derb, sie besteht darin, daß durch die Berührung mit einem bestimm-

Französische Hofdame. Ende des 16. Jhts.

Porträt der Herzogin Marie von Rohan. Paulus Moreelse, 17. Jht.

ten Kraut, eben dem weißen Rosendorn, der Schoß des Weibes die Sprache erlangt. Nun passiert es einer schönen Jungfrau, daß sie eines Tages beim Baden mit einem solchen Kraut in entsprechende Berührung kommt, und ihr Schoß beginnt alsbald zu sprechen. Die Jungfrau, die sich auf ihre Schönheit etwas zugute tut, wird von ihrem Schoß verhöhnt: er allein sei es, dem alle die vielen

Porträt einer Baßgeigenkünstlerin. Bernardo Strozzi, 17. Jht.

Werbungen der Männer gelten. Darob entsteht ein Streit, und beide trennen sich voneinander. Und nun bewahrheitet sich wirklich die Behauptung ihres intimsten Reizes, denn hinfort kümmert sich kein einziger Mann mehr um sie, trotz ihrer sonstigen Schönheit. Dem andern Teil geht es aber ebenso, freilich in anderer Weise. Er wird überall vertrieben, wo er sich in der Welt sehen läßt, stets mit der größten Verachtung behandelt. Schließlich finden sich beide wieder zusammen, jedes klagt dem andern sein Leid, und jedes ist darum wieder froh am andern. Es ist dies eine sowohl im Inhalt wie in der Form sehr derbe, darum aber doch tiefe Symbolik: Alle weibliche Schönheit hat nur Wert, wenn sie von wirklicher Erotik durchleuchtet ist, Erotik aber allein, als bloßer Trieb, ist ebenso widerlich und verächtlich. Von dieser Fabel gibt es verschiedene Lesarten und nicht nur im deutschen, sondern auch im französischen und, wie ein Ethnologe uns mitteilte, auch im italienischen und spanischen. Außerdem sind im Laufe der Jahrhunderte bis ins 19. Jahrhundert herein verschiedene Neubearbeitungen dieser Fabel entstanden. Als berühmteste sei nur Diderots »Les bijoux indiscrets« erwähnt. [...]

Landfahrendes Volk.
Französischer Holzschnitt

Von der Frau verlangte man bis sechsunddreißig Schönheiten. Beim Mann verzichtete man auf alle und begnügte sich im Notfalle mit einer einzigen; diese einzige aber schätzte man über alles, sie verlieh dem Mann das Recht, an die von ihm begehrte Frau die höchsten Forderungen zu stellen, ja sie glich häufig selbst die größten Klassenunterschiede aus, machte den Knecht der Gunst einer Fürstin würdig und genügte der reichsten Braut als ausreichendes Vermögen ihres Gatten. Und dieses eine war: von der Natur recht vorteilhaft zu dem Werke der Liebe ausgerüstet zu sein. Nicht daß man die übrige männliche Schönheit gering achtete und deshalb ignorierte. Nein, man schätzte und rühmte sie und pflegte sie infolgedessen auch. Aber nur soferne sie mit diesem besonderen Vorzug gepaart war, genoß sie den höchsten Preis. Die allgemeine Schönheit eines Mannes erkaufte man sich nicht durch Verzicht auf diesen einen Vorzug, dagegen hunderte Mal den letzteren durch Verzicht auf alle sonstige körperliche Schönheit. Man wird einwenden, daß dies eine sich ewig gleich bleibende Grundan-

Gestrandeter Walfisch. Holländisches Flugblatt, 1598

schauung in der Bewertung des Mannes sei, daß man ihr darum von Anbeginn der Welt begegne und zu allen Zeiten bis auf den heutigen Tag. Das ist wohl richtig, aber trotzdem herrscht ein tiefgehender Unterschied zwischen den verschiedenen Geschichtsepochen. Die Renaissance proklamierte diese Eigenschaft sozusagen als oberste Forderung an den Mann, sie erhob den individuellen Wunsch der Frau zum allgemeinen Gesetz. Und zwar in der klarsten und deutlichsten Weise; sie dokumentierte diese Forderung, wie wir weiter unten sehen werden, sogar auf das augenfälligste in der Mode.
Der deutliche Hinweis auf diese Eigenschaft ist weder im Positiven noch im Negativen ein Witz, den man sozusagen im Vorbeigehen macht. Ja es genügt nicht einmal, wenn man sagt: man ließ in der Renaissance selten eine Gelegenheit vorübergehen, ohne diese Pointe anzubringen, weil er ihrer Derbschlächtigkeit besonders zusagte. Nein, es war sozusagen das Hauptthema, der Mittelpunkt, von dem man ausging, und zu dem man immer und immer wieder zurückkehrte. Es ist der spezielle Gegenstand

von zahllosen Unterhaltungen, von ebensoviel Gedichten, von noch viel mehr Sprüchen und Redensarten, von Rätseln, umfangreichen Schwänken, von Hunderten von Novellen, Facetien und so weiter. Und zwar gilt das von jedem Lande. Man begegnet diesem Thema gleich häufig bei den Deutschen Bebel und Lindner, bei den Italienern Poggio und Cornazano, den Franzosen Brantôme und Rabelais. Aber man könnte ebenso leicht hundert Autorennamen anführen. Proben an dieser Stelle zu geben, ist jedoch infolge der ungeschminkten Art, in der jene Zeit dieses Thema behandelte, ausgeschlossen. Auch die Anführung bestimmter Titel ist ziemlich zwecklos, weil es in allen Sammlungen davon strotzt. Wenn wir aus den Nürnberger Fastnachtspielen des 15. Jahrhunderts »Die Fastnacht der Müllerin« nennen, oder »Ein hübsch Vastnachspiel«, so könnten wir aus diesen gerade so gut noch ein Dutzend andere Titel nennen und ebensoviele aus den Fastnachtsspielen anderer Städte und Gegenden. Das gleiche gilt von den Facetien. Die italienische Sprichwortnovelle »Er ist nicht er« von Cornazano ist der Titel einer einzigen, die willkürlich aus einem Dutzend gleichartiger herausgegriffen ist, die neben uns liegen. Eine besonders beliebte Form der Behandlung dieses Themas ist, wenn man so sagen will, die negative: die satirische Behandlung der Enttäuschung und der Entrüstung der Frauen über die Entdeckung des Fehlens dieses Vorzuges bei ihrem Bräutigam, Gatten oder Geliebten, – die Jungfrau, die im letzten Augenblick den reichen Freier ausschlägt, die junge Frau, die sich am Tage nach der Hochzeit »verschachert und nicht verheiratet« fühlt, die ungetreue Gattin, die ihre Untreue damit rechtfertigt. Die häufigste Form dieser Satiren ist die Diskussion vor einem angeblichen Gerichtshof über die Frage, was eine Frau das Recht habe, bei ihrem Manne zu verlangen. Eine solche Satire ist zum Beispiel der Schwank »Unerhörte Zuneigung eines Weibes, das an seinem Manne kein Genügen hatte«, desgleichen das ziemlich umfangreiche tirolische Fastnachtsspiel »Eine Ehescheidung«. In dem letztgenannten Stück treten nicht weniger als zehn Personen auf, Klägerin, Angeklagter, Richter, Sachverständige, darunter mehrere Frauen, weil die es doch am besten wissen müssen.

Es ist sicher nicht zu viel behauptet, wenn man sagt: gerade diese Auffassung ist eines der bezeichnendsten und wichtigsten

Bathseba im Bade. Kupferstich von Hendrick Goltzius, 1583

Dokumente für die sinnliche Anschauung der Renaissance; sie offenbart des Wesens Kern. Es darf nämlich nicht übersehen werden, daß diese Auffassung nicht nur ein unbedingt logisches, sondern auch ein ebenso unvermeidliches Ergebnis des schöpferischen Dranges der Zeit gewesen und darum sozusagen untrennbar von ihr ist. Sie gehört in den Rahmen der Zeit. Und darum kann man auch weiter sagen, daß die zahlreichen Historiker der Renaissance, die entweder an der Tatsache dieser und ähnlicher Erscheinungen vorbeireden, oder von ihnen nur nebenher als von unglaublichen Auswüchsen derb-erotischer Ausgelassenheit Notiz nehmen, dadurch nur offenbaren, daß sie das innere Wesen dieser Zeit absolut nicht erkannt und begriffen haben.

Diesem allem entspricht folgerichtig auch, wie wir schon weiter oben sagten, daß die Reife in dieser Zeit den höchsten Preis hatte. Mann und Frau auf der Mittagshöhe des Lebens. Der Mann im Kulminationspunkt seiner physischen Kraft und seiner geschlechtlichen Potenz, die Frau nicht als eben erblühende Jungfrau, oder gar als knospende Mädchenblume, sondern in dem Alter, in dem ihre Formen ihre volle Entfaltung erreicht haben und ihr ganzes Wesen den Sinnen die letzten Rechte einräumt und die glühendste Erfüllung zu bieten vermag. Die Frucht gilt ungleich mehr als die Blüte. Als das beste Alter der Frau gilt das fünfunddreißigste bis vierzigste Jahr.

[...]

Diesem allem entspricht weiter ebenso sehr, daß man in der Renaissance im Altwerden das größte Unglück sah. Das Physische, das den Hauptinhalt des Lebens ausmachte, vermag seinen Wesenszweck dann nicht mehr zu erfüllen. Die alte Frau mit ihren verblühten Formen regt nicht mehr die Begierde des Mannes; der alte Mann wiederum vermag die Begierden einer Frau nicht mehr zu stillen. Kein größerer Greuel daher als die alte Frau und der alte Mann, und man denkt ihrer daher sehr häufig mit brutalstem Spott und Hohn. Schon in dem ältesten deutschen Roman, dem »Ruodlieb«, der vom Ausgang des Mittelalters stammt, wird in dieser Weise verfahren. Man liest dort folgende Beschreibung der alten Frau:

Das Alter zähmt die Frau, die in der zarten Jugend
Dem Monde gleicht; als Greisin ist sie häßlich,
Sieht wie ein alter Affe aus. Die Stirn
Die vorher glatt war, ist durchfurcht von Runzeln,
Die taubengleichen Augen werden trübe,
Die Nase fließt, die früher straffen Wangen,
Jetzt hangen sie, die Zähne fallen aus,...
Das spitze Kinn neigt vorwärts und der Mund selbst,
Der einst so lockend lächelte, steht offen
Wie eine Höhle, jedermann zum Schrecken.
Gleich einer Elster Hals entfiedert ist
Der ihre, und der schöne feste Busen,
Weich wie ein Schwamm und leer hängt er herab.
Das goldne Haar, das bis zur Erde reicht,
Und reich gezöpft hinab den Rücken wallte,
Ist gräulich struppig...
Geneigten Haupts, mit vorgestreckten Schultern
Geht sie dahin, dem trägen Geier ähnlich,
Der sich dem Aase, das er wittert, aufmacht.

Die verliebte Alte. Hendrick Goltzius

Im Liederbuch der Klara Hätzlerin findet sich unter andern längeren Gedichten die folgende Priamel:

Ihr Brüstlein ragen also her, Recht als zwei plattern, Wassers leer.

Gegenüber dem alten Manne, der infolge seines physischen Verfalls nicht mehr zu der Liebe gerecht ist, ist man nicht

Der verliebte Greis. Hendrick Goltzius

weniger mitleidslos, sondern spottet seiner ebenso boshaft. Zahlreiche Fastnachtsspiele, Schwänke und Novellen in allen Literaturen behandeln dieses Thema. Die folgenden Verse aus dem »Fastnachtsspiel von Holzmännern« sind ein Beispiel dafür:

Der Ankläger Holzmann spricht:
Richter, ich bin ein Mann vom Holz.
Ich hatt' ein Fräulein, das war stolz,
Die hat dieser an sich gewandt
Und hat mir sie ganz abgespannt,
Ich han sie selber oft begriffen,
Dass sie tanzten und doch mit pfiffen,
Das in Ars und Knie tät wagen.
Richter, des muß ich Urteil lassen fragen.

Der andere Holzmann:
Herr Richter, vernehmt mich gar recht!
Ich bin ein junger stolzer Knecht
Und kann es nach dem neuen Handel.
Das spürt sie wohl an meinem Wandel.
Des war mir oft bereit ihr Gruß.
Bat sie mich dann um ein Zubuß,
So mocht ich ihrs versagen nicht,
Was mir von Recht darum geschicht.

Der verliebte Alte. Lucas Cranach

Das Holzweib spricht:
Herr, ich bin gar ein junges Weib
Und han einen jungen stolzen Leib,
Hatt' mich vergessen mit dem Alten
Und will mich drum zum Jungen halten.
Der ist gen mich gar unverdrossen,
Sein Pfeil, die sein noch unverschossen
Und zielen mir genauer, denn des Alten.
Darumb will ich mich zu ihm halten.

Der Richter dicit:
Nach Klag und Antwort von euch allen
So kann es mir nicht wohl gefallen,
Das sie aus solchen öden Sachen
So viel Red vor den Leuten machen.
Darum sprich ich das zum Rechten,
Das ir bald sollet um sie fechten.

Von der Untauglichkeit einer Ehe zwischen Alten und Jungen handelt auch das folgende Stück aus dem Fastnachtsspiel »Vom Heiraten-Spiel«:

Der Erst:
Herr Wirt, ich wollt mir ein Weib haben genummen,
So ist ein alter Säkler kummen,
Der hat mehr Pfennig, denn ich,
Und hat mir gethan den Vorschlich.
Nun ist sie jung, so ist er alt
Und ist auch schwach und ungestalt
Und ist ein abgerittner Gaul
Und ist des Nachts im Bette faul.
Wie mag sie denn Lust und Lieb zu ihm gehaben,
Als zu einem jungen frischen Knaben?
Darumb war Jugend noch besser, denn Geld
Die Kunst hat aber mir gefehlt.

Der Ander:
Mein lieber Wirt, nun hört mich auch!
Ich bin ein junger törichter Gauch
Und wollt auch zu der Ehe haben gegriffen.
Nun hat ein altes Weib auf mich pfiffen,
Daß ich es länger hab verzogen,
Wann sie hat mich gen Leuten verlogen,
Ich hätt' nicht Werung ob den Knien.
Darumb mich all jung Tochter fliehen,
Das mich da keine zu der Ehe will nehmen;
Nun muß ich mich vor den Frauen schämen.
Doch hat man mir allweg hin wider zielt,
Wo ich eins hab auf der Geigen gespielt.

Da wir auf denselben Gegenstand bei dem Kapitel »Liebe und Ehe« noch zu sprechen kommen werden, so begnügen wir uns hier mit diesen wenigen Proben. –

Weil man im Manne wie in der Frau immer nur das Geschlecht sah, so war eine weitere Folge der Verachtung des Alters, daß das »wieder jung werden« die höchste Sehnsucht für beide Geschlechter war. Für die Frau natürlich viel mehr als für den Mann, weil die Zeit ihrer Blüte und ihrer Reife relativ kürzer bemessen ist als beim Manne und weil die Spuren des Alters bei ihr rascher und auffälliger zutage treten. Natürlich aber erschwert sich dadurch auch ihre soziale Position im Konkurrenzkampf um den Mann ungemein, denn mit ihres Leibes Wohlgestalt allein muß sie diesen Konkurrenzkampf in den weitaus meisten Fällen führen. Dies ist ihr wichtigstes Kapitel, ihr Einsatz ins Leben. Daher auch ihr höchster Wunsch, recht lange jung zu bleiben. Diese begreifliche Sehnsucht erzeugte zu einem großen Teil die Idee vom Jungbrunnen, der im 15. und 16. Jahrhundert ein so häufiges Motiv ist. Die künstlerisch beste und darum mit Recht auch berühmteste Behandlung dieses Motives zeigt das gleichnamige köstliche Gemälde von Lucas Cranach. In

Die ungleichen Liebespaare. Holzschnitt um 1500

Der verliebte Alte und die Dirne. Kupferstich von Albrecht Dürer

endlosen Haufen kommen die alten Weiblein zu dem heilspendenden Brunnen gewallt: zu Wagen, zu Pferde, auf Tragbahren von Dienern getragen, auf Schubkarren von Knechten geschoben, ja selbst auf dem Rücken ihrer ebenfalls alten Männer kommen sie daher. Denn sie, die schon mit beiden Füßen im Grabe stehen, die unter des Lebens Bürde längst zusammengebrochen sind, sie wollen alle noch einmal jung werden, sie wollen alle das Leben von neuem leben, sie wollen alle der Liebe wonnige Köstlichkeiten von neuem spenden und empfangen. Und der Jungbrunnen tut voll seine Wunder. Greisenhaft gebückt, ausgemergelten Leibes und mit verwelkten Brüsten, ein

Bild des Jammers, steigen sie auf der einen Seite ins Wasser, durchpulst von neuer Lebenslust, als jugendfrische Geschöpfe mit runden Formen und prallem Busen, der von neuem der Männer Begehrlichkeit weckt, entsteigen sie ihm auf der anderen Seite. Und das neue Leben beginnt sofort tanzend, buhlend und schäkernd. Und auch das Wichtigste, daß sie wieder gerecht und begehrt zu dem Werke der Liebe sind, beweisen sie ebenfalls sofort hinter Busch und Hecken. Das Geheimnis, worin die verjüngende Kraft des Jungbrunnens besteht, dieses besondere Motiv hat H. S. Beham auf die köstlichste Weise in dem Kupferstich dargestellt, den wir bereits in der »Frau in der Karikatur« reproduziert haben. Sind es bei Lukas Cranach nur Frauen, die aus dem Jungbrunnen neue Jugend sich holen, so bei H. S. Beham und den meisten andern Darstellern dieses Motives auch Männer. Für die Frauen soll jedoch nach einer verbreiteten Volkssage und nach dem Urteil einer Dame bei Brantôme das unfehlbarste Mittel, jung zu bleiben, darin bestehen, täglich mindestens einmal die Umarmung eines kräftigen Mannes zu genießen. Dem Manne empfahl die Volkssage andere Verjüngungskuren. Ein Bad, das ihm von zehn Jungfrauen bereitet und mit bestimmten aromatischen Kräutern und Spezereien gewürzt ist, »das macht Greise wieder jung«, heißt es im Volksmund. Und wenn er außerdem nach dem Bade mit einer unberührten Jungfrau zu Bette geht, wird er andern Tags als Jüngling wieder erwachen. Nach einer andern Version soll er nach vollbrachtem Bade zwischen zwei Jungfrauen liegend eine Nacht verbringen, um die Kraft der Jugend wieder zu erlangen. In solchen Rezepten hat man wohl kaum etwas anderes vor sich als die symbolische Darstellung der verjüngenden Kraft des Anblickes der Jugend. Selbstverständlich ist auch die »Wissenschaft« mit Dutzenden von Mitteln an der Hand, die die verlorene Jugend wieder zurückgeben sollen. Von Quacksalbern, Zigeunern und alten Frauen werden sie teils unter der Hand, teils marktschreierisch auf Gassen und Märkten der Leichtgläubigkeit zum Kaufe angeboten. Dies ist ein Thema, dem man ebenfalls in den Fastnachtsspielen begegnet.

Ein nicht minder wichtiges Dokument für den sinnlichen Grundzug der Renaissance ist deren Stellung zur Nacktheit.

Der Jungbrunnen. Kupferstich von Theodor de Bry nach einem Holzschnitt von Hans Sebald Beham, 17. Jht.

Bekannt ist ja, daß man damals in allen Ländern der Nacktheit in gewisser Weise unbefangen gegenüber stand. So ging man zum Beispiel noch sogar im 16. Jahrhundert nackt zu Bette, schlief also völlig nackt. Und zwar beide Geschlechter und jedes Alter; und häufig schliefen Mann, Frau, Kinder mitsamt dem Gesinde zusammen in einer gemeinsamen Kemenate, ohne durch irgendwelche Scheidewand voneinander getrennt zu sein. Auch gilt dies nicht nur etwa von den Bauern oder von dem sonstigen geringen Volke, sondern auch von den Vornehmen aus dem höheren Bürgertum und selbst vom Adel. Nicht einmal vor einem Gaste genierte man sich und ließ ihn ebenfalls meist das Schlafgemach mit der Familie teilen. Die Frau beschreitet das Lager »kleiderbloß« in Gegenwart des Gastes, den sie vor wenigen Stunden zum erstenmal sah; dasselbe tut der Gast. Und beide erfüllten die Forderungen der Scham, wenn sie es »mit züchtigen Geberden« taten. Und wenn sich je einmal ein Gast weigerte, sich zu entkleiden, so war gerade die Weigerung das,

was befremdete. Wie lange diese Sitte herrschte, erfährt man aus einer Schrift aus dem Jahre 1587, in der dieser Brauch als noch bestehend getadelt wird. Ein Ausfluß dieser Unbefangenheit ist auch, daß Mann, Frau und Jungfrau, und zwar ebenfalls im 16. Jahrhundert noch, häufig nackt über die Straße liefen, wenn der Bader zum Bade läutete, und höchstens mit einem Schamwedel bewehrt waren. Da dem Badehausleben ein gesondertes Kapitel gewidmet ist, so verzichten wir, hier auf diese Sitte noch näher einzugehen.

An diese Unbefangenheit denken wir jedoch hier nicht, sondern vielmehr an das ostentative Prunken mit seiner Schönheit, die man protzig vor aller Welt nackt zur Schau stellte. Besondere körperliche Schönheit ist der Renaissance sehr häufig kein verschwiegenes Geheimnis gewesen, das nur im Verborgenen blühte und nur in der Heimlichkeit der Kemenate offenbar wurde, sondern sie glänzte und strahlte im Festsaal, auf offenen Straßen und auf den Märkten, wo alles Volk Zuschauer und Richter war,

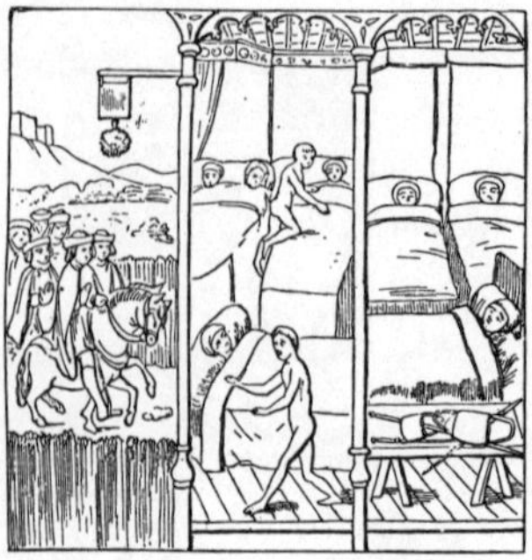

Schlafraum in einer Herberge. Illustration aus einer Handschrift

sie war ein Schatz, durch den man häufig den Neid aller Welt herausfordern wollte.

Geprunkt wurde naturgemäß in erster Linie mit der weiblichen Schönheit. Und zwar ist dieses Prunken mit der nackten weiblichen Schönheit mannigfacher Art gewesen und kannte verschiedene Formen. Die edelste war zweifelsohne die mit den Mitteln der Kunst. Hier bestand das Prunken darin, daß man die Gattin oder Geliebte nackt porträtieren ließ. Man ließ sie teils gänzlich nackt, teils in einer besonders prätenziösen Dekolletierung als erotisches Wunder darstellen. Berühmte Darstellungen in dieser Richtung sind die Venus del Tribuna von Tizian, die die Herzogin von Urbino darstellt, die beiden Gemälde, die Tizian von Philipp II. von Spanien gibt, wie dieser musizierend neben dem

Frau, nackt im Bette liegend. Holzschnitt von Hans Burgkmair, um 1520

Philipp II. von Spanien mit seiner Maitresse der Fürstin Eboli. Tizian

Ruhelager seiner Maitresse sitzt, die sich völlig nackt den Blicken präsentiert. Nicht weniger berühmt sind die nackten Porträts der Diana von Poitiers, der Maitresse Heinrichs II. [...] Gabrielle d'Estrée, die Maitresse Heinrichs IV., wurde ebenfalls mehrmals nackt porträtiert. Daß es sich in allen diesen Bildern um eine ostentative Zurschaustellung der erotischen Schönheit handelte, braucht wahrlich nicht weiter begründet zu werden. Bei Diana von Poitiers handelte es sich vor allem um die Präsentation ihres herrlichen Busens. Ähnlich malte auch Raffael die Fornarina, Tizian seine Tochter Livinia, Rubens schuf so seinen, einen ganzen Saal des Louvre füllenden Hymnus auf Maria von Medici und so weiter. Weiter gehört hieher auch die nackte Porträtstatue, die die schöne Papstschwester Julia Farnese für ihr Grabmal in der Peterskirche von sich hat anfertigen lassen. [...]

Die raffinierteste Form, die körperliche Schönheit, und ebenfalls vornehmlich die der Brüste, künstlerisch zur Schau zu stellen, ist die im Gewande des Heiligenbildes gewesen, als Jungfrau Maria. Das berühmteste geschichtliche Beispiel dafür ist das bekannte Gemälde der Agnes Sorel, der Maitresse Karls VII. von Frankreich, als Jungfrau Maria von Jean Fouquet gemalt. Den Jesusknaben auf dem Schoße, enthüllt »la Belle des Belles«, wie sie von der Galanterie der Zeit genannt wurde, vor den Blicken die ganze Pracht ihrer köstlichen Brüste. [...]

Vanitas vanitatum. Kupferstich von W. Hecht, 1578

Freilich: welch verführerisches Motiv! Im Gewande der Jungfrau Maria konnte man das heiligste und hehrste Symbol repräsentieren und dabei doch dem Weltlichsten dienen, seine irdische Schönheit in der pikantesten Weise den Blicken preisgeben. Man war dadurch Heilige und Teufelin in einer Person, Verführerin und Retterin. Der weibliche Ehrgeiz konnte also auf

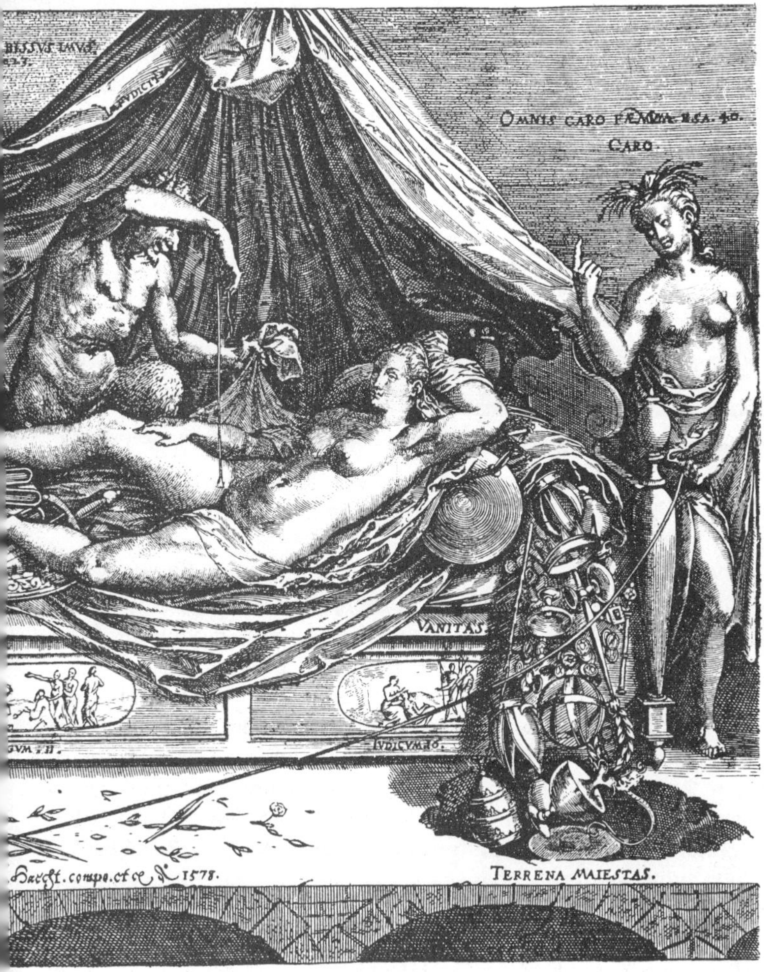

diese Weise seine höchsten Triumphe feiern. Wenn der Beschauer vor dem Heiligenbild anbetend niedersinkt, betet er zugleich das köstliche Wunder dieses schönen Leibes an, das sich ihm enthüllt. Aus solchen Gründen ist sicher noch manche Busenschönheit dem Beispiel der Agnes Sorel gefolgt, und es wird dadurch auch klar verständlich, warum so manches Bild

Kupferstich aus dem 15. Jht.

der Jungfrau Maria aus der Renaissance nichts weniger als überirdische Gedanken beim Beschauer auslöst: Modell und Maler dachten doch ebenfalls nicht an Überirdisches, sondern hatten nur das Irdischste des Irdischen im Auge. In gewissem Maße gehören hierher auch die Statuen ihrer Maitressen, die mächtige Kirchenfürsten mehrfach in Kirchen haben aufstellen lassen, um jene als Heilige verehrt zu sehen. Als einziges Beispiel sei nur auf Sigismondo Malatesta verwiesen, der 1445–1450 der heiligen Franziska in Rimini eine herrliche Kirche baute und darin seiner schönen Maitresse Isotta ein Denkmal setzte.
Aber nicht nur in der übertragenen Form der verklärenden und darum gewissermaßen alles heroisierenden Kunst, die die Dinge der profanen Wirklichkeit entrückte und in die Höhen des Idealen emporhob, gab man seine Schönheit preis, nein, man ging noch unendlich weiter in der Kühnheit, man prunkte und protzte sogar direkt mit dem nackten Körper vor aller Welt, und zwar auf der Straße, umringt und begafft von zehntausend Neugierigen. Ein solches Prunken mit der körperlichen Nacktheit haben wir in dem schon im ersten Kapitel erwähnten Gebrauch beschrieben, mächtige Fürsten, die in eine Stadt zu Besuche kamen, von splitternackten schönen Frauen am Stadttore empfangen zu lassen. Die Geschichte registriert verschiedene derartige Empfänge, wir nennen hier nur den Einzug Ludwigs XI. 1461 in Paris, den Karls des Kühnen 1468 in Lille, und den Karls V. 1520 in Antwerpen. Über den letzten sind wir durch Dürer näher unterrichtet worden, der diesem Schauspiel beiwohnte und offen zugibt, daß er die nackten Schönen mit besonderem Interesse betrachtet habe. Es kann als sicher angenommen werden, daß dieser Brauch ziemlich häufig geübt wurde, und daß diese drei Fälle keine Ausnahmen gewesen sind; sonst wäre dies von den zeitgenössischen Chronisten sicher registriert worden. Ganz zweifellos, weil dokumentarisch feststehend, ist aber, daß gera-

Venus. Holzschnitt von Lucas Cranach d. Ä., 1506

de diese Programmnummer stets das regste Interesse auf sich zog. Über den Einzug Ludwig XI. in Paris wird berichtet: Es standen bei der Fontaine du Ponceau wilde Männer und Weiber, die miteinander kämpften; dabei drei nackte schöne Mädchen, welche, Sirenen vorstellend, so herrliche Brüste und Körperformen besaßen, daß sich niemand satt sehen konnte. Und wenn Dürer seine Neugierde offen an den Tag legte und, wie er seinem Freunde Melanchthon meldet, diese Mädchen sehr aufmerksam und etwas unverschämt in der Nähe betrachtete, »weil er ein Maler sey«, so hatte das Volk ebenso zwingende Gründe, weil es nämlich zu großen Teilen aus sinnlichen jungen und alten Männern bestand, denen in der Welt nichts höher stand als ein schönes Weibstück. Dieser Teil der Zuschauer ließ sich die Gelegenheit sicher nicht entgehen, mit allen Sinnen zu genießen, wo doch die Schönsten der Schönen, die sich dazu hergaben, mit ihrer Nacktheit das Fest zu verschönen, ebenfalls nichts unterließen, alle Wunder und alle Heimlichkeiten ihrer Schönheit an den Tag zu bringen; denn jede wollte doch wieder für ihre Person als die Schönste und Begehrteste gelten. Die größte Neugierde war überdies um so mehr begründet, als diese Gruppen naturgemäß den Gipfelpunkt der Huldigungen bildeten, die man dem Besucher darbrachte. Den nackten Schönen war stets ein Teil der Hauptrollen für den Empfang zugewiesen. Sie schritten entweder dem Zuge voran, oder sie führten bestimmte symbolische Schauspiele auf, durch die dem Stolz Ausdruck verliehen wurde, den die betreffende Stadt über die Ehre des fürstlichen Besuches empfand. Beim Einzug Ludwigs XI. in Paris im Jahre 1461 trugen drei nackte Jungfrauen der Reihe nach Verse vor dem König vor, die seinen Ruhm kündeten. Bei dem Einzug Karls des Kühnen von Burgund in Lille im Jahre 1468 wurde das Urteil des Paris, bei dem drei völlig nackte Schönheiten um den Preis der Schönheit stritten, vor dem König aufgeführt, und hier wird uns auch bestätigt, was wir vorhin sagten; denn nach den Mitteilungen eines Chronisten »hat nichts von den vielen Darbietungen so sehr das Interesse und den Beifall das Volkes gefunden, als wie gerade dieses Schaustück«. Bei solchen Wettkämpfen spielte natürlich noch außerdem jeder einzelne Zuschauer »Paris« und wog die Reize der Juno gegen die der Venus und so weiter ab. Und dieses allgemeine Interesse war den Schönen sicher auch der Hauptlohn, dem zuliebe sie ihre Schönheit öffentlich zur Schau stellten: das Bewußtsein, von Tausenden beneidet, von ebenso vielen mit den Blicken verschlungen zu werden. [...]

Das Schönheitsideal einer Zeit überträgt sich stets auf die Kleidung und formt dementsprechend den Grundzug jeder Mode des betreffenden Zeitalters. [...]
Die Renaissance war, wie wir dargelegt haben, ein schöpferisches Zeitalter, und darum ein Zeitalter gesunder und starker Sinnlichkeit. Auffällige Betonung des Sinnlichen in der Richtung des Gesunden mußte daher das Hauptmerkmal der Modetendenz der Renaissance sein, und weiter ein tägliches und stündliches Prunken mit der individuellen körperlichen Schönheit. [...]
Das ist in der Männerkleidung die Betonung der Kraft durch Demonstration der Muskulatur, der Schulterbreite, des Brustumfanges und so weiter, bei der Frau vor allem die Verstärkung der Hüftenausladung und die Übertreibung der Größe des Busens.
Die Lösung dieser Aufgabe wurde beim Manne zuerst darin gefunden, daß man ihn in ein eng anliegendes Kostüm kleidete, das jeden einzelnen Muskel deutlich abzeichnete, und daß man den Oberrock gegen früher wesentlich verkürzte, so daß er zu einer Art Jacke wurde, die häufig kaum mehr als eine Handbreit unter den Gürtel herabging. »Kaum wurde der Hinterste damit bedeckt. Das war die damalige Kreuzburgische Kleidermode«, heißt es in der Chronik von Kreuzburg. Indem man die Kleidung so eng wie irgend möglich machte, erschien sie dem Körper wie angegossen, wie eine zweite Haut. Diese Mode erreichte ihre höchste Steigerung in den letzten Jahrzehnten des 14. Jahrhunderts und herrschte bis weit in das 15. Jahrhundert herein. [...]

Tänzerpaar.
Kupferstich von Aldegrever, 16. Jht.

Der Gipfel dieser Tendenz, die unvermeidlich zu einer starken Hilflosigkeit in der Bewegung führen mußte, leitete aus dem letzten Grunde schließlich zu einem Umschwung und zu der zweiten Form der Lösung dieser von der Zeit bedingten Aufga-

Fuhrmannstracht. Aus dem Trachtenbuch von Weigel, 16. Jht.

be. Um wieder besser gehen und unbehinderter sich bewegen zu können, mußten die Hosenbeine und die Ärmel an den Gelenken mehrfach durchschnitten werden. Diese Einschnitte wurden natürlich dekorativ ausgestaltet, indem man am Wams das seidene Hemd durch die Einschnitte puffenartig heraustreten ließ, an den Hosen aber die Einschnitte mit seidenen, in der Farbe abstechenden Puffen versah. So entstand die erste Form der Puffenmode, die am Ausgang des 15. Jahrhunderts einsetzte [...]. Damit war aber nicht nur die Weiterführung der seitherigen Tendenz ermöglicht, sondern außerdem noch die unbegrenzte Möglichkeit für eine zweite Tendenz eröffnet: der des Prunkens durch Kostbarkeit und Reichtum der Kleidung. Und gerade das war von ausschlaggebender Bedeutung. Alle schöpferischen Zeiten lieben den Luxus und die tolle Verschwendung. Diesem Drang eröffnete sich jetzt um so mehr ein unbeschränktes Betätigungsgebiet, als das neue Zeitalter des Welthandels zugleich die Voraussetzung für einen unbegrenzten Luxus geschaffen hatte. Ungeheurer Reichtum kam in die Welt, ein leichteres Verdienen. Der Luxus beginnt als Massenerscheinung aber stets bei der Kleidung, denn hier kann man ihn am leichtesten, sichtbarsten und am raschesten zur Schau stellen. In der Männermode war das schließliche Resultat des Luxus jene ungeheuerliche und weltberühmte Pluderhosentracht, die ihre tollsten Ausgeburten in der Stoffverschwendung in der ersten Hälfte des 16. Jahrhunderts erlebte – ein einziger Mann trug oft bis zu sechzig Ellen Tuch am Leibe! – und bis weit in die zweite Hälfte dieses Jahrhunderts die herrschende Mode in den verschiedensten Ländern blieb. Am deutlichsten wurde diese Mode von dem Brandenburgischen Hofprediger Andreas Muskulus charakterisiert, und zwar in seiner Schrift »Vom Hosenteufel«.

Pluderhosen und Hosenlatzmode der Landsknechte. Virgil Solis

In der Frauenmode wurde die Lösung der Tendenz durch ebenso groteske Mittel gefunden, die selbstverständlich in allen

Landsknecht und Dirne. Holzschnitt von Peter Flötner

Stadien der Luxusbetätigung einen ebenso großen Spielraum ließen wie die der Männermode. Kamen bei der Frau ebenfalls zuerst enganschließende Gewänder auf, die alle erotischen Reize der Frau: die Fülle der Brust und der Hüften, die Schwellung der Lenden und die schönen Linien der Schenkel deutlich fürs Auge abzeichneten, so wandelte sich dieses allmählich zu einer grotesken Konzentrierung auf die erotische Präsentierung des Busens und der Hüften, der genannten beiden Hauptmerkmale der Zweckschönheit. Dieses Verfahren wiederholte sich gewiß hunderte Male im Laufe der Zeiten, aber die besondere Art unterscheidet, ob das in gesunder oder raffinierter Weise geschieht. Damals geschah es durchaus in gesunden Formen. Diese Tatsache wird dadurch nicht im geringsten beeinträchtigt, daß sich die von der Zeit gefundene Lösung mit unseren Begriffen von Schönheit und von Hygiene nur in geringem Maße deckt.

Die Hüftenverbreiterung führte zum Wulstenrock. Durch Umlegen von breiten, nicht selten bis zu fünfundzwanzig Pfund schweren Wülsten, dem sogenannten »Speck«, bekamen die Formen einen Zug ins Kolossale. Die Frauen erschienen dadurch so dick wie »Brotbäckerknecht«, sagte Geiler von Kaisersberg in einer seiner Predigten. Die Wülste führten auch dazu, daß die meisten Frauen gleichsam im Zustande der Schwangerschaft erschienen, was, wie wir schon oben darlegten, ebenfalls der Tendenz der Zeit, der Vorliebe für die Reife entsprach. Dieser stete Eindruck der Schwangerschaft wurde noch unterstützt durch das Gehen in absatzlosen Schuhen. Dadurch war man gezwungen, den Oberkörper zurückzubiegen, wodurch der Bauch von selbst gewölbt hervortrat.

Die demonstrative Präsentierung des Busens wurde mit Hilfe des Mieders erreicht; wo dies nicht ausreichte, durch entsprechende Wattierungen. Die Renaissance kannte auch schon den künstlichen Busen, genau so, wie ihn die Antike schon kannte. Man wollte eben unbedingt üppig erscheinen, stattliche Formen zur Schau tragen. Und darum wurde der Busen in erster Linie emporgepreßt. »Der seit Jahrhunderten eingebürgerte Gebrauch des Schnürleibs dient allmählich weniger dazu, die Brüste verschwinden zu lassen (wie dies eine häufige Tendenz des Mittelalters war: busenlos sein entsprach einer asketischen Weltanschauung. E. F.), als vielmehr, sie unter dem tiefer und tiefer sinkenden oberen Rand des Gewandes desto deutlicher hervortreten zu lassen.« (C. H. Stratz, Frauenkleidung.) Aber damit nicht genug: Man wollte es auch in einer Weise deutlich vor Augen führen, daß man schöne Formen hatte, und sozusagen eine lebende Verkörperung des herrschenden Schönheitsideals war es, daß keinem ein Zweifel daran blieb. Deshalb drängte die Zeit kategorisch immer und immer wieder zur Dekolletage, und zwar zu einer Entblößung des Busens in der denkbar kühnsten Weise. Daß sich dieser Tendenz nur selten ein nennenswertes Hindernis in den Weg stellte, war ebenfalls in der historischen Situation der Zeit bedingt.

Jene Epoche war nicht nur sinnlich. Weil es sich in ihr auch um den Sieg einer aufsteigenden Klasse handelte, kannte sie außerdem weder die Prüderie noch die Ängstlichkeit, sondern trieb skrupellos alle ihre Absichten offen und ohne Scheu bis auf die höchste Spitze. Die Skrupellosigkeit führte zu jenen besonderen

Porträt der Gräfin Percy. Anton van Dyck, 17. Jht.

Eigenarten, die die Renaissancemoden uns häufig so ungeheuerlich erscheinen lassen, und diese Ungeheuerlichkeiten eigneten der Männermode nicht weniger als der Frauenmode. »Ich bin aufs vortrefflichste beschaffen für die Werke der Liebe«, mußte der Mann durch die Besonderheit seiner Mode zur Frau sagen. »Und ich bin ein würdiges Objekt deiner Kraft«, mußte die Frau durch ihre Kleidung ebenso deutlich dem Manne antworten.

Die Dirne. Kupferstich nach einem Gemälde von Frans Hals

Und Aufforderung und Antwort waren in der Renaissance wahrlich gleich kühn.

Um mit der Frauenmode zu beginnen: in ihr wurde, wie gesagt, das Problem des Werbens durch die kühnste Form der Entblößung des Busens erstrebt. Die Renaissance huldigte der Anschauung, »daß eine nackende Frau hübscher sei, denn sie ist mit Purpur gekleidet«. Da man sich nun aber nicht immer völlig

Liebe und Wein. Holländisches Schabkunstblatt

nackt zeigen konnte, so zeigte man öffentlich wenigstens so viel als möglich von dem Teil, der als oberste Schönheit der Frau zu allen Zeiten gegolten hatte und darum in den meisten Zeiten den Blicken von der Mode sichtbar gemacht worden war, und das war eben der Busen. Die Entblößung des Busens galt infolgedessen im allgemeinen nicht nur nicht als Laster, sondern war vielmehr ein Teil des von allen gepflegten Kultus des Schönen, weil sie der Ausdruck des sinnlichen Drängens der Zeit war. Und deshalb gaben alle Frauen, die nicht durch die Natur

kategorisch zur Busenökonomie gezwungen waren, ihren Busen mehr oder weniger den Blicken preis; selbst die älteren Frauen suchten so lang als möglich einen schön gewölbten und vollen Busen vorzutäuschen, und alle Frauen waren im Prinzip um so freigebiger, je vollkommener sie in dieser Richtung von der Natur ausgestattet waren. Das die Renaissance von anderen Zeiten Unterscheidende besteht darin, daß man damals diese Reize nicht nur im Ballsaal zur Schau trug, sondern ebenso im Hause, auf der Straße und nicht weniger in der Kirche. Am verschwenderischesten war man natürlich auch hier selbstverständlich bei festlichen Gelegenheiten. Daß es nicht das Klima ist, das die Mode bestimmt, sondern das allgemeine gesellschaftliche Sein der Menschen, oder daß das Klima keine prinzipiellen Unterschiede schafft, sondern höchstens graduelle, indem wärmere Gegenden leichtere Stoffe wählen, das zeigt sich in der Renaissance sehr deutlich. Weil in dieser im Norden wie im Süden dieselben Kräfte wirkten, so rückten die nordischen Frauen den Kleiderausschnitt genau so tief herab, wie die südländischen. Die Flämin und die Baslerin lassen genau so viel von ihres Busens Herrlichkeit schauen, wie die Französin, die Venetianerin und die Römerin. Einzig die Klassenstellung zog Grenzen, zwar nicht nach oben, wohl aber nach unten. Die herrschenden Klassen, bei denen die Frauen im Prinzip zum vornehmsten Luxusgegenstand gemacht wurden, sind in der Dekolletierung selbstverständlich am tiefsten hinabgegangen. Sowohl am spranischen wie am französischen Hof kam es mehrfach vor, daß das Kleid der Frauen vorn und hinten fast bis zum Gürtel herab geöffnet war, so daß nicht nur die Brüste in ihrem ganzen Umfang völlig nackt den Blicken preisgegeben waren, sondern der größte Teil des ganzen Oberkörpers. [...]
Um auf die Schönheit des Busens noch besonders hinzuweisen und seine geschätztesten Qualitäten – die Festigkeit und die strotzende Elastizität – ganz augenfällig zu demonstrieren, waren die Busenknospen bei diesen Moden mitunter sogar mit diamantenbesetzten Ringen und Käppchen verziert und beide Busenhügel durch goldene Kettchen, die durch Kreuze und Schmucksachen beschwert waren, miteinander verbunden. Katharina von Medici entwarf für die Damen ihres Hofstaates ein Kostüm, bei dem dadurch die Aufmerksamkeit auf den Busen konzentriert wurde, daß an dem Oberkleid links und rechts zwei

kreisrunde Ausschnitte angebracht waren, die nichts als den Busen zeigten, diesen aber in seinem ganzen Umfange und zwar meist nackt hervortreten ließen, oder indem der Busen äußerlich völlig nachmodelliert wurde. [...]

Bildnis einer Venezianerin. Bartolomeo da Venezia

Eine ähnliche Mode, die ebenfalls außer dem Gesicht den Busen allein nackt sehen ließ, hat auch an anderen Orten geherrscht. Wenn es die Sitte erheischte, daß vornehme Frauen nur verschleiert oder nur maskiert über die Straße gehen durften, wie zum Beispiel in Venedig, so verschleierte man wohl das Gesicht, gab jedoch den Busen um so verschwenderischer preis.

In der Mode des Bürgertums und des städtischen Adels kam es zu einer so grotesken Art der Dekolletierung, wie man ihr an den absolutistischen Höfen begegnet, nicht; nur die Dirnen ahmten diese Mode nach, und ihnen war sogar nicht selten gestattet, sich mit völlg entblößtem Busen auf der Straße zu zeigen, jedenfalls durften sie sich stets im Hause und mannigfach auch bei Festen derart der Neugier zur Schau stellen. Gleichwohl ging auch beim Bürgertum die Kühnheit überaus tief mit der Kleidergrenze herab. Es gibt verschiedene bürgerliche Moden, bei denen das Kleid so tief ausgeschnitten war, daß auch der verführerische Reiz schöner Busenknospen voll zur Geltung kommen konnte. Auch Zeichnungen von Holbein und Dürer zeigen uns diese Mode, die den Busen bis unterhalb der Busenknospen entblößt sehen ließ.

In einer Trachtenschilderung aus dem Anfang des 15. Jahrhunderts heißt es:

> Auch hatten die Männer Hosen ohne Gesäß, bunden solche an die Hemder. Die reichen Jungfrauen hatten Röcke ausgeschnitten hinten und vorn, daß man die Brust und Rücken fast bloß sah.

In der Limburger Chronik, die ebenfalls aus dem 15. Jahrhundert stammt, heißt es:

> »Unde die Frauwen drugen weite heubtfinster (Kopffenster, Halsausschnitte) also daz man ihre brüste binah halbe sach.«

Durch das Mieder waren die Brüste außerdem derart nach oben geschnürt, daß meistens schon eine geringe Bewegung von seiten der Frau genügte, um den Busen in seinem ganzen Umfang aus dem Kleid herauszudrängen. Und die Frauen, die von der Natur vorteilhaft bedacht waren, versäumten sicher nicht, dieses gern gesehene Schauspiel vor den Blicken der Männer zu entfalten. Das ist auch die ganz natürliche Logik solcher Moden. Jede Tendenz drängt zu ihrer Grenze, zur Erfüllung aller ihrer Möglichkeiten. Und daß dies keine willkürliche Kombination ist, erweisen zahlreiche literarische Dokumente, gebräuchliche Redensarten und so weiter. Murner z. B. schildert diese raffinierten Praktiken der Frauen ausführlich:

»Die Fraun der Scham entbehren thun.
So groß ward jetzund schlechte Zucht.
Daß man in Blöße Zierde sucht:
Man sieht ihnen mitten auf den Rücken
Und meisterhaft sie können schicken
Die Brüst' herfür, recht mit Behagen,
Die von Gestellen sind getragen;
Sie könnten sonst im Tuch ersticken.

Die Entstehung der Milchstraße. Peter Paul Rubens

Mehr als die Hälfte laß ich blicken,
Daß sie den Narren Lockung sein,
»Laß ab«, sag ich, »was soll das sein«,
Wenn er die Brust will greifen an:
»Was seid ihr für ein böser Mann!
Ich sag's bei meiner Ehr' fürwahr,
So frech noch nie ein Mannsbild war!«
Dem Manne sie so zur Wehr sich stellt,
Als wenn dem Esel der Sack entfällt.
Ganz heimlich greift sie mit der Hand,
Indem sie leistet Widerstand,
Und hängt ganz still das Häckchen aus,
Damit der Milchmarkt fällt heraus.«

Weiter sind die Frauen verschiedener Städte wegen ihrer besonderen Freigebigkeit bekannt gewesen; sprichwörtlich hieß es von den Florentinerinnen: »Sie zeigen gerne ihre großen Brüste.« In dem 48. Kapitel seines Werkes »de Sacerdotum et Monachorum carnalium abominatione« schreibt Johannes Huß:

»Die Weiber trugen und tragen ihre Kleider oben an der Halsöffnung so ausgeschnitten und weit, daß beinahe bis an die Hälfte der entblößten Brüste überall jeder ihre leuchtende Haut offen erblicken kann, in den Tempeln des Herrn vor den Priestern und Geistlichen, ebenso wie auf dem Markte, aber noch viel mehr im Hause, und was noch von der übrigen Brust bedeckt war, das ist, wie schon vorher gesagt wurde, so hervorstehend künstlich vergrößert und hervorgeschoben, daß es fast wie zwei Hörner an der Brust erscheint.«

Trachtenbild. Martin Schongauer

In besonders starker Weise sich zu dekolletieren, war zu verschiedenen Zeiten das anerkannte Vorrecht der Jungfrauen. Ganz naturgemäß: Der Busen ist das Hauptwerbemittel der Frau. Die Jungfrau wirbt noch um den Mann, also darf sie auch am meisten von diesen verlockenden Reizen zur Schau stellen.

»Die Tafeln auftun« sagte man in der Schweiz von dieser demonstrativen Enthüllung des Busens. Bei der verheirateten Frau dagegen, die das Ziel des Werbens schon erreicht hatte, forderte der Anstand, daß der Busenausschnitt wesentlich geringer war; bei ihr sollten die Knospen

Deutsches Frauenporträt. Nach einer Zeichnung

des Busens nicht mehr sichtbar sein. Und von der Witwe wurde gar verlangt, das Kleid bis zum Halse zu schließen, denn sie hatte nicht mehr um den Mann zu werben. In verschiedenen Städten mußte sie sogar völlig verhüllt gehen, gleichsam in einen Sack: Sie hat den Freuden der Welt entsagt. Freilich galt dies nicht für die ganze Zeit ihrer Witwenschaft, sondern nur für das Trauerjahr. War dieses vorüber, so durfte sie in verschiedenen Städten und zu verschiedenen Zeiten im Preisgeben ihrer Reize sogar wieder mit der Jungfrau wetteifern, denn jetzt warb ja auch sie wieder um den Mann. Nichts erweist einfacher unseren oben zitierten Satz, daß die Mode ein erotisches Problem ist und in erster Linie dem gegenseitigen Werben dient, als solche Differenzierungen der Anstandsbegriffe.

Außer von den Chronisten, Schwankdichtern und Novellenerzählern und den zeitgenössischen Zeichnern und Malern erfährt man das meiste über die Kühnheiten in der Entblößung des Busens durch die Moralisten und Sittenprediger. In einer Martinipredigt aus dem Anfang des 17. Jahrhunderts heißt es:

»Verecundia, sen naturalias castias, Schamhaftigkeit. Wir sehen, wie die Gänse das Geheime heimlich treiben, und alsobald baden und reinigen sie sich wieder. Das sollte Manchem, der sich einen Christen nennen ließ, eine Scham einjagen, daß er in solcher Tugend der Schamhaftigkeit von einem Vogel übertroffen wird. Ach! Potiphars Weib hat zu viel Schwestern nach sich verlassen, welche das Schamhütlein abziehen, und schönen jungen Joseph unkeusche Handlungen anmuthen. Wie Manche will ihren schönen Leib auch bloß sehen lassen, wie Bathseba, 2. Sam. 11,2., wie solche Entblößung heut zu Tage unter dem Frauenzimmer fast für eine Zierde will gehalten werden. Habens vielleicht von den Persianischen Frauenzimmer gelernt, von welchen die Historien melden, daß sie in Gastereien allgemachsam mit Ablegung der Kleider und Entblößung auch alle Zucht und Schamhaftigkeit hinlegen.«

Von ungeschminkter Derbheit ist eine Kapuzinade von Montrand aus dem Jahre 1581, die sich im Miroir des François befindet:

»Wenn sie in die Messe gehen, Vergebung zu erhalten, oder in der Stadt die Baum- und Lustgärten oder andere heimliche Örter besuchen, welche zu nennen nicht anständig ist, und weswegen sie ihre offene Brust, das Zwerchfell, das Herze, die Lunge und andere Teile der Brust zeigen, die eine beständige Bewegung machen, so daß die guten Damen nach dem Compasse, oder abgemessen wie ein Uhrwerk, oder besser zu sagen, wie die Blasebälge eines Schmieds gehen, welche das Feuer in ihrer Esse anzuzünden dienen: auf gleiche Weise gehen unsere Jungfern, welche durch die Blasebälge oder das Atemholen ihrer Lunge, das Feuer der Herzen der Heliogabalisten unseres Hofes anzünden, welche ohne dieß schon weibisch genug und in ihrer Fleischeslust erhitzt sind; allein unsere Medeen des Hofes, um sie noch mehr anzufeuern, und sie über und über in Brand zu bringen, erfinden alle Künste, welche die Natur zum guten Gebrauche des menschlichen Geschlechts hat hervorbringen können, um sie zu geilen, schändlichn und unfläthigen Dingen anzuwenden.«

Die Sittenprediger versäumten außerdem zu keiner Zeit, darin das Werk Satans zu sehen und alle Strafen der Hölle denen zu prophezeien, die in solcher Weise der Unzucht dienten. Noch aus einer anderen Quelle erfährt man Näheres und Positives über die Tatsache der allgemein vorherrschenden Tendenz, die Schönheit des Busens öffentlich so viel wie möglich den Blicken preiszugeben, nämlich aus den zahlreichen zeitgenössischen Kleiderordnungen und Gesetzen gegen den Luxus. Diese Kleiderordnungen wurden von verschiedenen Geschichtsschreibern vielfach dahin ausgelegt, daß man in ihnen nur den Ausdruck der väterlichen Fürsorge der Stadtväter und Behörden habe, die dem Luxus steuern wollten, der den Volkswohlstand verheerte. Gewiß war dies auch eine der Absichten, die zu dem Erlaß von Kleiderordnungen und Luxusgesetzen führten, aber ungleich wichtiger waren zwei andere Faktoren.

Die Kleiderordnungen, denen man in der Renaissance an allen Ecken und Enden und jahrhundertelang begegnet, sind den Geschichtsschreibern der Renaissance gewiß von jeher aufgefallen und darum nicht nur viel gesammelt, sondern auch viel zitiert worden. Womit jedoch nicht gesagt sein soll, daß auch immer die wichtigsten Schlüsse aus ihnen gezogen worden wären. Man verwandte sie meistens bloß als Dokumente des Tatsächlichen, um die Art, wie man sich in einer bestimmten Zeit und Stadt kleidete, oder um den weitbegehrten oder verpönten Luxus daraus festzustellen. Und bezüglich ihrer Tendenz erblickte man in ihnen Zeugnisse des kurzsichtigen und engherzigen Kastengeistes, der jene Zeit erfüllte. Das heißt: Man begnügte sich meist mit den allgemeinen Aufschlüssen, die die äußere Formulierung vermittelte. Eine andere Seite, die nach unserer Ansicht für den Geschichtsforscher die allerwichtigste ist, wurde dagegen ständig übersehen, d. i. die Frage: für welchen geschichtlichen Prozeß sie Dokument sind. Und die richtige Beantwortung dieser Frage ist fürwahr nicht unwichtig. Die Antwort, die wir darauf geben wollen, lautet: Die Kleiderordnungen dokumentieren durchweg nichts Geringeres als das große Rückzugsgefecht des vom aufkommenden Kapitalismus in seiner vordem beherrschenden Situation unwiderstehlich angegriffenen Handwerkes, und sie sind zweifellos eines der wichtigsten

Trachtenbild. Nach einer holländischen Miniatur aus dem 15. Jht.

Zeugnisse dieses welthistorischen Prozesses, die es überhaupt gibt.

Zu dieser Einsicht kommt man, wenn man die Daten feststellt, an denen die einzelnen Städte zu solchen Erlassen schritten, weiter, wenn man das überall sich steigernde Tempo beachtet, in dem sie erneuert und verschärft wurden, und schließlich, wenn man Ordnung in die Fülle des vorhandenen Materials bringt, dieses also nach den verschiedenen darin zutage tretenden Gesichtspunkten scheidet.

Vom 13. Jahrhundert an entwickelte sich die Geldwirtschaft zum modernen Kapitalismus, und zwar fast durchweg auf der Basis des Handels. Dieser Kapitalisierungsprozeß vollzieht sich binnen dreier Jahrhunderte, und er kulminierte um 1500, also im Quatrocento und im Cinquecento. In derselben Zeit entstehen die Kleiderordnungen, und sie werden in dem gleichen Tempo, wie sich in den verschiedenen Ländern und Städten der Kapitalisierungsprozeß vollzieht, erneuert und verschärft, – um in gleicher Weise wirkungslos zu werden. Das heißt: je mehr in einer Stadt das Handelskapital festen Fuß faßte und die betreffende Stadt sich zu einem Stützpunkt oder einer Domäne des Handels entwickelte. Das eine ist so logisch wie das andere.

Der Handel brachte fremde Waren, fremde Produkte ins Land, für die er natürlich Käufer brauchte, Käufer suchte und auch solche fand. Indem er aber dieses erreichte, steigerte er zugleich die Ansprüche. Dies äußerte sich natürlich darin, daß dem fremdländischen Produkt vor dem örtlichen Erzeugnis immer mehr der Vorzug gegeben wurde. Das unvermeidliche Resultat davon war, daß der Geldbeutel des örtlichen Handwerks empfindlich geschädigt wurde, oder daß zum mindesten der Händler, der Kaufmann reicher wurde als der Handwerker; jedenfalls floß das Geld, das der Bürger verausgabte, zu immer größeren Teilen in anderer Leute Taschen. Als dem Handwerk diese Tatsache zum Bewußtsein kam, suchte man nach einem wirkungsvollen Schutzmittel. Dieses fand man, oder glaubte man wenigstens zu finden durch die in der Gestalt von Luxusverboten abgefaßten Kleiderordnungen.

Nürnberger Trachtenbild. Albrecht Dürer

Der Luxus wurde zum Verbrechen gestempelt, weil er den Gewinn des ortsansässigen Handwerks schmälerte. Die geheime Logik, von der man sich, wenn auch nur instinktiv, leiten ließ, war: Wenn der Bürger keine ausländischen Waren kaufen kann, dann muß er unsere örtlichen Erzeugnisse abnehmen, und damit steigen unsere Absatzmöglichkeiten wieder, der bedrohte goldene Boden des Handwerks ist von neuem gesichert. Es sind das die Anfänge der späteren Schutzzollpolitik, formuliert und ausgeübt entsprechend den Möglichkeiten der Zeit. Wo das Handwerk also politisch herrschend war, schritt es unbedingt zu solchen Verboten. Dabei ist natürlich auch die damals herrschende wirtschaftspolitische Anschauung mit in Betracht zu ziehen. Diese gipfelte in handwerkerlichen Gemeinden ebenso naturgemäß – weil auf denselben letzten Untergründen des ortsansässigen zünftlerischen Sonderinteresses beruhend – stets darin, daß all das Geld als verloren anzusehen sei, das für Gegenstände verausgabt wird, die nicht in dem Gemein-

Trachtenbild. Aus Jost Ammanns Trachtenbuch, 16. Jht.

debezirk selbst hergestellt werden, – die engste Form einer Schutzzollpolitik. Solche Gegenstände sind natürlich in erster Linie und meistens Geschmeide, Gold und Edelsteine, Pelzwerk, goldgewirkte Stickereien, kostbare Schleier und so weiter.

Wenn die Luxusverbote dabei häufig mit sittlichen Gründen manipulierten und gerechtfertigt wurden, als da sind: Verbote eines starken Kleiderausschnittes, langer Schleppen und so weiter, wie wir dies im Hauptwerk begründet haben, so lag dies einesteils daran, daß den Menschen die wahren Beweggründe ihres Tuns eben meistens unbekannt blieben, andererseits aber haben die biederen Zünftler in ihres Geldbeutels schweren Nöten doch instinktiv begriffen, daß gerade von solchen Moden und Extravaganzen der Luxus untrennbar ist; beide bedingen einander. Das Prunken mit der körperlichen Schönheit kann man immer nur in Verbindung mit möglichst kostbarer Kleidung auf die höchste Spitze treiben.

Was sich also so bieder als Forderung zur Rückkehr zur Ehrbarkeit, Zucht und einfachen Sitte der Altvordern auftat, war im letzten Grunde auch nichts anderes als die in sittliche Formeln umgesetzte Sorge um die gefährdete Profitrate.

Als Beispiel eines typischen Luxusverbotes drucken wir hier aus den Materialien von A. Schultz eine der ältesten Kleiderordnungen ab, die sich erhalten haben, einen Erlaß des Zürcher Rates vom 8. März 1371:

»Daß enkein eliche wip noch witwa noch mit namen enkein frow, weder begin noch ander frowen, an enkein tuch, weder sleyer noch ander tuch, weder sidin noch gernin (aus Garn, Leinwanden), enhein endi (Kante) setzen sol, wan daz si es tragen und lassen sol, als es des ersten geweben wirt, dar zu sol ir enkeiner (!) enkeini waggen krenschappel (Haube) mer tragen, das von sidin, von golt, von silber oder von dekeinem edlen gestein gemacht si, und sol auch ir keinü enkein kappen mer tragen, do siden, golt oder kein edelgestein uf si. Aber in dien stuken allen sint vor gelassen tochtern und megt, dien dü selben stuk nit verboten sint. Es soll auch enkein frow, weder ehlich wip noch ledig tochtern enkein gewant obnan an mehr tragen, wan daz inen das houptoch zweyer vinger breit uf der achslen ligen sol, und sol ouch derselben gewanden enkeins mer vor uf noch nebent zu knöpfelt noch gebrisen (geschnürt) sin, und sol auch enhein elich wip noch witwa weder golt, silber, edelstein noch siden uf dien selben gewanden mer tragen. Aber tochtern mugent wol uf irem gewant tragen golt, silber, berlen und siden, als si untz her getan hant. Es sol auch enhein frow enhein kappen an ir röck mer machen, der lenger si dan ein eln. Es sol auch enhein elich wip noch witwa enkein rock hinna mer machen dan ein farbe. Es sol auch enhein frow, weder ehfrow noch witwa noch tochter, enheinen gürtel mer tragen, der hocher küst sy, dan v. pf. den wert. Es sol auch nieman, weder frow noch man, knab noch tochter, enheinen schu mer tragen, do kein spitz an sy, da man utzid in geschieben mag. Das zu sol enhein frow noch tochter enhein gebrisen schu (Schnürschuh) mer tragen. Es sol auch ein jeklich man und knab, er sy rich oder arm, jeklich heß (? Mantel oder Rock), das er obnan an tragen will, als lang machen, daz es im untz an die knü abschlach, und der kappen zipfel sol nüt lenger sin, dan als der rock lang ist; und sol auch nüt mer undnan hin zersniden, und so auch ir enkeiner fürbaz kein geteilt noch striffat hosen tragen, wan daz beid hosen von einer farw sin sulent an gewerd, etc.«

Je größer die Rolle wurde, die der Handel in einer Stadt spielte, um so mehr Zugeständnisse mußte man dem Luxus machen. Das erweisen die verschiedenen Kleiderordnungen von Ulm, Augsburg, Nürnberg usw. im 15. Jahrhundert. Als endlich die politische Macht schließlich den Händen des Handwerks ganz entwunden und in die des kaufmännischen Bürgertums übergegangen

Er tanzt und pfeift nach ihrer Melodie. Kupferstich aus dem 15. Jht.

Dirnentracht. Holzschnitt aus dem Trachtenbuch von Weigel, 16. Jht.

Witwentracht. Aus dem Trachtenbuch von Weigel, 16. Jht.

war, als die Pfeffersäcke und Ellenreiter die Herren der Stadt geworden waren, verschwanden zwar die Kleiderordnungen nicht, aber sie wurden jetzt wesentlich umredigiert und bekamen dadurch ein neues Gesicht. Hinfort herrschte in den Luxusgesetzen immer deutlicher das Interesse der Klassenscheidung vor. Man verbot nicht mehr summarisch, sondern nur bestimmten Klassen bestimmte Stoffe und Schmuckgegenstände. Die Kleiderordnung wurde wichtigster Ausdruck der Klassenscheidung und des Klassenregiments, indem sie, freilich nur nach unten, die Rechte der verschiedenen Stände im Interesse der herrschenden Klasse eingrenzte.

Wenn man von diesen Gesichtspunkten aus die zahlreichen Kleiderordnungen der Renaissance anschaut, dann nur werden sie zu dem, was wir oben sagten: zu wichtigen Quellen der Erkenntnis für die wirklichen Grundlagen der vor sich gehenden Wandlungen in den sittlichen Anschauungen der Zeit, soweit sie sich in der Mode widerspiegeln.

Ist die Kleidung ein erotisches Problem, so ist die Mode stets außerdem noch ein wichtiges Klassenunterscheidungsmittel gewesen. Und zwar früher noch unendlich mehr als heute. Früher war sie tatsächlich das wichtigste, und darum wurden die Merkmale, die in der Kleidung die Klassenunterschiede markieren sollten, meistens auch gesetzlich festgelegt. Und zwar eben in den Kleiderordnungen. Natürlich nicht nach oben, sondern, wie schon gesagt, stets nach unten wurden die Schranken gezogen, die die niederen Klassen nicht überschreiten durften. Dies der eine der beiden Faktoren. Der zweite Hauptzweck, der mit den Kleiderordnungen verfolgt und häufig auch unumwunden zugegeben wurde, war der Schutz der heimischen Industrie gegen die ausländische Konkurrenz durch kostbare Stoffe und Stickereien, wie Samt, Seide, Schleier, Borten, Silberstickereien, Pelze und so weiter. Kleiderordnungen, die auf das Verbot des Tragens und Verarbeitens solcher Stoffe hinzielten, begegnet man daher sehr häufig in den Städten und Zeiten, in denen die Zünfte mächtig waren und das Stadtregiment fest in ihren Händen hatten. Diese Vorschriften wurden stets um so schroffer durchgeführt, je unbestrittener die Herrschaftsbefugnisse einer herrschenden Klasse waren, und umgekehrt: Sie wurden um so häufiger mißachtet, je mehr die anderen Klassen die Herrschaft der das Regiment in den Händen haltenden Schichten bereits unterhöhlt hatten; denn in der Kleidung offenbart sich sozusagen immer zuerst die Unbotmäßigkeit beherrschter Klassen gegen das Alte und Hergebrachte. Die Zünfte aber, die den nahenden Umschwung der Verhältnisse fühlten, lange bevor er eine historische Tatsache geworden war, wollten noch mit aller Gewalt das Seitherige festhalten, denn darauf basierte ja ihre wirtschaftliche und politische Macht. Sie taten es in der ihrem engen Interessenhorizont entspringenden typischen Art, daß sie auch das kleinste Teil des Lebens der Bürger nach ihren Satzungen regeln wollten. Aus den beiden genannten Faktoren, die die Kleiderordnungen hauptsächlich bestimmten und diktierten, erklären sich uns auch restlos die beiden wichtigsten Konstatierungen, die hier zu machen sind. Das sind erstens die zahlreichen Abstufungen der Mode in verschiedenen Städten innerhalb der Bevölkerung, und zweitens das Gegenteil davon: die ganz unbestreitbare Tatsache, daß diese Verordnungen anderwärts so häufig völlig fruchtlos geblieben sein müssen, was die ständig zu beobachtende Erneuerung dieser Erlasse erweist. Also man täusche sich nicht über die wahren Beweggründe und die Wirkung der sittlichen Entrüstung. In der Moral der Stadtväter manifestierte sich in erster Linie ihr Klasseninteresse, aber dieses war nur solange vom Erfolg begleitet, solange ihm noch eine unbestrittene politische Macht zur Seite stand.

Da die Vornehmheit der Kleidung naturgemäß in gleichem Maße wuchs, in dem der Busenausschnitt sich vergrößerte, und da andererseits der entblößte Busen den denkbar schönsten Schmuck der Frau darstellte, so reklamierten die herrschenden Klassen stets gerade dieses Vorrecht für sich allein. Die Frauen aus dem Volke dagegen sollten nicht zeigen dürfen, daß auch ihres Busens Reize von »adliger Art« sein können. Aus diesem Grunde richteten sich denn auch zahlreiche Kleiderordnungen mit besonderem Nachdruck gegen das starke Dekolletieren. Herrschte der Adel, so galten sie für das gesamte Bürgertum, herrschten die städtischen Patrizier, so galten sie für die Frauen der Handwerker.

Eine Kleiderordnung, die das Dekolletieren im allgemeinen verbot, ist die folgende; sie stammt aus Straßburg und wurde im 14. Jahrhundert erlassen:

»Item daz keine frowe, were die ist, hinnenfur me sich nit me schürtzen soll mit iren brüsten, weder mit hemeden noch gebriesen röcken noch mit keinre

Modebild. Kupferstich aus dem 16. Jht.

ander gevengnüsse, und daz auch kein frowe sich nit me verwe und locke von totten har anhenken sülle. Und sunderliche, daz hauptloch sol sie daz man ir die brüste nit gesehen müge, wenn die hauptlöcher süllent sie nutz an die ahsseln.«

Unsere Behauptung, daß die Kleidung der Klassenunterscheidung zu dienen hatte, ist klar und deutlich in einer Kleiderordnung Heinrichs III. von Frankreich ausgedrückt, die dieser im Jahre 1576 erneuerte. Während beim Adel zu dieser Zeit der völligen Entblößung der Brüste gefrönt wurde, belegte die »heilige« Ordonnanz »mit Verbot, daß Nichtadlige die Kleidung von Edelleuten usurpieren und ihre Frauen zu Demoiselles machen«.

Waren alle Strafandrohungen gegen den Kleiderluxus umsonst, was nachweisbar sehr häufig vorkam, dann mag man wohl auf jenes raffinierte Mittel verfallen sein, dem man ebenfalls nicht selten begegnet: die Dirnen und Henkersmägde vom Verbot auszunehmen und diesen sogar das Tragen der verpönten Mode ausdrücklich zu befehlen. Dadurch hoffte man anscheinend, den Luxus zu infamieren und die Frauen durch die Furcht, für eine Dirne oder eine unehrliche Person gehalten zu werden, von dem Gebrauch der verbotenen Kleidungsstücke abzuhalten. Ein solcher Passus findet sich in der Zittauer Kleiderordnung vom Jahr 1353:

»Auch wollen die schoppen (Schöffen), daß keine Frau Kögel tragen solle noch keine Jungfrauen, es seien denn züchtigers und henkersmägde, – die unter der Gewalt des Scharfrichters stehenden Stadtdirnen, – denen erlauben und gebieten die herren Kögeln zu tragen.«

Manches Mal griff man auch zu beiden Mitteln zugleich: zur Infamierung der bekämpften Mode und zur Strafandrohung. In solcher Weise verfuhr der Venediger Hohe Rat in einem Erlaß aus dem 17. Jahrhundert:

»Keinen als den öffentlichen Huren solle vergönnet sein, so nacket und bloß zu gehen, und die Kirchen ihrer Stadt zu besuchen. Ein jeder Ehemann solle sein Weib von der nackten Tracht abhalten, widrigenfalls solle er seiner Ehren entsetzet werden, und etliche hundert Dukaten Strafe geben, und solches ohne Unterschied der Person, er möchte edel oder unedel sein.«

Aber auch das Infamieren muß sich als ein ungenügender Damm erwiesen haben, was die fortwährende Erneuerung auch dieser Erlasse erweist. [...]

Zu so großer Offenheit die Frauenmode im Entblößen des Busens sich auch verstieg, – der kühnsten Extravaganz in der Richtung dieser Tendenz war das Mittel, durch das sich die Männermode der Renaissance gegenüber allen anderen Moden auszeichnet, zum mindesten ebenbürtig: es ist dies die modische Ausgestaltung der Schamkapsel, des Latzes, oder der Braguette, wie sie von den Franzosen genannt wurde. Diese Ausgestaltung machte die männliche Renaissancemode förmlich zu einer Ungeheuerlichkeit in unseren Augen.

Der verliebte Dudelsackpfeifer. Kupferstich von Hans Sebald Beham

Das Anbringen eines besonderen Gehäuses für die Geschlechtsteile war an sich technisch sowohl durch das enganliegende Beinkleid bedingt, die sogenannten Strumpfhosen, als auch durch die frühere Bruch, die nicht zusammenhängend

Tanzende Bauern. 15. Jht.

war, sondern aus zwei gesonderten Röhren bestand, die oben mit dem Hemd vernestelt wurden. Und nur solange der Rock wenigstens bis an die Knie hinabreichte, konnte man auf dieses Gehäuse verzichten. Freilich verzichtete man sogar noch eine Zeitlang darauf, als die Röcke schon wesentlich kürzer wurden. Eine Thüringer Chronik vom Jahre 1444 meldet: »Es trugen auch die Mannen auf diese Zeit kurze Kleider, so daß sie ihre Scham kaum bedeckten.« Dadurch entstand die erste Ungeheuerlichkeit, weil es bei dieser Mode naturgemäß sehr häufig zu Entblößungen der Geschlechtsteile in Gegenwart von Frauen und Jungfrauen kam, besonders beim Tanzen und Spielen. Bei der Beurteilung dieser Tatsache darf man sich natürlich nicht dadurch irreführen lassen, daß man aus der relativen Unbefangenheit, mit der man in jener Zeit der völligen Nacktheit gegenüberstand, auf eine völlige Indifferenz gegenüber jeder Art von Entblößung bei beiden Geschlechtern schließt. Jede Entblößung, die sich nur auf einzelne Körperteile beschränkt, setzt diese ins Relief und verleiht ihnen sozusagen eine demonstrative Plakatwirkung. Gilt dies vom Busen der Frau, so gilt es von den intimsten Geschlechtsmerkmalen des Mannes noch ungleich mehr. Das ist also etwas ganz anderes. Was auch klar und deutlich daraus erhellt, daß diese Entblößungen absolut nicht bloß zufälliger Art waren, sondern, wie wir aus Erzählungen und verschiedenen darauf sich beziehenden Strafandrohungen erfahren, von den Männern sehr häufig mit Absicht und aufs kühnste in Gegenwart von Frauen herbeigeführt wurden. »Sie tanzten also säuisch, daß die Jungfrauen ihre Scham sehen mußten«, heißt es bei einem Chronisten. Ein anderer setzte gar noch hinzu: »Es geschieht den Jungfrauen nur zu Dank, weil sie die Männer soviel von ihrem Busen sehen lassen.« Die kühnste Form des Exhibitionismus muß demnach eine förmliche Modeerscheinung gewesen sein.

Als der Rock immer kürzer wurde und zum Wams sich gestaltete, das knapp unter dem Gürtel abschloß, wurde die Schamkapsel schon zu dem Zwecke des Schutzes eine technische Notwendigkeit, weil die prall ansitzende, einer zweiten Haut gleichende Beinbekleidung einfach keinen Platz für die Geschlechtsteile hatte. Mit ihrer Konstruktion wäre demnach nicht nur nach den damaligen Begriffen, sondern sogar nach unseren heutigen Anschauungen dem Anstand Genüge getan gewesen: es ging eben nicht anders. Ganz anders präsentiert sich jedoch die Sache, wenn man gewahrt, was der Geist der Zeit aus diesem Gehäuse geformt hat: daß er nicht nur aus der Not eine Tugend machte, sondern daß er in allen Ländern daraus sozusagen das Hauptstück der männlichen Kleidung konstruierte, das man stolz und triumphierend über alle Gassen trug. Es ist wahrlich nicht zuviel gesagt, wenn man erklärt, daß man damals geradezu mit fanatischer Begeisterung aus diesem Kleidungsstück ein Schau- und Prunkstück gemacht hat, das nicht nur zuerst in die Augen fallen mußte, sondern das in förmlicher Plakatwirkung die Blicke gerade auf sich konzentrierte. Diese Plakatwirkung erreichte man auf verschiedenerlei

Holländische Bauerntracht

Weise. Die erste und am meisten geübte bestand darin, daß die Schamkapsel aus andersfarbigem Stoff hergestellt wurde als der übrige Teil der Strumpfhosen oder der Bruch. Waren diese gelb, so wählte man für die Schamkapsel rot oder blau. Ein gutes Beispiel dafür zeigt die farbige Beilage »Ein Fuhrmann aus dem Allgäu«. Außerdem verzierte man den Latz mit bunten Bändern und Schleifen, reiche Leute versahen ihn sogar mit auffälligen Goldstickereien und selbst mit Edelsteinen. Das zweite und beliebteste Mittel bestand in einer geradezu ungeheuerlichen Vergrößerung der Lätze, die man mit Wolle ausstopfte, und in einer ebenso derben Nachformung der Wirklichkeit. Fischart schreibt von »Ochsenköpfen und Hundsfidelbogen«. Dieses Mittel wurde hauptsächlich von den Kriegsleuten geübt. Ein Landsknechtslied aus der Zeit belehrt uns darüber:

Ein Latz muß sein darneben
wol eines Kalbskopfs groß,
karteken drunter schweben
seiden on olle moß.
kein Geld wir da gesparet
und sollt er betteln gon...

Wenn diese Mode auch von den rohen Landsknechten ausging und bei diesen wohl auch die groteskesten Formen erreichte, so beschränkte sie sich doch nicht auf diese, wie wir gleich erfahren werden. Rabelais satirisiert die modische Vergrößerung des Latzes, indem er sie ins Groteske übertreibt:

»Also ließ er ihn (den Panurg) zierlich und ganz nach der Mode kleiden; doch verlangte Panurg, daß man ihm den Latz drei Fuß lang und viereckig, nicht rund machen solle, was auch geschah und ihm recht proper stand.«

Das dritte Mittel dieser Plakatwirkung bestand darin, daß die Form der Lätze derart konstruiert war, daß sie sozusagen eine ständige geschlechtliche Aktivität des betreffenden Mannes vortäuschte; man paradierte also förmlich öffentlich mit seiner steten Liebesbereitschaft! Über diese Methode informiert uns neben anderen Berichten die Ensisheimer Chronik aus dem Jahre 1492:

»Und trug das jung volk röck, die giengen nit mehr dann eyner hand breyt under dem gütel, und sah man ihm die bruch – kurze Unterhose – hinten und vornen, und war so scharf gemacht, dass im die hosen die arßkerb austeilten, das war ein hübsch ding, und hatten zullen vor ihn groß und spitz voraus gohn, und man einer vor dem tisch stund, so lag ihm die zull

Holzschnitt von Hans Burgkmair

auf dem tisch. Also gieng man vor Kaiser, König, Fürsten und herren und füreehrbare frauen. Und gieng es so schandbar zu unter frauen und mannen, das es gott leyd was. Die frauen trugen röck, daß man ihnen die dillen (Brüste) sah vornen in den Buffen und hinten mitten in rücken.

Das letzte und kühnste Mittel, dessen man sich bediente, bestand schließlich darin, daß man alle drei Methoden miteinander verband: andere Farbe, Vergrößerung und groteske Vortäuschung ständiger Aktivität.
Natürlich zogen die Moralprediger schon frühzeitig gegen diese Mode ins Feld. Ein Zeitgenosse schreibt:

»Ich habe hören einen Mönch predigen, einen Bruder aus der Observanz: als dieser verdammt und heftig redete wider den Überfluß der Kleider und wider den unverschamten Form, der daran und darin gemacht würd', beschloß er zuletzt auf die Weis' mit solchen Worten: Die Buhler in unserer Stadt sie strecken ihre Lätz, so weit aus den Hosen herfür, verwickelns auch und verstopfens mit so viel Tüchlein, daß die Metzen wähnen, es seind Zumpen, so sind es Lumpen.«

Es wird also die Täuschung des Publikums, hier der Frauen, aufs derbste satirisiert! Auch mit Verboten wurde in verschiedenen Städten gegen die Ausschreitungen dieser Mode vorgegangen.

Die Freuden des Lebens. Holzschnitt von Hans Sebald Beham, 16. Jht.

So ist ein Erlaß des Nürnberger Rats erhalten, der alles dies zusammenfaßt:

»Wann auch von ettlichen mannspersonen eyn unzüchtige schandbare übung und gewohnheit entstanden ist, also daß sie ire lätz an den hosen ohne notturft grösser lassen und dieselben an täntzen und anderhalben vor erbahren frauen und junckfrauen unverschampt ploß und unbedeckt tragen, dass dann nit alleyn Gott, sondern auch Oberkeyt und manlicher Zucht wider und unzymblich ist, demnach ist ein erbahrer Rat daran kommen, vestiglich gebiettende, dass hinfüro eyn yedes mannspilde, bürger oder inwohner dieser statt, seinen latz an den hosen nit bloß, unbedeckt, offenn oder sichtigclich dragen, sonnder alle seyne cleyder dermaßen machen lassen und geprauchen soll, damit sein scham und latz der hosen wol bedeckt und nit ploß gesehen werde. Dann wellicher sich also damit enblösset und deßhalb gerügt oder fürbracht wurde, und sich das mit seinem rechten nit benehmen möcht, der sollte darumb von eyner yeden überfahren fardt eynes yeden tags oder nachts gemayner statt zu puß verfallen sein und geben drey guldin.«

Desgleichen wurden Verordnungen an die Schneider erlassen, in denen diesen ausdrücklich befohlen wurde, die Röcke der Männer entsprechend länger zu machen. Die Sammlung der Straßburger Zunft und Polizeiordnungen enthält folgende Verordnung vom 8. August 1480:

»So dann der Manne kurzen Kleidung und Ungestalt halb vorn und hinten sein Scham zu sehen, ist erkannt, daß man die fürbaß nicht mehr gestatten soll zu tragen, sondern ein jeglicher Bürger oder Hintersaß, der der Stadt gewant ist, und sein Gesinte soll seine Kleidung, es sei Rock oder Mantel, zu risten, zu machen, daß die zum mindesten ein halb viertel gehe vor (unter) seine Scham, und soll man solches allen Schneidern, Meistern und Knechten empfehlen bei ihren Eiden, einem jeglichen fürder nicht kürzer zu machen, denn es vor gemeldet ist, doch mögen sie es einem jeglichen wohl länger machen.«

Belegen diese Erlasse, daß man es nicht mit einem einzelnen Mißbrauch zu tun hat, sondern mit einer Massenerscheinung, so beweist die Tatsache der Wirkungslosigkeit dieser Erlasse, daß man auch dieser Mode geradezu mit Fanatismus huldigte, genau wie die Frauen der Dekolletierung ihres Busens. Um diese Wirkungslosigkeit der städtischen Verbote durch ein einziges charakteristisches Beispiel zu erweisen, sei auf Bern verwiesen. Der Rat von Bern hat das Verbot des Tragens »kurzer Kleider«, die die Scham der Männer unbedeckt sehen lassen, innerhalb der Jahre 1476 bis 1487 nicht weniger als sechsmal erneuert: 1476, 1478, 1481, 1482, 1486, 1487.

Die andauernde Begeisterung für diese Mode, und das ist das

Wappenschild des Melchior Schedel. Holzschnitt aus dem 16. Jht.

nicht minder Wichtige, erstreckte sich aber nicht nur auf das gewöhnliche Volk, auf Knechte, Bauern und Soldaten, sondern auf alle Volksschichten, auf den Adel, die Bürger und Handwerker nicht weniger. Wir erfahren das nicht nur aus der vorhin zitierten Ensisheimer Chronik, sondern es wird außerdem von zahlreichen anderen Chronisten bestätigt. Eine kontrollierende Nachprüfung der zeitgenössischen Bildwerke erweist diese Tatsache ebenfalls auf Schritt und Tritt, und das Illustrationsmaterial des vorliegenden Bandes bietet in jedem einzelnen Kapitel zahlreiche Belege dafür.

Wenn man alles dieses zusammenfaßt und obendrein konstatieren muß, daß diese Mode sich noch über ein halbes Jahrhundert erhielt, nachdem infolge der Entwicklung der Kleidung der Latz längst keine technische Notwendigkeit mehr war, sondern nichts als ein mit Prätension angeheftetes Dekorationsstück darstellte, – wenn man solches konstatieren muß, so kann man der einzigen Logik einer solchen Mode nicht aus dem Wege gehen, ohne dem Sinn der Dinge Gewalt anzutun. Diese einzige Logik aber lautet: Diese Mode war so wenig wie die der verschwenderischen Preisgabe des Busens durch die Frauen eine kecke Ausschreitung einzelner, sondern es war die unumgängliche Konsequenz der körperlich-sinnlichen Lebensanschauung der Zeit. Beide Moden sind untrennbar von ihr, es sind zusammengehörige Seitenstücke. Daraus ergibt sich weiter, daß auch die Frauen in ihrer großen Mehrzahl diesem grotesken Aushängeschild der männlichen Potenz nichts weniger als unsympathisch gegenübergestanden sind. Dieser Anblick hat die Frauen zweifellos nicht nur nicht beleidigt, sondern viel eher, wenn nicht mit offenem, so doch mit geheimem Wohlgefallen erfüllt. Denn man darf auch absolut nicht umgekehrt folgern und sagen: Diese Dinge sind der Allgemeinheit wahrscheinlich gar nicht mehr aufgefallen, sondern höchstens den Moralsalbaderern; allen andern Menschen dagegen

Bäuerliches Liebespaar

erschienen sie natürlich. Gewiß fand man sie natürlich, aber nur insofern: Der sinnlichen Anschauung der Zeit entsprach es, daß der Mann, genau so wie die Frau öffentlich den Blicken zeigte, was die Zeit bei ihm am höchsten wertete; kurz, man fand es natürlich, daß Männer und Frauen mit derart derben Mitteln auf die Sinne des andern Geschlechtes wirkten. Und die Sinne von Mann und Frau sind diesen Reizmitteln gegenüber absolut nicht gleichgültig geblieben, sondern sind dadurch ständig in Aufruhr versetzt worden. Daß die Sinne der Männer durch den Anblick der freigebig entblößten Brüste der Frauen in Flammen gesetzt wurden, dafür haben wir unzählige Belege in der zeitgenössischen Literatur; immer ist es der Anblick eines enthüllten Busens, der den Mann zuerst verführt und verlockt. Und daß die Begierden der Frauen durch die demonstrativ zur Schau getragene männliche Geschlechtstüchtigkeit nicht weniger erregt wurden, läßt sich ebenfalls dokumentarisch nachweisen. Weil aber diese gegenseitige Wirkung absolut feststeht, deshalb sind gerade diese beiden Eigenarten die klassischen Dokumente der Mode für die neue Entdeckung des körperlichen Menschen, die die Aufgabe und das Werk der neuen Wirtschaftsordnung war, die damals in die Welt gekommen ist. Es sind gewiß nur Teile am Bilde der Renaissancemoden, aber sie gehören zu jenen, die das letzte Gesetz der Zeit entschleiern, es sind ihre wichtigsten Linien.

KAPITEL 4

Liebe und Ehe

Die geschlechtliche Liebe wurde in der Renaissance geradezu vulkanisch und offenbarte sich meistens wie eine entfesselte Naturgewalt, die sich tobend und schäumend, und darum freilich ebenso oft höchst brutal, ihren Willen erzwang. Da aber in der Manifestation einer Naturgewalt sich stets deren letztes Gesetz durchsetzt, so mußte dieses in der Lusterfüllung des Geschlechtslebens das zeugende Prinzip sein. Und dieses steht auch obenan: Der Mann wollte befruchten, die Frau wollte befruchtet werden. Dadurch aber bekam die Liebesbetätigung in der Renaissance gewissermaßen einen heroischen Stil, genau so wie ihr physisches Schönheitsideal. [...]
In dieser Richtung ideologisierte die Zeit auch die Liebe, wie wir das schon an einer Reihe von Beispielen gesehen haben. Die Liebe wurde sozusagen auch in der Ideologie aus einem Begriff zu einer Realität, zu einer bewußten Verwirklichung der Naturgesetze und darum schließlich auch zu einem Kultus der steten Betätigung der von den stärksten Antriebskräften entflammten Instinkte. Potenzierte geschlechtliche Betätigung wurde für beide Geschlechter das Normale und zugleich der Wertbestimmer für die allgemeine Achtung: das Achtunggebietende und das Achtunggenießende. Vollkommen erschien dieser Zeit nur der Mann, den neben den im vorigen Kapitel geschilderten körperlichen Vorzügen starke Potenz und andauernde Begierden aus-

Symbolische Darstellung der Ehe. Deutsche Handzeichnung, 1504

zeichneten, vollkommen nur die Frau, die bis ins reifste Alter vom Manne physische Liebe heischte. Mit anderen Worten: Als oberste Tugenden galten vulkanische Leidenschaft bei beiden Geschlechtern, ungeminderte Zeugungskraft beim Manne bis ins hohe Alter, stete Fruchtbarkeit der Frau ebenso lang. Großer Kinderreichtum war Ruhm und daher etwas Alltägliches, kinderlos zu sein, galt dagegen als Strafe des Himmels für irgendeine begangene Sünde und war relativ selten.

Dieses ist die große Linie des Geschlechtslebens der Renaissance, die zu erkennen keine große Mühe kostet, denn sie prägt sich überaus deutlich aus und drängt sich einem überall auf. Daß es aber zu dieser deutlichen Ausprägung kam, wurde durch zwei besondere Umstände unterstützt, die bei einer historischen Rekonstruktion nicht übersehen werden dürfen.

Der erste in Frage kommende Umstand ist der, daß sich dieser Tendenz keine Hemmung in den Weg stellte. [...]

Und das galt von der Ehe vielleicht am allermeisten. Bei dieser war der Konvenienzcharakter durch die individuelle Geschlechtsliebe erst in ganz untergeordnetem Maße eingeschränkt. Für den Adel war die Verheiratung ein politischer Akt, die beste Gelegenheit für eine Einfluß- und Machtvergrößerung; und darum hatte das Interesse des Hauses bei der Gattenwahl zu entscheiden und nicht das Belieben des einzelnen. Das glei-

Anschauungsunterricht. Deutscher Holzschnitt aus dem 16. Jht.

che gilt für den Zunftbürger der mittelalterlichen Städte. War bei diesem der Kreis, innerhalb dessen er seine Wahl treffen konnte, an und für sich schon eng, so entschied auch hier noch das Zunftinteresse und das Familieninteresse; das letztere war mit dem ersten stets unlöslich verknüpft. Als sich in den Städten ein kaufmännisches Patriziat entwickelte, drängte die Besitzfrage ebenfalls alle persönlichen Neigungen in den Hintergrund. Heirat war für diese Kreise die einfachste Form der Akkumulation von Kapital, die rascheste Möglichkeit zur dauernden Hebung der Profitrate. Von diesen Kombinationen, die das ausmachen, was man den Konvenienzcharakter der Ehe nennt, machte nur das niedere Volk, die besitzlosen Klassen, eine Ausnahme, weshalb bei diesen die individuelle Geschlechtsliebe bei den ehelichen Verbindungen auch stets häufiger eine Rolle spielte. Bei allen anderen Klassen dagegen waren die aus Geld-, Klassen- und Standesinteressen zusammengeschweißten Ehen in ihrer großen Mehrzahl tatsächlich nichts anderes als Zeugungs- und Gebäranstalten legitimer Erben. Die vorhandene eheliche Liebe war also in diesen Klassen nur in ganz beschränktem Maße subjektive Neigung, sondern viel mehr objektive Pflicht, »nicht Grund, sondern Korrelat der Ehe«. Dieser Zustand war durch die religiöse und bürgerliche Ideologie in den Städten zwar schon verbrämt, aber immerhin nur notdürftig; beim Bauern auf dem Lande jedoch gar nicht. Hier stand gemäß der im ersten Kapitel geschilderten ökonomischen Lebensbedingungen die beiderseitige Geschlechtstüchtigkeit als offiziell wichtiger Punkt direkt neben den Besitztiteln.

Das sind die Voraussetzungen, die das Mittelalter bot. Man erkennt leicht, daß dies ein überaus günstiger Boden für die Entwicklung einer erotischen Expansion war. Aber nicht nur keine Hemmnisse traten der expansiven erotischen Tendenz der Renaissance entgegen, sondern diese wurde sogar noch von überaus starken, auf dasselbe Ziel zudrängenden Antriebskräften sekundiert.

Diese Antriebskräfte bestanden in der im Mittelalter vor sich gehenden Herausbildung der individuellen Geschlechtsliebe, die das erste Ergebnis des werdenden neuen Inhaltes der Dinge war. So seltsam das im ersten Augenblick klingen mag, so ist es doch eine unbestreitbare Tatsache: Die Wirkung dieses wichtigsten und edelsten Emanzipationsprozesses, der darauf ausging, beide Teile aus dem niedrigen Zuchtstandpunkt herauszuheben, bestand nicht in einer Verminderung oder gar in einer Aufhebung, sondern im Gegenteil in einer außerordentlichen Verstärkung des animalischen Hauptzuges der Liebe. Gewiß geschah dies in einer Richtung, die zweifelsohne einen ethischen Fortschritt bedeutete, aber am äußeren Resultat selbst änderte das nichts. Und auch diese Tatsache ist ebenso logisch, wie sie unschwer zu begreifen ist.

Die gegenseitige Hingabe von Mann und Weib als die höchste Manifestationsform des Lebens soll sich nicht auf der Voraussetzung eines gemeinsamen Rechenexempels vollziehen, sondern einzig auf gegenseitiger individueller Neigung und Leidenschaft, – das ist die Fundamentalforderung der individuellen Liebe, ihr Programm. Daß wir dieser individuellen Leidenschaft schon tief im Mittelalter begegnen, dafür haben wir aus der Literatur aller Länder mancherlei Beweise. In dem köstlichen Liebesbrief einer gebildeten Dame an ihren Geliebten, der sich in der Briefsammlung des Mönches Wernher von Tegernsee befindet, haben wir sogar ein geradezu klassisches Zeugnis. Wir kennen die Schreiberin nicht, und wir kennen den Mann nicht, an den die Epistel gerichtet war, aber jede Zeile dieses Briefes verrät uns, daß die reinste und edelste Leidenschaft eines Frauenherzens die Worte geformt hat. »Du Liebster unter allen Lieben!« fängt sie an, und alles weitere ist ein gegenseitiges sich Einigen, sich eins Fühlen mit dem Geliebten, ein hohes Achten und felsenfestes Vertrauen: »Du allein bist mir aus tausenden erlesen, du allein bist in das Heiligtum meines Geistes aufgenommen.« Und endlich nach vielen, vielen Seiten, schließt sie mit jenem innigen Verse, der wie ein Zauberspruch der Liebe seitdem das zärtlichste Geständnis aller wahrhaft Liebenden geworden ist:

Du bist mein, ich bin dein,
Des sollst du gewiß sein.
Du bist beschlossen in meinem Herzen,
Verloren ist das Schlüsselein,
Nun mußt du immer drinnen sein.«

Aber wenn wir auch schon aus diesem einen Dokument schließen dürfen, daß sich die höchste Form der Geschlechtsliebe damals schon an zahlreichen Orten siegreich durchgerungen hatte, so war das doch nur, wenn man so sagen will, als ideelle Logik der Fall: der

Liebhaber und Frau. Schwankillustration. Holzschnitt aus dem 15. Jht.

Sieg im Prinzip. Der Konvenienzcharakter der Ehe war dadurch bei den besitzenden und regierenden Klassen kaum nennenswert eingeschränkt, geschweige denn ausgetilgt. Ist doch dieser Konvenienzcharakter der Ehe bis heute in diesen Klassen erhalten und höchstens durch feinere gesellschaftliche Formen ein wenig raffinierter vermummt. Die Klassen-, Geld- und Standesinteressen formten nach wie vor die meisten Ehen. Darum also konnte sich das siegreiche Durchdringen des Rechtes auf individuelle Neigung nicht in der ehelichen Liebe betätigen, sondern nur im prinzipiellen Bruch der mit der Ehe verknüpften Forderung der gegenseitigen physischen Treue. Und das war auch der Fall. Das erste massenhafte Auftreten der individuellen Liebe in der Geschichte geschah in allen Ländern nichts weniger als in der Form der ehelichen Liebe, sondern in der des ritterlichen Minnedienstes, dessen oberste Regel sogar lautete, daß echte Minne mit der Ehe überhaupt unvereinbar sei. Mit anderen Worten: Die höhere Form der Liebe setzte geschichtlich mit dem Ehebruch ein, mit dem von beiden Seiten und von einer ganzen Klasse systematisch organisierten und betriebenen Ehebruch. Kein Mann dieser Klasse, der nicht jahraus, jahrein auch um die letzte Gunst anderer Frauen als der seiner Gattin buhlte, keine Frau, die nicht noch irgendeinem anderen Manne gestattete, offen vor aller Welt bei ihr um den höchsten Minnesold zu werben, so daß am letzten Ende die ganze ritterliche Gesellschaft nichts als eine einzige Gesellschaft für Ehebruch auf Gegenseitigkeit war.

Ritterliches Leben. Vom Meister der Liebesgärten, 15. Jht.

Die ertappten Ehebrecher.
Kalendervignette

In der Natur der Sache ist es natürlich ebenso gelegen, daß das erstrebte Ziel, der ausgesetzte Preis, in den weitaus meisten Fällen auch wirklich erreicht und bewilligt wurde; denn jeder Protest drängt dazu, sich in Taten zu manifestieren. Und als Protest gegen das Wesen der Konvenienzehe, die prinzipiell nur die Pflicht kennen konnte, trat eben der ritterliche Minnedienst geschichtlich auf. Diese Taten können aber nur in der Erlangung und in der Gewährung des höchsten Minnesoldes bestehen. Denn das Wesen der individuellen Geschlechtsliebe besteht ja in dem sexuellen Moment: in dem Wunsch des Mannes, die Frau zu besitzen, die nicht wie die Gattin durch die objektive Pflicht, sondern durch persönliche Verliebtheit seinen Begierden gefügig ist, und in demselben Wunsch der Frau, sich dem Manne hinzugeben, dem ihre Sympathie gehört. Jeder Protest führt aber schließlich noch zu etwas weiterem, nämlich dazu, daß man auf dem betreffenden Gebiet auch vollständig triumphiert. Ein vollständiger Triumph bestand aber hier nur darin, wenn es der Scharfsinn ermöglichte, der Liebe und Leidenschaft noch ungleich häufiger das zu bewilligen, was die Pflicht nebenher als Opfer von ihnen forderte. Und darauf war denn auch stets der Scharfsinn beider Teile gerichtet. Und der der Frau sicher nicht weniger als der des Mannes, trotz der grotesken Hindernisse, die die Romantik auftürmte, und die der Liebhaber erst übersteigen mußte, bevor seine Herzensdame ihm gestattete, zu beweisen, daß die Umarmungen des Freundes unendlich genußreicher sind als die des Gatten.

In seiner Summe und in seinem Resultat führte eine solche Klassenmoral aber logisch zu dem, was wir oben als die erste Folge des Aufkommens der individuellen Geschlechtsliebe als Massenerscheinung in der Geschichte bezeichneten: zu einer außerordentlichen Verstärkung des animalischen Hauptzuges in der Liebe der Zeit.

An alledem ändert auch der Umstand nichts, daß wir heute wissen, daß die Liebeshöfe des Königs Artus und ähnliche, vor

Der verliebte Jüngling.
Metallschnitt aus dem 15. Jht.

deren Forum über die Rechte und Pflichten der Minne debattiert wurde, in der Wirklichkeit niemals existiert haben, sondern nur Gebilde der dichterischen und künstlerischen Phantasie der Zeit waren. Im Gegenteil: Diese überall verbreitete und so lange als gewesene Wirklichkeit geglaubte Sage von der Existenz solcher Liebeskonzilien ist ein Beweis mehr. Denn wir haben in den Beschreibungen dieser Liebeshöfe und in den Berichten über die angeblich vor ihnen stattgefundenen Debatten tatsächlich nichts anderes vor uns als die akademische Auseinandersetzung des ausgehenden Mittelalters über das damals aktuell gewordene Problem der individuellen Geschlechtsliebe. Daß sich die Sage von den Minnehöfen und Minnegerichten an die Blüte der ritterlichen Gesellschaft knüpfen mußte, das heißt, daß hier das Thema des Rechtes auf individuelle Geschlechtsliebe zuerst auftauchen mußte, ist ebenso natürlich. Zur bewußten Propagierung dieses Menschenrechtes konnte es nur dort kommen, wo die wirtschaftlichen Voraussetzungen bereits zu einer Befreiung der Frau von der Haussklave-

Minnehof. Kupferstich vom Meister der Liebesgärten, 15. Jht.

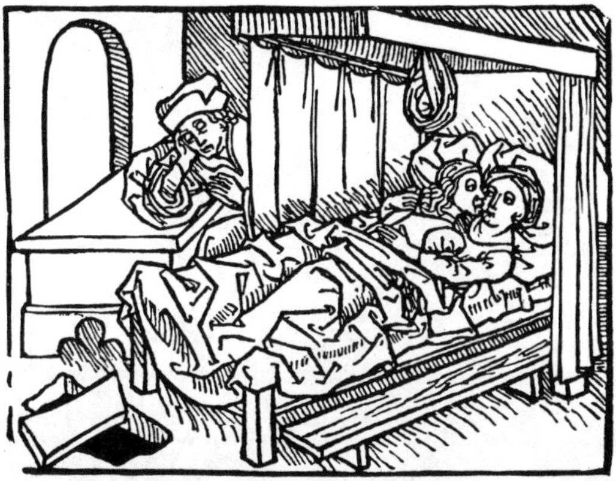

Schwankillustration aus dem 15. Jht.

rei geführt hatten und wo außerdem der Konvenienzcharakter der Ehe damals seine nackteste Form zeigte, so daß die eheliche Liebe durchweg fast nur als Pflicht empfunden wurde. Beides traf zuerst beim Rittertum zusammen. Hier war die Ehe fast nur Konvenienz, – schon im frühesten Alter wurden meistens die Kinder miteinander verlobt, und einzig im Familieninteresse, – und hier hatten die Besitzverhältnisse die Frau allmählich auch vom Haushalt befreit, so daß ihr geistiger Horizont sich weiten konnte, und damit auch ein intensiveres Persönlichkeitsbewußtsein sich bei ihr herausbildete. Aus denselben Gründen entstammte im 15. und 16. Jahrhundert auch gerade diesen Kreisen die Virago, die in Wissenschaft und allgemeiner Bildung mit dem Manne wetteifernde Frau.

Zu dem Resultat einer Verstärkung des animalischen Hauptzuges in der Liebe kam es aber sowohl in den ebengenannten Kreisen, als auch bei fast allen Klassen noch aus einem anderen Grunde. Die mit der Konvenienzehe verkuppelte individuelle Geschlechtsliebe trieb nicht einzig und allein zu diesem Ziele; so wenig wie wir in der eben geschilderten Manifestationsform nur den Protest der vergewaltigten Natur sehen dürfen, so daß wir hier also nicht nur einen Läuterungsprozeß, sondern ebenso sehr auch den Verwesungsprozeß einer niedergehenden Klasse vor uns haben. [...] Den animalischen Charakter der Liebe und der Ehe in der Renaissance belegen zahlreiche Erscheinungen

Die Hahnreischaft. Kupferstich von Albrecht Dürer, 16. Jht.

und Dokumente aufs zwingendste. Sitten, Gebräuche, allgemeine und rechtliche Anschauungen, die sich in Form von eigenartigen Sprichwörtern, Urteilen und Handlungen spiegeln, und vor allem die Literatur und die Künste, in denen das Technisch-Geschlechtliche fast immer das Leitmotiv und die Pointe ausmachte.

Schon die Sitten, die meistens mit dem Eheschluß verbunden sind, und das, wodurch eine Ehe als geschlossen gilt, sind in dieser Richtung überaus charakteristisch: der Segen des Ehebettes durch den Priester, bei fürstlichen Personen durch den Bischof oder Erzbischof, und die bis weit in die Neuzeit erhaltene Sitte des öffentlichen Beilagers.

Wenn der Priester das Ehebett segnet, so wird damit natürlich nicht der Ort gesegnet, in dem man nach des Tages Last und Plage eine geruhsame Nacht finden will, sondern – »die Werkstatt der Liebe«. Damit auf der Arbeit, die in dieser Werkstatt verrichtet wird, der Segen Gottes ruhe, also die erwarteten Stammhalter und Leibeserben daraus hervorgehen mögen, darum wird sie vom Priester geweiht. Das Bett als »die Werkstatt der Liebe« steht aber auch in den Rechtsgrundsätzen, die eine Ehe begründen, obenan, und zwar in der vorhin angeführten Sitte des Beilagers: des öffentlichen Beiliegens der beiden Verlobten oder der zur Ehe Entschlossenen in einem Bett. Die Ehe galt in den meisten Ländern als geschlossen, wenn Braut und Bräutigam gemeinsam »von derselben Decke beschlagen« waren. »Ist das Bett beschritten, ist das Recht erstritten«, lautet ein altes Sprichwort. Um zu erweisen, daß dies geschehen war, wurde das Beilager stets öffentlich vollzogen. Daher die Sitte des »öffentlichen Beilagers«, die bis in den Anfang des 17. Jahrhunderts herein in den meisten Ländern Europas und bei fast allen Klassen zu finden war. Diese

Einsegnung des Ehebetts.
Deutscher Holzschnitt aus dem 15. Jht.

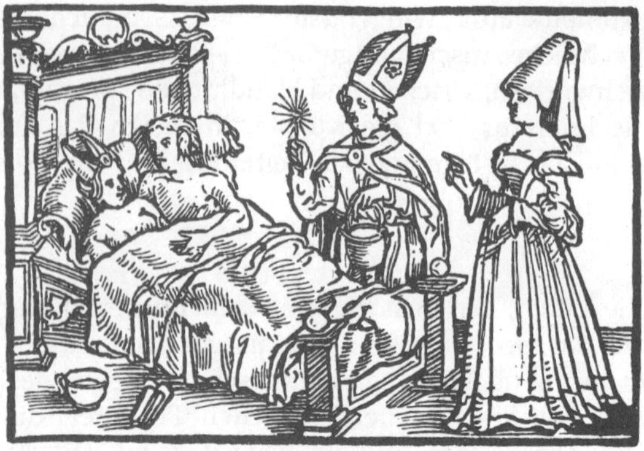

Beilager und Einsegnung des Ehebetts

Sitte verschwand nur allmählich, und erst dann vollständig, als die kirchliche Trauung, als der die Ehe allein begründende Akt, zwingendes Gesetz geworden war: was der Kirche überall gleich schwer und darum nur sehr langsam durchzusetzen gelungen ist. Das Volk hing in allen Ländern mit Zähigkeit an seinen alten Sitten und Gebräuchen und wollte deshalb lange nichts von der Forderung der kirchlichen Trauung wissen. Man erblickte im Eheschluß einen juristischen und nicht einen religiösen Akt, eine Rechtsabmachung. Auch daraus erklärt sich die Öffentlichkeit des Beilagers; denn der allgemeinen Anschauung entsprach es, daß alle Rechtsvorgänge öffentlich zu vollziehen seien.
Die ursprünglich germanische Sitte des Beilagers wurde auf die verschiedenste Weise geübt, teils offiziell mit großem Pomp, teils ernst religiös, indem die priesterliche Segnung des Ehebetts damit verknüpft war, teils humoristisch. Allgemeiner bekannt ist die Form des Beilagers, die an den Fürstenhöfen üblich war. Führte bei den Fürsten der ausschließliche Konvenienzcharakter der Ehe dazu, daß Eheschließungen gleichsam Staatsverträge waren, durch die, verkörperlicht in der Frau, einem anderen Staate bestimmte Besitztümer, Länderteile, Regierungsansprüche angegliedert wurden, so folgte aus diesem Charakter schon, daß Braut und Bräutigam einander gar nicht erst zu sehen brauchten: Die persönliche Neigung war ja gar kein Faktor in dem gegenseitig aufgestellten Rechenexempel. Der Abschluß

des betreffenden Handelsgeschäftes erfolgte durch das Beilager, wozu man den Bräutigam ebenso wenig brauchte; auch dazu genügte der bevollmächtigte Gesandte, der mit dem Ordnen des Rechenexempels beauftragt war. Er legte sich einfach offiziell als Stellvertreter seines Herrn auf das Paradebett neben die »glückliche« Braut, und das Geschäft war perfekt, das heißt: der Ehepakt war rechtsgültig geschlossen. Diese Form des Beilagers ist, wie gesagt, allgemein bekannt. Weniger bekannt sind dagegen die häufig ziemlich derben, dabei jedoch meistens ans Humoristische anklingenden Gebräuche, die beim niederen Volk im Schwange waren und es zum Teil sogar heute noch sind. Zur Charakteristik der letzteren wollen wir einen Brauch aus der Oberpfalz anführen. Dort herrscht folgende Sitte: »Wenn der Kammerwagen mit der Ausstattung der Baut am Hochzeitshause angekommen ist, so hebt der Bräutigam das zweischläfrige Bett, das oben aufgestanden hat, herunter und trägt es in die Schlafkammer. Dann wirft er vor aller Augen die Braut auf das Bett, legt sich zu ihr hin und gibt ihr einen Kuß.«
Handelt es sich in solchen Gebräuchen offensichtlich um eine symbolische Charakteristik des Kinderzeugens, also um den

Die schüchterne Bauernbraut. Hendrick Goltzius

letzten Ehezweck, so gibt es auch eine Reihe Anschauungen und Sitten, die sich direkt auf den Geschlechtsakt als solchen pointieren, als auf die tägliche Ehespeise, wegen der man in die Ehe trete, »weil ihrer weder ein tüchtig Weib noch ein tüchtiger Mann entraten könne«. Diese Anschauungen kommen deutlich zum Ausdruck in verschiedenen bäuerlichen Weistümern [...], und weiter, um ein allgemein bekanntes Dokument zu nennen, in Luthers »Ehezuchtbüchlein«. Hier ist klar, deutlich und freilich auch derb dem Geschlechtsakt seine Bedeutung als unentbehrlichem Genußmittel erwachsener Menschen zuerkannt, und zwar in der Begründung der Rechte, »so eine Frau haben soll, die zur Ehe einen in der Liebe untüchtigen Mann überkommen hat«. Hierher gehört auch die allgemein verbreitete Übung, daß ein Teil der Hochzeitsgäste vor der Kammertür, hinter der sich das Beilager vollzog, erotische Hochzeitslieder sang; man nannte das »das Niedersingen der Braut«. Außerdem wurden erotische Witze zum Besten gegeben, und nach vollzogenem Beilager Hochzeiter und Hochzeiterin scherzhaft vor aller Augen aufgedeckt und im Triumph wieder aus dem Bette herausgeholt.

Jene Basis ist im Wesen gesund, haben wir oben gesagt. Der erste Grundsatz einer auf gesunder Basis beruhenden Liebesphysiologie ist aber der, daß, wenn ein Individuum, einerlei, ob Mann oder Frau, in das Alter der geschlechtlichen Reife kommt, ihm auch das Recht auf Erfüllung seiner Geschlechtsfunktionen zusteht. Dieser Grundsatz war in der Renaissance in der Tat anerkannt, denn er war die allgemein im Volk verbreitete Anschauung und kommt in zahlreichen Sprüchen und Redensarten zum Ausdruck. Stets genau so deutlich wie naiv. Von den Männern heißt es:

Sollen die Jungen wachsen und masten,
So dürfen sie nicht lang fasten.

Genau dasselbe erklärt man als das Recht der Jungfrau:

Hungert die Dirn ob ihren Knieen,
So soll man nicht lange verziehen
Und ihr geben einen jungen Gesellen,
Der da hat einen guten Schnabel
Zwei Handbreit unter seinem Nabel.

Meistens jedoch drückt man dieses gegenseitige Recht auf Liebesbetätigung noch ungleich deutlicher aus, und man versäumt vor allem nie, auch noch die physischen Merkmale zu beschreiben, die für die Tatsache der Reife bei Mann und Jungfrau entscheidend sein sollen. Es ist für die Renaissance noch sehr dezent ausgedrückt, wenn man in bezug auf die Frau sagt, der Zeitpunkt, einer Jungfrau einen Mann ins Bett zu legen, sei da: »So die Jungfrau einen Busen hat wie zwo Birn und unter dem Nabel ist nicht mehr kahl«. Hier sei noch eingeschaltet: Um die Geschlechtsreife einer Jungfrau zu kennzeichnen, sagte man auch: »sie trägt schon nach Mannesfleisch Gelüst«, oder »sie leidet schon am zersigen Hunger«. Gegenständlicher konnte man sich fürwahr über das Wesen und den besonderen Inhalt des jungfräulichen Sehnens nicht ausdrücken; höchstens noch um einige Grad hanebüchener, was denn auch oft genug der klassischen Kraft der Zeit gelang. Denselben Sprüchen und Redensarten begegnet man auch in Frankreich und Italien.

Die natürliche Anschauung der Dinge in der Renaissance ließ Mann und Frau den frühzeitigen Geschlechtsverkehr von Jüngling und Jungfrau auch nicht selten mit solchen oder ähnlichen Argumenten begründen, wie sie Boccaccio einer Dame in den Mund legt: »Die Gesetze der Natur gehen voran; die Natur hat nichts umsonst geschaffen, und sie hat uns diese edlen Teile verliehen, damit sie in Gebrauch gesetzt werden, nicht aber, um sie müßig feiern zu lassen.«

Den triftigsten Grund, mit diesen Teilen nicht zu feiern, fanden die Frauen jedoch darin: »Der Nichtgebrauch kann dieser Körperpartie großen Schaden zufügen und Hysterie erzeugen, woran manche schöne Frauen zugrunde gehen. Das beste Mittel dagegen, sagen die Ärzte, ist die fleischliche Beiwohnung, und zwar seitens kräftiger und wohlgebauter Männer.«

Im Anblick einer solchen Gefahr und in Anbetracht der allgemein so sympathischen Vorbeugungsmittel mußte natürlich die Vernunft siegen.

Das gesamte Liebessehnen ist dementsprechend bei beiden Geschlechtern in der Renaissance so gegenständlich wie möglich. Der Mann sehnt sich absolut nicht nach einem ebenbürtigen Genossen, mit dem vereint er bestimmte höhere Lebensziele erringen will, die Jungfrau sehnt sich ebensowenig nach einem Befreier und Erzieher ihrer Seele und ihres geistigen Menschen;

Der Junckfrawen Hundt.

A. Der Author.

SChaw: Das ist der Jungckfrawen Hundt
Der wird so dürr vnd vngesundt/
Dieweil er gern Jungckfrawen Frisst
Vnd schier keine vorhanden ist/
Doch die noch ein reine Jungckfraw
Hab an diesem Gedicht kein graw
Dann ich allein solche Dirn mein.
Die Jungfrawen wie mein Schuch sein

B. Die Dirn.

Auß/troll dich weg/laß dich weisen
Jch mercks wol (Schelm) willt mich beissen/
Es hat mit mir ein andere weiß
Mein Fleisch ist für dein Maul kein speiß
Du sihst mich vor ein Jungckfraw an
Nein laß bleiben/fort/nur davon
Magst anderstwo dein Fressen suchen
Bey mir ist gar ein dürre Kuchen.

C. Der Hundt.

Jch beiß dich nicht/das solt mir trawen
Dann ich Friß nur die rein Jungckfrawen
Da du gewesen bist zwölff Jar
Hett ich dich wol gefressen gar
Jetzt aber ist dein Fleisch zu streng
Dein Garten trägt Vnkrauts die meng
Weil der Jungfrawen ich geh jrr
Werd ich an meinem Leib so dürr.

Cheruspatte Faron.

Der Jungfrauenhund. Flugblatt aus dem 17. Jht.

wohl aber sind beide von dem unbändigen Verlangen nach der Ausübung des Geschlechtsaktes erfüllt. In diesem bestimmten und begrenzten Wunsch und Ziel konzentriert sich ihnen die Liebe.

Die Jungfrau fordert von ihrer Mutter, daß sie ihr einen Gesellen suche, der sie »eifrig das süße Bettspiel lehre«. Vor allem im Volkslied haben wir dafür die charakteristischsten und auch die meisten Beweise, die zum Teil ebenso naiv wie köstlich sind. Wir zitieren hier nur das sehr weit verbreitet gewesene Lied von »Der Schwaben Töchterlein«:

Es hatt ein Schwab ein Töchterlein,
Halt die kanna feste,
Es wolt nicht länger ein Mägdlein sein,
Bey Nachte, fein sachte,
Halt die kanna, schöne bas Anna,
Halt die kanna feste.

Sie wolt doch haben einen Mann,
Halt die kanna feste,
Der ihr die Weil vertreiben kann,
Bey nachte, fein sachte.

Ach Mutter gieb mir einen Mann,
Halt die kanna feste,
Der mir die Weil vertreiben kann,
Bey nachte, fein sachte.

Ach Tochter du bist viel zu klein,
Halt die kanna feste,
Du schlafst noch wohl ein Jahr allein,
Bey Nachte, fein sachte.

Ach Mutter ich bin eben gerecht,
Halt die kanna feste,
Ich habs versucht mit unserm Knecht,
Bey nachte, fein sachte.

Hast dus versucht mit unserm Knecht,
Halt die kanna feste,
So bist du Pfaffen und Mönchen gerecht,
Bey Nachte, fein sachte.

Das Annalein hat einen roten Rock,
Halt die kanna feste,
Darunter steht ein Zimmerstock,
Bey nachte, fein sachte.

Die Freuden des Bacchus, der Ceres und der Venus. Kupferstich von Johann Sadeler

IX

Wer ist der uns dis Liedlein sang?
Halt die kanna feste,
Ein freyer Hofman ist ers genannt,
Bey Nachte, fein sachte.

Er singt uns das und noch wohl mehr,
Halt die kanna feste,
Gott behüt allen zarten jungfrauen jhr Ehr,
Bey nachte, fein sachte,
Halt die kanna, schöne bas Anna,
Halt die kanna feste.

Es wäre natürlich durchaus verfehlt, wollte man an der Hand solcher Volkslieder die darin ausgesprochene engbegrenzte, rein auf das Geschlechtlich-Technische gerichtete Auffassung der Liebe auch auf das Volk als Masse, das heißt also auf das niedere Volk eingrenzen. Jene Poesie, die die Liebe der oberen Klassen der Gesellschaft zum Gegenstand hat, liefert zahlreiche Dokumente für dieselbe Auffassung der Liebe: daß auch hier der Geschlechtsakt als solcher den Mittelpunkt alles Sehnens bildet. Das grandiose Hohe Lied der sinnlichen Liebe der Renaissance, »Romeo und Julia«, ist das ausreichende Beispiel dafür. Um es durch eine ganz bestimmte Stelle zu erweisen, lese man nur im dritten Akt die herrliche Schilderung des brünstigen Verlangens Julias nach der Umarmung durch Romeo:

Liebthätige Nacht, breit' aus den dichten Vorhang,
Daß sich unruhige Augen schließen mögen
Und Romeo ungesehn und ungehört
In meine Arme fliege! Liebende
Sehn hell genug bei eigener Schönheit, ihren
Verliebten Brauch zu üben; oder ist
Die Liebe blind, paßt sie zur Nacht am besten.
Komm', zücht'ge Nacht, ehrbar gekleidet
Matrone, ganz in Schwarz, und lehre mich,
Gewinnend eine Wette zu verlieren
Um ein paar makellose Jungfernschaften.
Verhüll' das schämige Blut, das in die Wangen
Mir sträubend springt, mit deinem schwarzen Mantel,
Bis scheue Liebe, kühn geworden, nur
Für sittsam hält das Tun der wahren Liebe.
Komm', Nacht! Komm', Romeo! Komm', du Tag in Nacht!

Des Mannes Sehnen ist, wie gesagt, in gleicher Weise gegenständlich, und auch hier tönt es ebenso deutlich aus den zahllosen Volksliedern wie aus den Schöpfungen der großen Kunst. Dem Ambraser Liederbuch, das noch zahlreiche gleichartige

Stücke enthält, entnehmen wir als Beweis das Lied: »Ein Mägdlein fein«, das die Sehnsucht eines verlassenen Jünglings nach seiner Geliebten schildert.

Ein Mägdlein fein, ist bei mir gesein,
Heimlich an einem Orte,
Es war mir leid, daß jemands wüßt,
Und es ihr käm zu Worte,
Es brächt groß Pein,
Dem jungen Hertzen mein,
Das sollt ihr mir glauben.
Ihr Brüstlein die sein weiß,
Ihr Mündlein das ist rot,
Sie trägt zwei Falkenäuglein klar.

Ein edles Kraut, das sie mir einst gab,
Ist gewachsen in ihrem Garten,
Ich spielt mit ihr, und sie mit mir,
Drey Schantzen auf einer Karten,
Die Schantzen waren groß,
Wie hart sie mich umschloß,
Mit Sinnen und mit Witzen,
Sie truckt mich freundlich an ihr Brust,
Nach meines Hertzen Lust,
Hör auf du machst mich schwitzen.

O Paradeis, du mein einziger Trost,
Wo find man deines gleichen,
Man stellt sie für der Gnaden Thür,
Einer Kaiserin thut man sie gleichen,
Ich sah sie allzeit gern,
Sie leuchtet wie der Morgenstern,
Mit ihren braunen Augen,
Das Liedlein das ist aus,
Gemacht zu guter Nacht,
In ihrem Dienst gesungen.

Wonach der schmählich Verlassene sich sehnt, sind also nur die sinnlichen Freuden, die er mit der entschwundenen Geliebten genossen hatte. Demgegenüber lese man zur Ergänzung als Produkt der großen Kunst, die nicht wie diese Volkslieder namenlos über die Gassen ging, irgend eine der wonnigen Episteln nach, in denen Johannes Sekundus, »Der große Küsser«, wie ihn Goethe begeistert apostrophierte, seiner Liebe Ausdruck verleiht. Sein Sehnen nach Liebe und nach der Geliebten ist ebenfalls nur Wollust, ebenfalls nur Schwelgen in wollüstigen Phantasien, und in wollüstigen Küssen, ohne Zahl gegeben und erwidert, gipfelt all sein Sehnen. Wir zitieren nach der vollende-

Satirische Darstellung des gegenseitigen Werbens.
Frankfurter Kupferstich von Abraham Aubry, 17. Jht.

deß Ehewesens.
em andern auf die Zehen
em dritten Lang ich die Hand.
lche Art vnd weiß kan ich sie all vergnügen
Die erste Dam.
Die dritte Dame.
Hand und Truck die sei-ne,
ie ist schon die meyne:
den Fuchsschwantz mit ein wort,
gehet wieder fort.
ich sie all vergnügen,
eiß zu schweigen kriegē,
üle Kurzweil sucht.
gesetzt die Zucht,
So Junge Leute Ziert: Was sie sich underwinden,
Das können sie bey mir in einem Leibe finden:
Ich selber bin die Erd; das Wasser gibt das Aug;
Daß ich hab Lufft im Kopff, das gibt der Nasen Rauch,
Das Feuer ist verwahrt in dem, worauf ich sitze;
Wer von mir Licht begehrt der brauch vernunfft und Wise.
Die 3. Dam.
Was schön und freundlich ist, das soll man billig lieben:
Wir werden ia darzu von der Natur getrieben.
Ein schön mundirtes pferd Trifft bald ein Reiteran
Der unberitten es gar schwerlich lassen kan:
Doch hat man sich dabey fürsichtig umzusehen,
Weil allezeit bey dem Lust pflegt die gefahr zu stehen
Ein wolstaffierte Dam ein auffgebustes pferd
Wie jene Ehrens ist, so dieses Reitens werth.
J. S. S. B. R.
Abraham Aubry fecit. et Excudit Francofurti.

ten Übersetzung von Franz Blei (Inselverlag, Leipzig 1907) aufs Geratewohl das folgende Stück:

Welche Küsse mir die liebsten, soll ich sagen?
Gibt es da zu wählen denn, Geliebte?
Gibst du mir die feuchten Lippen,
Dank ich ihnen.
Gibst du mir die brennend heißen,
Lieb ich diese,
Und wie ist es süß,
Die Augen dir zu küssen.
Wenn sie so vergehen, sterben,
Diese Augen, meiner Leiden Quelle.
Und wie ist es Wollust,
Über deine Wangen, Hals und Schultern,
Über deines Busens Alabaster
Kußmale, rote, dir zu säen
Ist es Wollust,
Deiner Zunge spitzen Dolch
So mit meinen Lippen zu umschließen...
Unsere Seelen ineinanderfließen,
Eins im andern so vergeht,
In Lust erstirbt. ...!
Ob deine Küsse währened oder kurz,
Vergehend gebend oder mild und bissig,
Du Vielgeliebte – alle lieb ich sie,
Gleich köstlich sind mir alle,
Deine, meine.
Nur eines: Gib
Niemals den Kuß zurück, den ich
Dir gab – küß immer anders.
Es soll ein wechselvolles Spiel sein. –

Die Frau kann in dieser Zeit natürlich kaum erwarten, bis sie zum Minnedienst reif und würdig befunden wird. In einem der Gedichte des Nidhardt von Reuenthal, das das Liebesleben auf dem Dorfe behandelt, unterhalten sich Mutter und Tochter über das Minnerecht der letzteren. Die sechzehnjährige Tochter meint, daß ihr Leib längst gerecht wäre zu den Werken der Liebe, die Mutter ist jedoch anderer Meinung. Aber die Tochter kennt die Vergangenheit der Mutter: »Ihr wart ja erst zwölf Jahre, daß Ihr Eurer Jungfrauschaft ledig wurdet«. Damit ist die Mutter geschlagen: »Nun, so nimm meinetwegen Liebhaber so viel du willst.« Aber die Tochter begnügt sich damit nicht, sie will auch freie Bahn haben, und nun kommt es heraus, warum die Mutter ihre Tochter noch zu jung zur Liebe fand:

»Das thät' ich auch gerne, wenn Ihr mir nicht immer die Männer vor der Nase wegfischtet. Pfui doch, hol Euch der Teufel! Habt doch schon einen Mann, was braucht Ihr noch andere?« Nun, nachdem sich die Mutter ganz entdeckt weiß, willigt sie in alles: »Pst, schweig still, Töchterlein. Minne wenig oder viel, ich will nichts dagegen haben, und solltest du auch ein Kindlein wiegen müssen. Sei aber auch verschwiegen, wenn du mich der Liebe nachgehen siehst.«

Der Verliebte. Kupferstich von Lucas van Leyden, 1520

Dieser gegenseitige Neid der Frauen untereinander – »um das Bettfutter« ist der zahmste Ausdruck der Zeit –, und daß vor allem die Mutter der Tochter deren größere Chancen neidet, ist ein sehr häufiges Motiv in der Literatur. Das klassischste litera-

Sinnliche Liebe. Crispin de Passe

Der Kampf um die Hosen. Anonymer Kupferstich

rische Dokument in dieser Richtung ist ein Nürnberger Fastnachtsspiel: »Der Wittwe und Tochter Vastnacht«, das aufs derbste und ausschließlich davon handelt.

In der üblichen Weise wird die Sache einem Gerichtshof unterbreitet, der nach Anhörung der Gründe entscheiden soll, wer von beiden, ob Mutter oder Tochter, zuerst das Recht habe, zu heiraten. Die Mutter begründet ihre erste Anwartschaft auf einen Mann damit, daß sie eine junge, geile Witwe sei und nicht ohne einen Mann leben könne, weil sie an »das Mannsfleisch« gewöhnt sei. Die Tochter dagegen begründet ihre Rechte mit den brünstigen Gefühlen, die sie überkommen, wenn sie vom Knecht gehalst und geküßt wird:

Wenn unser Knecht mich halset oder küßt,
Das durchgieng mir alle meine Glieder.
Und wurde ganz flugg all's mein Gefieder,
Die Haut ist jung, sie ist aber zäh. ...

Nachdem jeder von den zehn Ratsherren seine Ansicht kundgegeben hat, geht die Moral der Geschichte dahin, daß Mutter und Tochter gleich große Anrechte haben, sintemalen »der Nachthunger Jungfrauen und Frauen kränkt«.
Die jungen Burschen begründen ihr »Minnerecht« mit denselben Gründen: »er könnt schon ziehen in rauhen Sielen« und hurtig »den Liebesacker bestellen« oder »er vermöcht schon zu. fechten und zu zielen, wo man gen Jungfrauen mit Lanzen ficht«.
Mit ihrem unüberwindlichen »Nachthunger« begründen Jüngling und Jungfrau auch ihren Widerwillen, Mönch oder Nonne zu werden. In dem Fastnachtspiel »Vom Heiraten-Spiel« heißt es:

Mein Freund die muthen mir all zu,
Ich sollt meiner Seel dort schicken Ruh,
Und sagten mir von einem Orden
Und meinten ich sollt ein Mönch sein worden.
Ich sprach: Ich hab nichts an mein Leib,
Das mich zu geistlichen Dingen treib';
Und suchet ich drei Tag oder vier,
Ich fünd kein Mönchfleisch nindert an mir.
Mein Esel gailiert auf der Bahn
Und will nicht lang ohn Futter stahn;
Darumb sollt ihr mich nimmer bitten,
Wann mir ist noch nicht ausgeschnitten.

Also man müßte ihn erst zum Kastraten machen, wenn er zum Mönch taugen sollte. Nicht weniger kategorisch ist die junge Magd. Die Jungfrau bedroht den mit ihrem Fluch, der sie wider ihren Willen zu einer Nonnen machen wollte, und erklärt außerdem von vornherein, das Gelübde der Keuschheit zu brechen:

»Gott geb ihm ein verdorben Jahr,
Der mich macht zu einer Nunnen
Und mir den schwarzen Mantel gab,
Den weißen Rock darunten!
Soll ich ein Nunn gewerden
Dann wider meinen Willen,
So will ich auch einem Knaben jung
Seinen Kummer stillen.«

Die Limburger Chronik, die diese beiden Verse zitiert, fügt hinzu: »In derselben Zeit (1359) sung und pfiffe man dies Lied.« Es handelt sich somit in diesen Zeilen nicht um einen vereinzelten Stoßseufzer, sondern um den Ausfluß eines allgemeinen

Der Eintritt der Tochter ins Kloster. Deutscher Holzschnitt

Empfindens. In einer anderen »Nonnenbeschwer« erklärt eine schon in ihrer Jugend ins Kloster gesteckte Jungfrau, daß sie keine Andacht mehr habe, seit ihr Busen ihr Kleid fülle »gleich zwo stolze Birn«, und daß ihr Sinn vielmehr darauf gerichtet sei, sich von jungen Knaben halsen und küssen zu lassen und »greifen an diese Birn«.

Hier muß nun ausdrücklich erwähnt werden, daß aus der gesunden Anschauung der Renaissance hinsichtlich eines mit der Reife einsetzenden Geschlechtsverkehrs freilich noch lange nicht folgte, daß auch die Wirklichkeit sich dem anpaßte, so daß es stets zur frühzeitigen und geregelten Erfüllung des Geschlechtstriebes hätte kommen können. Also zum Eingehen einer Ehe bei der großen Mehrzahl der Männer und Frauen und vor allem zu einem möglichst frühzeitigen Eheschluß auf beiden Seiten. Diesen gesunden Gesellschaftszustand vereitelten im Gegenteil die ängstlich gehüteten Klasseninteressen in zahllosen Fällen. Gewiß waren jugendliche Gatten sowohl beim Bürgertum und beim Adel, als auch bei den Bauern – sofern sich nicht bei diesen ein Höferecht entwickelt hatte, das die Teilung des Grundbesitzes ausschloß und nur den ältesten Sohn erbberechtigt machte –

Wiener Meister des 16. Jahrhunderts: Spielkarte

Welchs Weib mit Ehbruch ist befleckt/
Dem Mann Vnfried im Hauß erweckt/
Dà ist nicht sicher wohnen bey/
Thu sie von dir vnd mach dich frey.

Schmertz.

ICh hab ein vnverschàmpte / geyle vnnd trewlose Ehebrecherin zum Weib/ von deren wegen ich geschmàhet vnd verachtet bin.

Vernunfft.

Jch wolte daß dir dein Weib noch ehe entfùhret/ oder vngestùmm were/ Ja gar bòß/ doch an Ehren fromb/ dann daß sie so ein Schlepsack seyn solle / Doch wie dem allen/ so soll ein Mann von Ehren wegen viel dulden. Es sind macherley Angst vnd Noth auff Erden / den man nur mit der Tugendt begegnen mag / Es ist dir noch zurathen. Wie wann sie es nimmer thet? Diß laster hat das gut an jhm/ daß sich die Weiber doch desselbigen mùssen beschàmen/ friedlicher vnd vngestùmmer im Hause seyn dann zuvor/ nicht so frech vnnd stoltz / das bricht jhren Trutz / Dann so sie eins auff der Nadel hat/ muß sie offt das Maul zuhalten / ist dem Mann in allem gefòlgiger dann vor.

Weist du nicht daß Weiber die jhnen nichts solches bewust / oder man sie es nicht bezeugen kan/ niemand dàmmen noch ziehen kan/ wie sie so herauß fallen/ wann man jhn mit Vnwarheit zu wil? Jst dein Weib geyl/ so muß sie fast schòn darzu seyn/ Jst sie aber ein Vnflat/ lieber veracht es nicht. Vnnd du auch bedencke dich/ hastu was geborget/ du must es bezahlen/ hastu einem sein Weib geschàndet/ so wirdt dir das dein auch geschàndet/ Korn vmb Saltz / Wie du gethan hast/ also wùrdt dir auch geschehen/ dir geschicht nit vnrecht/ So ist geitz/ geylheit vñ vnzucht vber alle gesetz getretten/ jetz ist Ehbruch gar gemein worden/ daß gleich weder gesetz noch gerechtigkeit mehr straffen darff. Lieber zihe dich auch bey der Nasen/ sihe in deiñ busen/ du wùrdst auch ein ehebrecher erwùschen/ sihe zu/ daß du dein Treuw/ Eydpflicht/ Ehe vnd Ehr nicht gebrochen. Viel wòllen Weiber rechtfertigen/ so sie selbs kein nùtz sind/ vermeynen sie haben alles macht/ vnd sey/ wo

Von einer bübischen unverschämpten Hausfrauwen. Aus dem »Trostspiegel«. Holzschnitt von Hans Weiditz

Wann dein Weib hett einn treuwen Sinn/
So wer sie mit keim andern hin.

Gehab dich wol/biß gut Gesell/
Laß fahren was nicht bleiben well.

Schmertz.

ICh bekümmere mich/daß mir mein Weib entführet/ verführt vnd abgetrungen worden ist.

Vernunfft.

Ich bekenne es/Gewalt thut weh/ wann du aber die Sache recht bedenckest/ hast du kein besondere Vrsach dich zubeschweren/ dieweil der Verlust deines vnuerschämpten vnnd verdrießlichen Weibes/nun ein leichterung deines Lastes ist. Ist man einem Artzet so viel lohns schuldig/der nur die Suchte deß Leibes heylet/was bist du dem schuldig/der die Kranckheiten deines Gemütes / vnnd Verdrossenheit mit der entfrembdung deines Weibes geheylet/vnnd dir geholffen hat? Wann dir ein Artzet das drittägig Fieber vertrieben hette/was dancke sampt der Belohnung wünschetest jhm? Wieviel mehr dem der dir das täglich auß deinem Hauß geführet vnd gebracht hat? Warlich viel dancks darzu soltu dem guten Gesellen sagen/ der dir so viel Sorge vnnd Gefahr auß deinem Hauß vertrieben hat.

Viel weren bey Leben blieben/ wo man jhnen etwan hette jhre Weiber entführet/ oder gar keines gehabt. Vnder allen Gefahren deß lebens ist das die böseste/ das einer täglich in seinem Hauß muß sehen vor jhm vmbgehen. Ich wil dir sagen/ ist dein Weibe nothzwungen worden/ vnd mit Gewalt dir entweudet/lieber laß fahren/vnd vergibe jhr gern/Ist sie aber mit willen mit dem Schalck darvon/so bistu zweymal in dieser einigen Sachen gerochen/ Die Hur vn d Ehbrecherin ist zu jhrem Buben geflohen/ Zum andern/auß deinem Hause/dir zu gut/in sein Hauß allen Vnrath gebracht.

Lieber was soll sich der Ehebrecher besser zu jhr versehen/so sie dir/der du jr rechter Mann gewesen/nichts guts gethan hat? Du hast keinen Schaden/gehe wie es gehe/nur Gewinn/ Sie wirdt bald an jhm vernewgeren/ darnach ist es gethan. Wann diß die

Tröstung so eim sein Weib hingeführt ist worden. Aus dem »Trostspiegel«.
Holzschnitt von Hans Weiditz

Die ungetreue Frau. Holzschnitt eines Nürnberger Meisters. 16. Jahrhundert

Die Bestrafung des Ehebruchs. Anonymer Holzschnitt eines Nürnberger Meisters. 16. Jahrhundert

Die Achtzehen Schön einer Junckfrawen.

NEchten zu Abendt ich spatzieret/
Auff freyem Marckt vnd Phanta-
siret/
Zu machen ein newes Gedicht/
In dem da kam mir zu Gesicht/
Ein Junckfraw gar höflich geziert/
Vnd Adelich Geliedmasiert/
Dergleich ich mein Tag nie hett gsehen/
Deß ward ich zu mir selber jehen/
Warhafft die Schön der Junckfraw da/
Vergleicht der schön Lucretia/
Deß ich mich hoch verwundern gund/
Vnd da geleich stockstiller stund/
Vnd dacht wer nur die Junckfraw wer?
In dem die zart trat zu mir her/
Mit leysen Tritten fuß für füß/
Vnd grüsset mich mit Worten süß.
Vnd sprach: Weß ich thet warten hie.
Ich sprach: Zart Junckfraw mercket wie/
Ich steh zu schawen ewer Schön/
Die ich ob allen Weiben krön/
Wann ich sah nie schöner Figur/
Der siben Schön tragt jhr ein Chur/
Die doch all siben traget jhr
Da sprach die zart Junckfraw zu mir/
Seind denn der Schön nit mehr dann siben/
Wa habt jhr das funden geschriben?
Ich sprach: Ich hab bey meinen Tagen/
Von siben Schönen hören sagen.
Sie sprach: Der Schön seind wol achtzehen/
Die Natürlichen Maister jehen/
Die werden außgethailt darbey/
In sechs thail/jeder Thail hat drey.
Drey kurtz sind im ersten anfang/
Darnach in dem andern drey lang/
Vnd zu dem dritten sind drey lind/
Vnd zum vierdten drey schneeweiß sind/
Vnd zum fünfften drey Rosenrot/
Zum sechsten drey Kolschwartz sind not.
Ich sprach: Der ding versteh ich nicht/
Ich bitt der Sach mich baß bericht/
Wann ich nie lieders hört auff Erdt.
Sie sprach: Seyt jhr dann das begehrt/
So will ich euch die vbersummen/
Ohn eine die sey außgenommen/
Als jhr werd hören an dem end.
Von erst hab ich drey kurtz genennt/
Das sind zwey kurtze Ferßlein schön/
Das dritt ein kurtz gespalten Kien.
Nach dem drey lang/sagt man vorzeiten/
Zu erst zwo lang geronig Seyten/
Das dritt ein lang goldgelbes Haar.
Drey lind der solt jhr nemmen war/
Das erst zwey zarte Händlein sind/
Vnd auch ein Bäuchlein waich vnd lind.
Zu dem vierdten drey schneeweiß seyn/
Die ersten zwey weisse Brüstlein/
Die dritt ein weisses Hälßlein ist.
Die fünfften drey Rosenrot wißt/
Zwey rothe Wenglein thu ich kund/
Die dritt ein Rosenfarben Mund.
Die sechsten drey schwartz als ein Kol/
Zwo sind zwey schwartze äuglein wol/
Die leist Schwartz ich nit nennen kan/
Ist die ich außgenommen han/
Der Schön jhr sibenzehen hat/
So jhr die Achtzehendt errath/
So schenck ich euch diß Kräntzlein grün.
Ich sprach: O zarte Junckfraw schön/
Ich bin jetzt darauff nit bedacht.
Sie sprach: Nimbt ziel die langen Nacht/
Vnd Morgen biß auff dise Zeit/
So kompt her vnd mich deß beschaydt/
Mit dem die Zart schied von jhm hin.
Nun ich die Nacht gelegen bin/
Vnd hab mich auff die Schön besunnen/
Aber ich hab jhr nit gefunnen/
Was die dritt Kolschwartz Schön mag seyn/
Darumb komb ich zu euch herein/
Euch zu fragen vmb Rath vnd Lehr/
Was die dritt Kolschwartz Schöne wer/
Das mir würd deß Kräntzleins Geschmacks/
Verargt mirs nit/das bitt Hanß Sachs.

S:S

Zu Augspurg/bey Georg Jäger Brieffmaler/in Jacober Vorstatt/im kleinen Sachsengäßl.

Die achtzehn Schönheiten einer Jungfrau. Illustriertes Gedicht von Hans Sachs. Augsburger Flugblatt. 16. Jahrhundert

sehr häufig. Die Sittenprediger zogen sogar gegen allzufrühe Heiraten mehrfach eifrig zu Felde. Murner reimte:

»Jetzt nehmen zwei einander g'schwind,
Die beide nicht dreißig Jahr alt sind.«

Gemeint ist, daß beide zusammen noch keine 30 Jahre zählen. Nach verschiedenen Weistümern war die Frau vom 14. Jahre an heiratsberechtigt. Aber andererseits war einer ganzen Klasse das Heiraten in jenen Zeiten verboten, oder zum mindesten ungeheuer erschwert, nämlich den Handwerksgesellen oder Handwerksknechten. Zur Ehe schreiten durfte innerhalb der Zünfte vielfach nur, wer selbständig war oder wurde. Da aber die meisten Zunftordnungen das Meisterwerden dem proletarischen Gesellen, dem »Nichtmeistersohn«, ausdrücklich versagten, so war das in seiner Wirkung für diese zahlreichen Existenzen mit einem Eheverbot natürlich gleichbedeutend. Wo es aber den Handwerksknechten erlaubt war, zu heiraten, da galt andererseits das Gesetz, daß bereits verheiratete Gesellen nicht Meister werden konnten; also wiederum nichts anderes als ein indirektes Eheverbot.

Stärkere Riegel konnte das einseitige Klasseninteresse der Heiratslust wahrlich nicht vorschieben. Aber es hat sie dennoch nur teilweise nicht zu hemmen vermocht, gab es doch in der Renaissance sogar verheiratete Lehrlinge. Und daß dies nicht bloß vereinzelte Fälle gewesen sein müssen, erhellt daraus, daß sich über »die Lehrlinge, so zur Ehe schreiten«, sogar besondere Bestimmungen in den Zunftordnungen befanden. So hieß es zum Beispiel in den Statuten der württembergischen Maurer und Steinmetzen vom Jahre 1582: »Wenn ein Lehrjunge während der Lehrzeit heiratet, so solle er dennoch seine zweie Jahre auslernen.«

Wie man also in der Renaissance in zahlreichen Fällen sehr früh zur Ehe schritt, so schritten ebenfalls selten so häufig Männer und Frauen zur Wiederverheiratung wie gerade in jenen Zeiten. Gewiß hatte das in der Wichtigkeit des geregelten Haushaltes für den kleinhandwerklichen Betrieb die Hauptwurzel. Aber der sinnliche Grundzug der Zeit war doch auch eine starke Antriebskraft dabei. Charakteristisch ist, daß es auch nie so häufig

Satire auf den Eheschluß zwischen einem jungen Mann und einer alten Frau. Theodor de Bry

vorkam, daß ein Witwer in älteren Jahren eine junge Dirne und eine Witwe in reifen Jahren einen jungen Burschen heiratete. War dies in dem sinnlichen Drang der Zeit vollauf begründet, so widersprach es doch andererseits ebensosehr dem gesunden Grundzug der Zeit. Das ist der Zeit auch sehr klar zum Bewußtsein gekommen, denn der zeitgenössische Witz zog in Wort und Bild ständig über solche ungleichen Gespanne los. [...] Wurde dem Jüngling, der eine alte Frau heiratete, prophezeit, daß er sich im Bett das »Schnupffieber« holen werde, so hieß es zwischen jungen Weibern und alten Männern: »Junge Weiber sind die Klepper, auf welchen die alten Männer rasch zum Grabe reiten.« Außerdem wurden dem alten Manne die Hörner, als schon in der Hochzeitsnacht fällig prophezeit, denn in solchen Ehen, sagt der Volksmund, würde auf die Dauer »zu wenig gebetet«. Die letztere Redensart war gewöhnlich das höhnische Stichwort für »die Ehe zwischen einem alten Mann und einer jungen, geilen Frau« und knüpft an eine Anekdote an, die August Tünger in seinen 1480 erschienenen Fazetien unter dem Titel: »Wann beten wir wieder« mitteilt:

In der Stadt Endingen nahm ein hochbejahrter Mann eine sechzehnjährige Maid von schwellenden Formen zum Eheweib. Der fromme Mann gedachte sein Weibchen gut zu ziehen und so sagte er in der ersten Liebesnacht, es zieme sich, bevor man der Liebe pflegen wolle, das Pater noster zu beten. Die Gewohnheit hielt eine Zeit an, aber schließlich wurde der alte Mann der Liebesspiele überdrüssig und müde, so daß auch das Pater noster nicht mehr gebetet wurde.
Anfangs wunderte sich die junge Ehefrau, da ihr Mann doch so hitzig gewesen war, als ob er gar nicht genug bekommen könne. Allgemach dachte indessen das Weibchen, der Mann habe wohl die Sachen nur vergessen, so daß man ihn daran ermahnen müsse. Flugs fing das Frauchen auch an, den Gatten zu küssen und zu halsen und fragte dabei verschämt, »wann beten wir denn wieder?«

Venus die Göttin sehr ergrimmt/
Wenn ein Alter ein Junge nimpt/
Dann nichts ungereimbters seyn kan/
Als ein jung Weib und alter Mann.

A. Der alte Greiß.

Koenig David/ als er war alt/
Und an seim gantzen Leib erkalt/
Ein Jungfraw legt man jhm zu Bett/
Welche den König wärmen thät/
Eben also/ Ich alter Mann/
Muß ein Jungfraw im Bette han/
Die sich meins kalten Leibs erbarm/
Und mich wärme in jhren Arm/
Kan gleichwol sonst nicht schlaffen viel/
Als daß ich mit jhr schertz und spiel/
Verhoff mein schön Geld und Küssen/
Werd jhr wol den Fürwitz büssen.

B. Die Jungfraw.

Ey lacht auß den alten Gecken/-
Der schon geht an einem Stecken/
Und will jhm doch noch getrawen/
Zu versehen mich Jungfrawen/
Ey deß Truckens/ey deß Schmatzens/
Mein lacht deß alten Scheißbatzens/
Du gute liebe Tasche mein/
O Schatz-Geld/ dich lieb ich allein/
Komm Todtengräber hol mein Alten/
Das Geld will ich wol verwalten/
Pfuy/der Männer zu allen Zeiten/
Die Roß halten/ könens nicht reiten.

C. Der Dichter.

Nit gnug ich mich verwundern kan/
An diesem alten grawen Mann/
Den Cupido und Venus hassn/
Sich mit der Jungfraw mag einlassn/
Der doch an Kräfften eingeschnort/
Und wie ein altes Hew verdort/
Was will der alt Narr richten auß/
Ein ander hat den besten Schmauß.
Johann Mathesius zeiget an/
Ein harte Nuß/ ein stumpffer Zahn/
Ein junges Weib ein alter Mann/
Zusammen sich nicht reimen wol/
Seins gleichn ein jeder nemen soll.

Nürnberg/bey Paulus Fürst/Balthasar Caymox Sel. Erben zu finden.
Gedruckt im Jahr Christi/ 1640.

Satire auf die Liebe zwischen Alten und Jungen. Flugblatt

Andere Fazetienschreiber setzten solchen Anekdoten noch hinzu:

»Aber bei einem alten Schimmel helfen die besten Worte nichts, denn einer jungen Frau im Bett zu dienen, sei wie auf unebener Straße zu ziehen und dazu bedürfe es stets eines jungen Hengstes als Vorspann, um über die Hügel und Gräben hinwegzukommen.« –

Die rein sinnliche Anschauung, die in der Liebe den Geschlechtsakt an die erste Stelle rückte, so daß alles auf dessen Befriedigung hinauslief, führte ganz von selbst dazu, daß man auch möglichst oft dieses Ziel zu erreichen wünschte. Das heißt also: die Unersättlichkeit in der Liebe ist ein charakteristisches Merkmal des Geschlechtslebens der Renaissance. Und zwar gilt das von allen Ländern; vom spanischen und italischen Süden bis hinauf zum englischen und holländischen Norden, vom westlichen Frankreich bis zum südöstlichen Deutschland verfügt man über einen wahren Fuhrmannshunger in der Liebe. Männiglich leidet stets am »Nachthunger« und verfügt über einen geradezu robusten Appetit.

Wie oft man sich bei der Liebe zu Tisch setzen sollte, und wie viel Gänge ein richtiges Mahl zu bieten habe, ist ein überaus beliebtes Thema der Zeit, dem man darum auf Schritt und Tritt in allen Zungen und Formen begegnete, in Sprichwörtern, Rätseln, Zoten, Gedichten, Dialogen, Erzählungen, Schwänken, Gleichnissen und so weiter. Bekannt ist der Luthersche Spruch: »Die Woche zwier, Der Weiber Gebühr, Schadet weder mir noch dir, Machts Jahr Hundertvier.« Aber diese Luthersche Regel ist die bescheidenste Rechnung, die die Zeit aufgestellt hat. Sie erklärt vor allem immer und immer wieder: Ein tüchtiger Mann

Der unermüdliche Liebhaber. Schwankillustration

Der großsprecherische Spanier. Kupferstich von B. Moncornet

steht niemals schon nach dem ersten Gang von Frau Venus Tische auf. »Einmal ist eine Kostprobe«, »einmal ist der Jungfern Vorkost«, »einmal ist ein Versprechen«, »einmal ist die Kost der Kranken«. Also für solche Anspruchslosigkeit hat man kein Verständnis und darum nur Spott. Man stellt an Quantität und Qualität gleich große, das heißt gleich hohe Ansprüche: »Zweimal ist der Herren Weise, dreimal ist des Edelmanns Pflicht, viermal heißt der Frauen Recht.« Und so weiter.

Sind die Frauen zwar der passive Teil, so geben sie den Männern trotzdem an Appetit in der Liebe nicht nur nichts nach, sondern sie sind, wenn man den zeitgenössischen Dichtern und Novellenschreibern glauben darf, im Gegenteil am anspruchsvollsten in der Liebe und unendlich häufiger als der Mann geradezu unersättlich. Und man darf den Novellenschreibern hier ohne Einschränkung glauben, ist dies doch in der Passivität der Frau ganz natürlich bedingt. Gewiß gibt es auch zahlreiche dokumentarisch feststellbare Fälle, in denen sich Frauen über die allzugroßen Ansprüche ihrer Männer beschwerten, aber hundertmal so viel Fälle gibt es, in denen sich die Männer über den unstillbaren Appetit ihrer Frauen beschweren, und deshalb gibt es auch ebensoviel Klagen von seiten der Frauen darüber, daß sie jeden Tag »hungrig vom Tisch der Liebe aufstehen müßten«.

Schon im Mittelalter sagen die Frauen nach einem in allen

Ländern geläufigen Sprichwort: »man dürfe ihren Männern alles nehmen, nur nicht ihre Mannheit.« Die wörtliche Fassung dieses Sprichwortes lautet freilich überall wesentlich derber. Nach einem Merkspruch des 16. Jahrhunderts soll ein Mann in der Liebe haben »des Hengstes Kraft und des Sperlings Emsigkeit«. Ein anderer Spruch aus dem 15. Jahrhundert lautet nach dem Liederbuch der Klara Hätzlerin:

No: Du sollst sein
Ob dem Tisch ein Adler,
Auf dem Feld ein Bär,
Auf der Gassen ein Pfau
In der Kirchen ein Lamm,
In dem Bett ein Aff!

Man vergleiche hiemit Erzählungen wie des Boccaccio »Alibech in der Thebaide« und ähnliche. Die Satire kennzeichnet den großen Liebeshunger der Frauen, indem sie sagt: die Frauen hätten überhaupt nichts anderes im Kopf; man könne mit ihnen reden, was man wolle, auch das Harmloseste, – alles bezögen sie hierauf. Rabelais begründet dies in seiner grotesken Weise also:

»Was Weiber auch sehen, immer glauben, denken und meinen sie, der heilige Ithyphallus stecke dahinter. Jede Geste, jedes Zeichen, jede Bewegung, die man ihnen vormacht, beziehen sie auf den einen Akt, der ihnen unablässig im Sinn liegt. Hier wäre also Irrtum unvermeidlich, denn alle unsere Zeichen würden sie in diesem Sinn deuten. Erinnert euch nur, was zu Rom im Jahre 240 nach der Erbauung passierte. Ein junger, vornehmer Römer begegnete am Fuß des Cälischen Hügels einer römischen Dame, Namens Veronica, die taubstumm war, und fragte sie, ohne von ihrem Gebrechen eine Ahnung zu haben, was für Senatoren sie oben auf dem Hügel getroffen habe, wobei er nach Art der Italiener lebhaft mit den Händen gestikulierte. Sie, die seine Worte nicht vernehmen konnte, bildete sich natürlich ein, er verlange das von ihr, woran sie dachte, und was ein junger Mann von Frauen gewöhnlich zu verlangen pflegt. Sie bedeutete ihm also durch Zeichen (die in Dingen der Liebe ungleich anziehender, wirksamer und zweckmäßiger sind als Worte), seitab in ihr Haus zu treten, und

Der geile Narr.
Kupferstich aus dem 15. Jht.

machte ihm durch Zeichen begreiflich, wie angenehm ihr das Spielchen sein würde. Genug, ohne daß ein Wort dabei geredet worden wäre, wurde tüchtig mit den Bollen gerasselt.« [...]

Am anspruchsvollsten in der Liebe sind jedoch angeblich die Witwen. Das vorgeschriebene Jahr der trauernden Enthaltsamkeit wurde selten eingehalten, so daß bereits im Mittelalter einesteils Strafen darauf gelegt wurden, wenn eine Witwe schon innerhalb der ersten dreißig Tage nach dem Tode ihres Mannes wieder heiratete, und andernteils Belohnungen für solche ausgesetzt waren, die den toten Gatten ein Jahr züchtig betrauerten. So groß war also der Appetit auf die unentbehrliche Ehespeise, daß man es nur mit Hilfe von Belohnungen über sich gewann, daß in der »Werkstatt der Liebe« einige Zeit gefeiert wurde! Weil das allgemein bekannt war, ist auch die Ansicht verbreitet: wer eine Witwe heirate, käme unbedingt zu Hörnern. Ein spanisches Sprichwort lautet: que la jornada de la biudez d'una muger es d'un dia – »die Witwenschaft dauert nur einen Tag«. Ein französisches Sprichwort lautet: »Die Witwentrauer wohnt immer nur im Oberkleid.« Nur das Oberkleid entspricht der Trauer, denn auch als Witwe verzichten die wenigsten Frauen auf die leuchtenden, farbigen Unterkleider, mit denen man die Sinne der Männer verführt. Eine dritte Meinung über die Witwen lautet: Witwen lieben doppelt, denn sie wollen beim zweiten Mann das nachholen, was ihnen der erste versagt hat, und darum ist nichts gefährlicher als eine Witwe zu heiraten, die schon zwei oder gar schon drei Männer gehabt habe. Brantôme hat in seinen Werken ein ganzes Kapitel der Liebe der Witwen gewidmet, und mehr als die Hälfte der von ihm geschilderten Beispiele betreffen die großen Liebesansprüche der Witwen. Die deutschen und italienischen Schwankerzähler wissen gleich viel von dem unbegrenzten Liebesappetit der Witwen zu erzählen.

Das geile Weib und der Narr. Kupferstich aus dem 15. Jht.

Natürlich pochen in dieser Zeit die Frauen auch nicht selten offen auf ihre Geschlechtstüchtigkeit. So nannte sich Margareta von Navarra: »das weiblichste Weib im ganzen Königreich«. Wenn man die literarische Hinterlassenschaft dieser Frau nachprüft, den »Heptamerone«, so ist dies freilich ein ausreichender Beweis dafür, wie richtig sie sich beurteilte. Frauen, deren Phantasie so sehr von Bildern animalischer Wollust gesättigt war, mußten in sich eine förmliche Verkörperung des Geschlechtlichen darstellen.

Daß selbst die alten Frauen noch Ansprüche auf die Umarmungen der Männer erheben, wird im Spanischen mit dem Satz begründet: Ningunas damas lindas ó á lo menos pocas, se hazen viejas de la cinta hasta abajo«. Im Deutschen haben wir dafür das Wort: »Vom Gürtel abwärts altern die Frauen nicht.« Mit dieser angeblichen Tatsache wurde übrigens auch weiter begründet, warum selbst alte Frauen den Männern noch starke Begierden einzuflößen und große Genüsse zu bereiten vermögen.

Illustration zu Sebastian Brants Narrenschiff

Gab es zahlreiche Mütter, die ihren jungen, hübschen Töchtern die größeren Chancen bei den Männern neideten, so erzählen uns die Schwankdichter aber auch von solchen, die eifrig darauf bedacht gewesen sind, ihren Töchtern einen Mann als Gatten zuzuführen, der die Gewißheit bietet, daß er auf dem Turnierplatz der Liebe unermüdlich und allen Strapazen gewachsen ist. Solche Frauen tun das, »weil nach ihrer Erfahrung davon allein ein glückliches Leben abhängt, sofern man sonst mit Glücksgütern gesegnet sei, und jedenfalls könne man eher Reichtum als dieses entbehren«. Und darum horchen solche verständige Mütter – die Novellendichter der Renaissance preisen sie stets als die verständigsten – überall herum nach dem Renommee der heiratsfähigen und heiratslustigen Männer der Stadt. Sie erkundigen sich bei Bekannten, bei Freunden, in der Kirche und auf den Gassen. Auch lassen sie niemals einen Mann

Beineinlage auf einer Zündkrautflasche (Nachzeichnung)

ins Haus kommen und um ihre Tochter werben, bevor sie nicht über diesen Punkt sichere Kenntnis haben. In breitester Weise ist dieses Thema in der italienischen Sprichwörternovelle des Cornazano: »Wenn es an Heu mangelt, tut es Gerstenstroh« behandelt. Die Mutter einer schönen jungen Dame sucht für ihre Tochter nach einem liebesstarken Gatten, und ihre Wahl trifft auf einen mittellosen, aber stattlichen Burschen bloß deshalb, weil von ihm gerühmt wird, daß er im Verkehr mit einer Frau niemals weniger als zehnmal in einer Nacht das Brot der Liebe breche. Die Tochter ist natürlich, wie der Novellenerzähler berichtet, ganz damit einverstanden, daß die Wahl ihres Gatten von solchen Gesichtspunkten aus getroffen wird. Wie richtig solche Mütter handeln, begründet der Verfasser der genannten Novelle damit, daß selbst ein solches Maß von Liebeskraft den Ansprüchen der betreffenden jungen Frau nicht genügte und der Gatte sich nur durch ein derbes Mittel ihrer verliebten Wut zu erwehren vermochte.

Um ihren Minnedurst zu stillen, sind die Frauen unerschöpflich an Listen, und zwar vom ersten Tag der Ehe an. In einem gleichnamigen Gedichte vom Ausgang des Mittelalters ist dies zum Gegenstand eines Schwankes gemacht. Hagen skizziert den Inhalt dieses Schwankes in seinen »Gesamtabenteuern« (Bd. III, S. 95) folgendermaßen:

Männerfang. Kupferstich von Theodor de Bry

»In einem Dorfe wohnte ein Jüngling, geschickt in allen Dingen, Sagen und Singen, dem gefiel vor allen seinen Gespielen die Meierstochter, und mit ihr trieb er so viel Minne, Worte und Werke, daß beide sich täglich lieber wurden. Der Meier aber ward dessen inne, und weil der Jüngling arm war, so verlobte er die Tochter einem reichen Manne, zum bittern Leidwesen der beiden Liebenden. Am Hochzeitstage kamen viele stattliche Frauen und Männer, und darunter auch der Jüngling, welcher, als er zum Reigentanz ging, sich zu der Braut gesellte und lieblich mit ihr kosete. Er bat sie, ihm in dieser Nacht noch eine trauliche Zusammenkunft zu gewähren. Sie willigte ein, und bestellte ihn an dem ersten Schlafe, wo er durch ein Lied, welches er, seit sie zuerst sein Liebchen geworden, so häufig gesungen habe, sich kundgeben solle: sie verhieß ihm den ersten Genuß ihres Leibes, welchen sie ihm so lange bewahrt habe. Da tat der Jüngling einen Freudensprung, und tanzte fröhlich noch bei manchem Tanze vor.

Als die Nacht kam, setzte man sich zu Tische: da war Speise und Trank die Fülle, und zuletzt bekamen je zwei eine Bratwurst. Der Bräutigam saß bis tief in die Nacht und dachte nur daran, sich vollzustopfen. Endlich gings zu Bette. Der Jüngling kam bald an die Tür und sang fröhlich sein Lied. Der Bräutigam lag Weines und Schlafes voll wie ein Schlauch bei der Braut. Diese klagte nun über heftigen Durst auf die versalzene Bratwurst, und wollte zum Wasserzuber gehen. Der Bräutigam erbot sich, ihr Wasser zu holen: die Braut aber hieß ihn still liegen und ihr Bett warm halten; er wollte es erst nicht zugeben, jedoch ließ er sie endlich hinabgehen. Sie ließ nun ihren Trauten herein, und gewährte ihm auf dem Boden neben dem Zuber, was sie ihm gelobt hatte. Beim Anfange rief sie dem Bräutigam zu, sie setze eben zum Trunke an. Ebenso rief sie ihm abermals zu, und er freute sich, daß sie Wassers genug im Zuber finde, und wünschte, daß es ihr wohlbekomme. Nachdem sie zum drittenmale ihren heißen Minnedurst gestillt hatte, entließ sie ihren Trauten, damit der Bräutigam es nicht merke, und ihre Liebe gestört werde: »Maß ist zu allen Dingen gut«. Damit ging sie wieder hin und legte sich zu ihrem Manne, der so voll Schlafes war, daß er nichts von ihrer nächtlichen Brautfahrt inne ward.«

Bei einer solchen, rein auf das Physische begrenzten Anschauung über den Begriff Liebe wird dem Mann begreiflicherweise nichts schwerer angerechnet, als wenn eine Frau in ihren Erwartungen getäuscht wird, wenn der Mann häufigere Liebesscharmützel in Aussicht stellt, als er nachher einzuhalten vermag. Die Klagen aus Frauenmund über solche Großsprecherei sind ein

Der untüchtige Ehemann. Anonymer deutscher Holzschnitt aus dem 16. Jht.

häufiger Gegenstand der Satire. In dem Fastnachtsspiel: »Der neue Offizial« kommt eine solche Beschwer vor. Die dritte Frau klagt:

Herr der Official, hört mich auch!
Mein Mann ist ein törichter Gauch,
Der sagt des Tags viel von Sachen,
Wie er des Nachts oft auf woll machen.
Wenn wir dann zusammen kommen ins Bett,
So denk ich dran, was er hat geredt,
So liegt er still und ist versiegen,
So wär mir lieber, er hätt' geschwiegen
Und gehieß mir eins und geb' mir drei;
Das wär eine rechte Mannstreu.

Auch in der gezeichneten Satire ist dies ein mehrfach vorkommendes und meist mit Behagen behandeltes Motiv. Sei es, daß der Mann als Großsprecher von seiner Frau verlacht wird, sei es, daß sie ihn als Holzklotz aushauen läßt, »weil er nicht wisse, wie man gen Frauen streite und im Bett gleich einem Holzklotz liege«.

Als die allergrößte Beleidigung jedoch, die man in der Renaissance einer Frau antun kann, gilt, wenn »die Tücke des Objekts« den Mann dazu zwingt, die Minute des Glücks ungenützt vorübergehen zu lassen. Über solche Unglücksfälle der Liebe wird von den Frauen stets die volle Schale des Zorns ausgegossen; sie erblicken darin die größte Demütigung. Brantôme notiert mehrere solcher historischer Unglücksfälle, die gewöhnlich damit endigten, daß die dermaßen gedemütigte Frau denselben Mann, dem sie eben noch bereit war, die letzte Gunst zu gewähren, hinfort mit ihrem tödlichen Hasse verfolgte. [...]

Der Zweck der Monogamie [...] hat überall und in allen Zeiten zu der prinzipiellen Forderung der vorehelichen Keuschheit geführt. In der Praxis wurde diese Forderung freilich immer nur gegenüber der Frau geltend gemacht. Von der Frau forderte der Mann als erste und höchste Qualität ihrer Person, daß sie in der Hochzeitsnacht von dem Gatten physisch unberührt befunden werde. Nur der Gatte sollte Anspruch auf den Genuß ihrer Jungfrauschaft haben. So ideologisch diese Forderung an die Frau auch stets verklausuliert worden ist, so spiegelt sich darin, wie wir ebenfalls schon im ersten Kapitel gesagt haben, doch

Illustration zu Ovids Verwandlungen

nichts sonst als der materielle Grundzweck der Monogamie: die Legitimität der Erben. In dem Umstande, daß der Bräutigam die Braut in der Hochzeitsnacht in jungfräulichem Zustande vorfindet, hat er die erste Garantie, daß die Frau auch die Treue bewahren wird, und daß die Kinder, die der Ehe entspringen, die Frucht der Umarmungen des Gatten sind. Für den Bräutigam gibt es daher in der Hochzeitsnacht keine peinlichere Überraschung, als wenn er die Entdeckung macht, »daß es die Braut schon mit einem andern versucht hat«. Im Freidank heißt es:

»Noch besser wär eines Igels Haut
Im Bett, als eine leide Braut.«

Die hohe Wertung der physischen Jungfrauschaft des Weibes – daß man in ihr die höchste weibliche Tugend erblickte – trat in der Renaissance in zahlreichen zum Teil überaus derben Sitten und Hochzeitsgebräuchen in Erscheinung, die alle darauf hinausliefen, jede Frau in dieser Richtung vor aller Welt als »würdig« oder »unwürdig« abzustempeln. Der unbefleckten Jungfrau sollte dadurch eine Ehrenkrone ums Haupt geflochten werden, die beim Eheschluß physisch nicht mehr intakte Frau sollte dagegen in den Augen der Mitbürger herabgewürdigt werden.
Die am meisten verbreitete Unterscheidung bestand darin, daß die würdige Braut mit einem Brautkranz geschmückt vor den Altar treten durfte, sie trug »die Ehrenkrone der Keuschheit«.

Die Ehe, ein gewagtes Spiel. Frankfurter Kupferstich von Abraham Aubry, 17. Jht.

piel,
Verliebten,
personen
1
2
3.
doch teufelsboß darbey,
gts, das dem alsosey.
ön, erbar reich ohn masse,
er könnt ein solche lasse,
leichen lebet nicht,
nichts als ein gedicht,
ht=) dran mit der Lederfeile,
Das weist Cupido hie mit Bogen und dem pfeil.
Den Er hat auffgelegt, zu schiessen nach dem Ziel,
Daran sie sich versehen, und das sie haben wil.
Vnd wenn ich tausend nänndt so wirds an etwas fehlen
Drumm unterlaß ich hie der mehre her zu zehlen.
Bleibt also wol darbey = wer sich beweiben wil,
Der thut ein blinden griff, hat ein gewagtes Spiel
Dem Sprüchwort gantz gemäß = Der,
welcher sich verbunden,
Durch Lieb' an eine Dam, hat nur
Zwo guter Stunden:
Die erste wen̄ man ihm zu seiner Liebstē legt.
Die Zweyte, wenn man sie von Ihm
Zum Grabe tragt. I. G. S. V. R.
Aubry fecit. Et Excudit Francofurti

Die weinende Bauernbraut. Kupferstich von Crispin de Passe

Das Kränzlein aus frischen Blumen – das Schapel oder schapelin – ist das Zeichen der Jungfräulichkeit. Reine Bräute durften auch das lange Haar offen und lose tragen. Dagegen mußte die Frau, von der es bekannt geworden war, daß sie schon vor der Hochzeit geschlechtlichen Verkehr mit einem Manne gepflogen hatte, und wäre es auch nur ihr Bräutigam gewesen, sich mit einem Schleier begnügen. In einem Volkslied aus dem 15. Jahrhundert verweigerte eine Maid mit dem Hinweis auf diese Brandmarkung einem Buhlen den Zutritt in ihre Kammer:

»Wohl ist nun, der da klopfet an?
Ik lat et doch nicht herin.
Wenn ander Mägtlein Kränze tragen,
Ein Schleier müßt ich tragen.
Ik schämte mir sehr, ik schämte mir sehr,
Je lenger, je mehr,
Von Grund aus meinem Herzen.«

In Nürnberg mußten »gefallene« Mädchen sogar mit einem Strohkranz auf dem Haar den Kirchgang vollziehen, und der Spott streute ihnen am Hochzeitstag Häckerling vor die Haustüre und nannte sie »eine versuchte Dirn«. In Rothenburg o. d. T. bestand die Kirchenbuße darin, daß die »leide Braut« mit einem Strohzopf geschmückt vor der Kirchentüre stehen mußte und der Verführer an drei Sonntagen hintereinander in einem Strohmantel in der Kirche zu erscheinen gezwungen war. Auch mußte er seine Geliebte in einem Karren im Ort herumfahren, wobei dann beide von den Leuten mit Schmutz beworfen wurden. Im Sprichwort sagte man von den Frauen, die unehelich geboren hatten: »Sie ist schon vor dem Kyrie eleison zum Opfer gegangen«, oder noch höhnischer: »Die hat schon ein Hufeisen verloren«. Besonders das letztgenannte Sprichwort ist sehr geläufig gewesen, und man begegnet ihm noch heutigentags. Die erste Fassung: »Sie hat schon ein Eisen abgerannt«, finden wir in einem Fastnachtsspiel aus dem 15. Jahrhundert. Ein junger Bursche erklärt, daß er eine solche Dirn nicht zur Ehe wolle, denn da sei man der Treue nie sicher, alldieweil die Katz nicht vom Mausen lasse. Die betreffende Stelle lautet:

Es kam eine hübsche Dirn zu mir
Und sprach: Ich hab groß Lieb zu dir
Und will dich nehmen zu einem ehlichen Mann,
Wie sehr ich wider mein Freund würd' tan.
Da kam einer, der mir viel Guts gant,
Und sprach: »Sie hat ein Eisen abgerannt.«
Da gedacht ich: Laß den Wind hinfür saußen!
Die Katz die läßt nicht von ihrem mausen.
Darum wer greifen wöll zu der Eh,
Der wiß recht, womit er umb geh...

Die Schönheit macht alle zum Narren.
Kalendervignette aus dem 16. Jht.

Die Vergewaltigung der Lukretia. Kupferstich von Georg Pencz

Dort wo das Kleinbürgertum politisch herrschend war, also in den auf der Blüte des Handwerks aufgebauten Städten, hat es allen diesen Forderungen und Anschauungen sogar gesetzgeberischen Ausdruck verliehen. Die geschilderten Volksbräuche wurden nicht nur als offizielle Kirchenbußen sanktioniert, sondern sogar gesetzlich festgelegt. Außerdem wurden solchen »vergriffenen Eheleut« bei der Hochzeitsfeier eine ganze Reihe Beschränkungen auferlegt: Sie durften nur eine bestimmte Anzahl von Gästen laden, beim Hochzeitsessen nicht über eine gewisse Zahl Gerichte hinausgehen und die Feier nicht so lang ausdehnen wie »würdige« Hochzeitsleut. Auch mußten sie an einem für Hochzeiten nicht üblichen Tag – in Memmingen z. B. am Mittwoch – sich trauen lassen. Dem Mittwoch haftete nach der Volksanschauung ein Makel an. In den betreffenden Ratserlassen nannte man auch ganz offen den Zweck dieser Bestimmungen: daß die Betroffenen dadurch öffentlich gebrandmarkt werden sollten. In einem Nürnberger Ratserlaß aus dem 16. Jahrhundert, der bis ins 17. Jahrhundert hinein immer wieder erneuert wurde, und der sich ausschließlich gegen das Laster des schmählichen »Jungfrauenschändens« richtete, heißt es: sol-

ches geschehe, damit »beide Eheverlobte in ihrem sonderbaren, ihnen selbst zugezogenen Spott und Schande ... vor männiglich erkennt und offenbaret werden«. Und nicht genug damit: man verhängte sogar über beide Teile empfindliche Leib- und Geldstrafen, die um so größer waren, wenn der voreheliche Geschlechtsverkehr eines Brautpaares erst nach der Hochzeit offenbar wurde, sei es durch eine frühe Geburt oder durch nachträgliche Denunziation. Die Strafe war deshalb größer, weil »sie die Kirchen und Gemein Gottes mit ihrem Verschweigen betrogen, und solches nicht zuvor den Schaffnern in den Pfarrhören offenbaret«, wie es in dem eben zitierten Erlaß heißt; sie hatten sich Ehren angemaßt, auf die sie keinen Anspruch hatten. Auf daß das edle Denunziantentum nicht aussterbe und immer rührig beim Werke sei, so daß die »Ungerechten« streng von den »Gerechten« geschieden werden konnten, wurde dem Denunziant ein Drittel der verhängten Geldstrafe zugesichert. Verschiedene Erlasse bestimmten sogar, daß bei »begründeten« Denunziationen die Braut verpflichtet sei, sich durch zwei vom Rat beorderte weise Frauen leiblich untersuchen zu lassen, »ob sie sich noch in dem ehrbaren Zustande der Jungfrauschaft befände«. Solange eine Braut die geforderte Leibesvisitation weigerte, hatte sie kein Anrecht auf eine würdige Hochzeit. Auf demselben Weg durfte sie sich aber auch freiwillig von einem aufgetauchten Verdacht reinigen.
Eine in unseren Augen noch brutalere Anschauung kommt in dem Hochzeitsgebrauch zum Ausdruck, durch den in verschiedenen Ländern und Gegenden jede Braut öffentlich erwies, oder zu erweisen verpflichtet war, daß sie als keusche Jungfrau das Hochzeitsbett bestiegen hatte. Dieser Gebrauch bestand darin, daß das mit den Spuren der Entjungferung befleckte Leintuch oder Hochzeitshemd der Braut am Tag nach der Hochzeit triumphierend zum Fenster hinausgehängt oder -gehalten wurde. Nur durch diesen dokumentarischen Beweis galt bei den Nachbarn und Freunden die Unbescholtenheit der Braut als vollgültig erwiesen: daß »das Tor der Festung« nicht nur erst vom Bräutigam erbrochen worden war, sondern daß auch ihm dies Recht erst in der Hochzeitsnacht gestattet worden war. Und je offenkundiger die Spuren der durch den Bräutigam vollzogenen Entjungferung im Leintuch oder Hemd zu sehen waren, um so protziger wurde das blutbefleckte Linnen den Nachbarn zur

Die Katze im Sack kaufen. Deutsches Sprichwortflugblatt aus dem 17. Jht.

Sack.
Sie achtens auch nicht im gewissen
Wem sie betrogen vnd beschissen
Die Katzen im sack verkauffen sie
Wer ihr vertrawt dass merck alhie
Hinweg dich pack
du hast die katz im sack
Itzt ietzt lieb ich dich
hernach aber wenig
Viel falscher Waar
legt dieser dar
Mit manchen pack
Katzen in dem Sack
rven achte ich nicht gleich ein natürlich angesicht
dem Pack
katz im sack
mit krumen pellen
h frey stellen
im sack sitz still
uff betreugt ihr viel
nach diesem sicht
r schadt gescicht
ndt zusammen pack
mehr im Sack
Gleich alss mir kurtz geschehen ist
Die Katz im sack verkaufft mit list
6 Diss hat gedhan diss weibs persohn
Die ietzt ist ein Meister darvon
Ward in der Eil von ihr bedrogen
Wass ich vermeint war mir entflogen
Hett ich mich besser fürgesehen
Es möcht vielleicht nicht sein geschehen
Diss heist siehe zu vor den geschmack
Sonst hast gewiss die Katz im Sack
Ich klagte mein verlust mit leid
bekame darauff ein solch bescheidt
Ich wehr so alt vnd woller fahren
Im besten verstandt von mein Jahren
Ob ich ein Katz im Sack gekaufft
die meinem Beutel dass Haar aussraufft
Weill ich nun diesses mit meinem schaden
hab klar erfahren will es keinem rathen
Es sey ein Herr Fraw oder Knecht
Der sehe sich für so geschicht im recht
Gerhart Altzenbach Ex.

Die Vergewaltigung der Lukretia. Kupferstich von Hendrick Goltzius

Schau gestellt, denn um so größer war der Ruhm der Keuschheit einer Braut. Brantôme berichtet über diesen Gebrauch in Spanien:

Es gibt noch ein anderes Mittel, dessen die Frauen sich zum Beweis ihrer unbefleckten Jungfrauschaft bedienen: nämlich am Morgen nach der Hochzeit die blutigen Spuren des Kampfes zu zeigen, wie man es in Spanien macht, wo das befleckte Linnen öffentlich zum Fenster hinausgehalten und laut gerufen wird: »Virgen la tenemos!« (»Wir halten sie für eine Jungfrau!«)

Aus Aretin und aus verschiedenen anderen Novellenerzählern erfährt man, daß dieser Brauch in Italien in ähnlicher Weise gehandhabt wurde. Auch in Schwaben herrschte dieser Brauch, wenn auch in indirekter Form. Wenn dort ein Mann seine Gattin beschuldigte, bei der Hochzeit von ihm nicht mehr als Jungfrau befunden worden zu sein, so durften oder mußten die Eltern der Braut den Gegenbeweis antreten. Dieser wurde darin befunden, daß man »ihr junckfraulichen Zaichnn«, nämlich das blutbefleckte Leintuch des Hochzeitsbettes vor Gericht brachte. Hatte der Mann Unrecht, so wurde er zu einer Geldbuße und zu 40 Hieben verurteilt. Hatte er aber Recht, so wurde nicht nur aus der Heirat nichts, sondern die Braut wurde obendrein aus dem Elternhause verstoßen, »darum daß sie Hurheit pflegen tat in ihres Vaters Haus«.

Wir können diesen Brauch übrigens auch heute noch nachprüfen, indem er sich in verschiedenen slawischen Ländern bis in unsere Gegenwart herein erhalten hat. Dies gilt zum Beispiel von manchen Gegenden Rumäniens. Über die dort noch üblichen Hochzeitsgebräuche berichtet ein Landeskundiger unter anderm folgendes:

»Die im Brautzimmer gemachten Entdeckungen in Bezug auf die Ehrenhaftigkeit des Mädchens behält der Mann vorläufig bei sich. Erst nach Verlauf von drei Tagen, wenn sie die Verwandten der Frau besuchen, darf die Sache zur Sprache gebracht werden. Dieser Gang heißt »der große Weg«, weil auf demselben den Eltern viel Schande oder viel Ehre widerfährt. Ward das Mädchen in unbeflecktem Zustande befunden, so herrscht die ausgelassenste Freude darüber und die Eltern werden reichlich bewirtet, bei welcher Gelegenheit das Hemd der Braut mit den sichtbaren Zeichen ihres Vorlebens auf einer Schüssel herumgereicht wird, dem jeder dadurch seine Ehrenbezeugung leistet, daß er ein Geldstück hineinwirft. Dies erfolgt aber nur bei gewöhnlichen Leuten, bei vornehmen findet die Besichtigung des Brauthemdes nur durch die Schwiegereltern statt.«

Deutsches Stammbuchblatt, 1648

Der unterjochte Ehemann. Holzschnitt von Lucas van Leyden, 16. Jht.

Die gleiche Einschränkung, die der betreffende Verfasser am Schluß erwähnt, gilt auch für früher. Die öffentliche Ausstellung des blutbefleckten Brauthemdes war meistens nur beim niederen Volke Sitte, während bei den Vornehmen diese Zeremonie innerhalb des Hauses stattfand und dazu nur die nächsten Verwandten, vor allem die Eltern der Braut und die besten Freunde, geladen wurden. Zu dieser Zeremonie geladen zu werden, galt darum als eine besondere Ehre.

Natürlich haben solche Gebräuche dort, wo sie sich länger erhalten haben, allmählich immer mehr eine symbolische Form angenommen, indem man nicht bloß die wirklichen Spuren zur Schau stellte, sondern zum mindesten die stark retuschierten Spuren. Daß man dazu, selbst dort, wo keine betrügerische Absicht zugrunde lag, sehr früh gelangen mußte, liegt auf der Hand. Denn die Erfahrung lehrte die Menschen doch sehr bald, daß durch die Entjungferung sehr häufig absolut kein »Blutbad« angerichtet wurde und trotzdem über die Jungfräulichkeit der betreffenden Frauen doch nicht der geringste Zweifel walten konnte.

Die hohe Wertschätzung der physischen Jungfräulichkeit erhellte schließlich noch der Umstand, daß in verschiedenen Ländern und Klassen eine Frau nach der allgemeinen Anschauung durch den Verlust ihrer Jungfrauschaft minderwertiger wurde. Darum konnte sie auch häufig Entschädigungsansprüche an den stellen, der sie, ohne sie zu heiraten, dieses wichtigen Schatzes beraubt hatte. Andererseits konnte ein Mann bei einem Mädchen, das nicht mehr jungfräulich war, von den Eltern eine größere Mitgift beanspruchen. –

Alles das und auch der Umstand, daß die öffentliche Meinung in der Renaissance von diesen Anschauungen absolut nicht abwich, hinderte jedoch nicht, daß in der Renaissance auch von den Frauen in besonders starkem Maße gegen das Gebot der vorehelichen Keuschheit verstoßen wurde. Mit einer allgemeinen erotischen Expansion ist eben untrennbar eine Zunahme des vorehelichen Geschlechtsverkehrs bei beiden Geschlechtern verknüpft. Gewiß hatten in kleinbürgerlichen Kreisen die vorhin genannten und hauptsächlich auf deren Interessen zugeschnittenen Moralanschauungen zu allen Zeiten die höchste Geltung und das größte Ansehen, denn die wirtschaftliche Existenz des Zunftbürgers setzte ja die solideste Form der Ehe voraus. Aber wenn sich auch die meisten Bürgerstöchter damals genau so wie sonst vor der Gefahr einer öffentlichen Brandmarkung aufs ängstlichste fürchteten, weil ihnen eine solche bei dem engen Kreise, in dem sie lebten, gewöhnlich durchs ganze Leben anhaftete, so blieb doch das heißer drängende Blut bei unendlich vielen »ehrbaren Töchtern« Sieger. Und die Interessen der kleinbürgerlichen Geschlechtsmoral konnten sich nur in der Weise durchsetzen, daß der äußere Anstand gewahrt wurde. Was dies damals freilich für eine Sache war, »der äußere Anstand«, das werden wir weiter unten noch näher an verschiedenen ergötzlichen Beispielen kennen lernen...

Die Zeit trieb das Blut heißer durch die Adern und füllte die Sinne mit stürmischerem Begehren bei Mann und bei Frau. In dem Maß, wie das Raffinement wuchs, die Gefahr zu umgehen, wuchs daher auch bei den Frauen die Bereitwilligkeit, den Einflüsterungen der Sinne leichter nachzugeben und die Genüsse der Wollust zu kosten, die von dieser Zeit mehr als von einer andern als die verlockendsten des Lebens gewertet wurden. Und deshalb ist der voreheliche Geschlechtsverkehr der Frauen in der Renaissance in den meisten Schichten des Volkes ganz zweifellos an der Tagesordnung gewesen. Es gibt in der Literatur jedes Landes eine ganz außerordentliche Zahl von zeitgenössischen Urteilen, die diese Ansicht direkt aussprechen. Und ebenso gibt es eine ganze Anzahl Umstände und Erscheinungen, die die Wahrscheinlichkeit zur Gewißheit erheben.

In der Literatur finden sich sogar zahlreiche Dokumente, die dazu verleiten könnten, zu verallgemeinern und zu sagen: Nur die wenigsten Frauen sind damals als Engel von unbefleckter Reinheit in die Ehe getreten.

Wir wollen uns hier mit einigen wenigen Proben begnügen, die von dem vorehelichen Geschlechtsverkehr der Mädchen Kunde geben. In den Fazetien des Heinrich Bebel befindet sich unter dem Titel: »Vom Mägdlein, dessen Jungfrauschaft verloren war«, das folgende Stück:

Es beichtete einst ein Mägdlein und bekannte, wie es auch die Jungfernschaft verloren habe. Darüber wurde der Beichtvater gewaltig böse, schimpfte und wetterte und verglich damit andererseits die herrliche Krönung der Jungfrauschaft im Himmel. Er machte ein langes und breites daher, erzählte viel von der edlen Burg der Jungfrauschaft und warum es sich dieses edle treffliche Schloß so leicht habe aufschließen lassen. Das beichtende Mädchen wurde ganz ungeduldig und meinte: »Glaubet nicht, ehrwürdiger Beichtvater, daß es ein gar so festes Schloß gewesen ist! Ein jeder Bauernknecht im Dorf kommte es ja aufschließen und es haben's auch ihrer nicht wenig aufgeschlossen.«

Für Italien behauptet Cornazano in der Sprichwortnovelle: »Wer dabei ist, dem gesegne es Gott«, daß es keine Jungfrau über zehn Jahre gegeben habe. In dieser Novelle erklärt nämlich ein Bischof seinen Zuhörern folgendes:

»Bevor ich Bischoff geworden bin, bin ich auch Beichtvater gewesen, und niemals hat mir ein Dirnlein, das über zehn Jahre alt war, nicht zu gestanden, mindestens zwei schon gehabt zu haben.«

Von Frankreich berichtet eine Erzählung von Tünger ähnliches:

Ein deutscher Edelmann, der leidlich französisch sprach, ritt über die Brücke von Avignon in die Stadt. Da sein Pferd übermüde war, begann es zu straucheln als es über die Brücke ging. Eine Jungfer von augenscheinlich losen Sitten mußte über den Anblick lachen und machte sich über den Ritter weidlich lustig. »Ah, Madame«, meinte sarkastisch der Gefoppte, »das Straucheln meines Pferdes wird Ihnen kaum sonderlich erscheinen, wenn Sie bedenken, daß das Tier solches jedesmal tut, wenn ihm eine Hure begegnet.« »Hollah!« versetzte daraufhin die Lose, »wenn dem so ist, dann

Die züchtige Ehe. Frankfurter Kupferstich aus dem 17. Jht.

Der Liebeskalender. Deutscher Kupferstich aus dem 17. Jht.

Ehe daß mein alter Kam daher
So War dis auch mein stets beger.
Das Alter briengt die Kindheit mitt
Von solcher sach weiß ich nun nitt,
Drumb denck ich noch der Zeit
Daß ich daran Hatte ein frewd.
Ach. Thut man Solche sachen noch
Gott woll sich deß Erbarmē doch
Mich gedenckt das ichs auch pflag
Ach, ach, ach. Thut man daß noch
denckt auch noch der Liebe Zeit,
Ich hieran hatte Lust vnd frewdt,
ander weil mein Jahren kommen,
t dieser Lust benomen,
Dencke der sachen nicht mehr nach,
h Ich in Jungen Jahren Pflag
Ist die Lieb bey vns albeyden
roß, biß Sie der Thot thut scheiden.
Der Eytelkeit sampt Ehr: vnd pracht
Versag ich ab mit aller macht
Den meine Jahren sind Dahin
Mir ist Geschwächt mein muth vnd Sinn
Von alterthumb bin ich ein Kindt
Verschrümpften vnd den mit augen blindt
Gleich wie ihr seyd, so war Ich auch
Nuhnaber ist vollend mein Lauff.

reiten Sie keinen Schritt weiter in die Stadt hinein, denn sonst werden Sie sich das Genick abstürzen.«

Die Zahl solcher Zitate ließe sich aus jedem Lande mit leichter Mühe verzehnfachen. Denn es gibt nicht einen einzigen Novellendichter, Fastnachtsspieldichter, Schwanksammler oder Satiriker, der nicht zahlreiche solcher Stücke seinen Lesern auftischt. Gewiß kommt in den beiden letztgenannten Stücken die Sprache der übertreibenden Satire zu Worte, aber dadurch wird das Bild der Zeit nicht gefälscht, sondern nur das Wesen der Zeit ins Relief gerückt...

Ein wichtiger Grund dafür, daß dem Drängen der Zeit leichter als sonst nachgegeben wurde, war die Leichtigkeit des Eheschlusses zu jener Zeit. Wurde doch dadurch die Gefahr der öffentlichen Brandmarkung in erheblichem Maße außer Wirkung gesetzt. Solange die kirchliche Trauung nicht zwingendes Gesetz war – und wie wir bereits gesagt haben, hat man sich überall sehr stark und sehr lange dagegen gesträubt –, solange genügte ein einfaches, gegenseitiges Ehegelöbnis, in Deutschland das »Handgeben und Zusagen« zweier Personen verschiedenen Geschlechts, damit die Ehe als gültig geschlossen betrachtet wurde. Folgte darauf der Beischlaf, so galt die Ehe auch als vollzogen. Es bedurfte also für die Rechtsgültigkeit des Eheschlusses weder einer öffentlichen Bekanntmachung, noch der Abfassung eines Ehekontrakts; und selbst bei jugendlichen Ehekandidaten war nicht einmal der Heiratskonsens der Eltern oder Vormünder absolut erforderlich. Die Folge davon war, daß überall eine Unsumme von sogenannten »Winkelehen« entstanden, die die Kirche anerkennen mußte, so sehr sie sich auch dagegen sträubte. Wenn man nun aber demgegenüber ebenfalls feststellen muß, daß damals die Zahl der von Frauen gegen ihre Männer wegen böswilligen Verlassens eingereichten Klagen geradezu Legion war und dieser Zustand ein Jahrhundert lang förmlich eine allgemeine Kalamität darstellte, so folgt daraus wiederum nichts anderes, als daß es sich in den meisten dieser Winkelehen um nichts anderes handelte, als um die Form, in der Mann und Frau ihren heißen sexuellen Begierden gefahrlos im Rahmen der Gesellschaft freien Lauf lassen konnten. Eine andere Schlußfolgerung läßt die notorische Tatsache, daß die Frauen in der Mehrzahl der Fälle die Betrogenen und Verlassenen waren, nicht zu.

Deutsche symbolisch-erotische Karikatur. Kupferstich, 1600

Ein zweiter Umstand, der die außerordentliche Häufigkeit der Fälle belegt, in denen auch die Frauen dem vorehelichen Geschlechtsverkehr nicht abhold waren, ist das blühende Gewerbe der Herstellung künstlicher Jungfernschaften. Diese »Kunst« kannte nämlich schon die Renaissance, und nicht erst das Rokoko oder gar erst die Gegenwart. Die Apotheker und Kräuterhändler haben damals alle mit adstringierenden Salben und mit Mitteln gehandelt, durch die eine verletzte Jungfrauschaft immer wieder verschleiert werden konnte, so daß der neue Geliebte oder der Gatte nicht nur allgemein in den Glauben versetzt wurde, die erste Blüte der Unschuld gebrochen zu haben, sondern auch deutliche Spuren für diese scheinbare Tatsache zu sehen bekam. Durch solche Mittel, sagte ein Sprichwort, »blieb man solange Jungfer, als der Bauch schwieg«. Bei Aretin kann man die derbe Schilderung der Anwendung eines solchen »Jungfernerneuerungsmittels« nachlesen, und dabei erfahren, wie ein Bräutlein, das im Liebes-A-b-c schon alle Buchstaben durchgeprobt hatte, dadurch selbst den wohlbegründetsten Verdacht niederschlug und förmlich zu einem Vorbild der Keuschheit avancierte. Und gar schwunghaft muß dieser solide Handel

Das lied/Ein maydlein an dem laden ſtund.

¶ Ein maydlein an dem laden ſtund/es ſchrey vberlaut/ het ich ein jungen knaben/der mir die lauten ſchlüg/vnd ein klaines geyglein mit jm trüg.

¶ Das erhört ein junger knab/ein waydellicher geſel/er ließ jm an geygen machen/von ſilber vnd rotem gold/O wee liebes maydlein wie bin ich dir ſo hold.

¶ Do das geyglein gemachet wardt/do trat er der lieben für die thür/vnd biſt du feines lieb dinne/ſo trit zu mir her- für/O wee liebes maydlein wie gefal ich dir.

¶ Du gefelſt mir auß der maſſen wol/mit dir wil ich dar- von/mit dir vber die hayde/meinen freünden zu ſpot vnnd layde/O wee liebes maydlein es wirdt dir layd.

¶ Do ſy vber die hayde kam/es daucht ſich müde/het ich vier Roß vnnd wagen/der mich ein klaine weyl trüge/O wee lieber Hanß wie bin ich ſo müde.

¶ Vier Roß vnd wagen vermag ich nit/ich vermag ein bettelſack/mag er dich gehelffen/ich henck dir jn an den halß/O wee liebes maydlein ſo hab dir das.

¶ Des bettelſacks des wil ich nit/ich bin kain bilgerin/ich bin eins Malers töchterlein/dort niden an dem Rein/O wee lieber narr was wil ich dann dein.

¶ Do es an die klayder gieng/das maydlein trawret ſeer/ſo wil ichs meiner mutter ſagen/das ich hab verloren meine er/O wee liebe mutter ſo zürn nit ſo ſeer.

¶ Der vns das liedlein newes ſang/von newen geſungen hat/das hat gethan ein Salzburger Got geb jm ein fein ut jar/O wee liebes maydlein nym jn beym har.

Volkslied. Fliegendes Blatt aus dem 16. Jht.

betrieben worden, immer rege muß die Nachfrage gewesen sein, denn immer wieder erfährt man von den Chronisten auch noch, daß die Apotheker gerade durch den Verkauf solcher Mittel zu größerem Vermögen gekommen seien. Darum handelten auch nicht nur die Apotheker und Kräuterhändler mit solchen Mitteln, sondern ebenso zahllose Quacksalber, weise Frauen und auch viele fahrende Schüler, weil es sich eben so gut rentierte, weil die Nachfrage nicht abriß. [...]

Weil man also in der öffentlichen Meinung mit Hilfe eines keuschen Benehmens und der billigen Mittel des Quacksalbers meistens doch so lange Jungfrau blieb, »als der Bauch schwieg«, so war auch die Schwangerschaft das, was man am meisten fürchtete; denn erst in ihrem Gefolge trat die gefürchtete gesellschaftliche Acht bestimmt auf. Diese Furcht vor der Schwangerschaft spricht sich überaus rührend in einer ganzen Reihe von Volksliedern aus. Ein Beispiel eines solchen ist das folgende, das schon aus dem 15. Jahrhundert stammt, sich aber, wie man aus den erhaltenen Abschriften sieht, auch das ganze 16. Jahrhundert hindurch erhalten hat:

Und wölt ihr hören singen,
Singen ein neues Lied,
Von einem Schreiber kleine,
Er freyet ein Mägdlein reine,
Fürwahr, fürwahr, er hatt' es lieb.

Er gab ihr ein rot Röcklein,
Warum so that er das?
Kundschafft wollt er machen,
Und bei dem Mägdlein schlafen,
Bey ihr in ihrem Schlaffkämmerlein.

Des Nachts wohl um die halbe Nacht,
Der Schreiber kam daran,
Er klopfet mit seinem Fingerlein,
Wohl auf des Mägdleins Kämmerlein,
Die Thür ward aufgethan.

Da lagen die zwei beieinander,
Das Mägdlein zu ihm sprach:
Und wenn man das vernehme,
Daß ein Kindlein nachkäme,
Wer soll der Vater sein?

Ach mein Hertzallerliebste,
Und sorgt ihr für das Kind,
Das Kind will ich versorgen,
Mit Silber und mit Golde,
Ich will der Vater sein.

Und da die Sach vollendet war,
Nun rath, wie fuhr es da?
Der Schreiber zog aus dem Lande,
War das nicht große Schande?
Fürwahr, es ist mehr geschehen.

Der unbekannte Dichter hat recht: »Fürwahr, es ist mehr geschehen.« Es ist jeden Tag geschehen, daß die Mägdlein sitzen

Gebärende Frau. Augsburger Holzschnitt, um 1540

blieben mit einem Kindlein im Arm oder unter dem Herzen, dessen Vater in die weite unbekannte Welt gezogen war, – in der »guten alten Zeit« noch häufiger als heute. Wir haben genügende Beweise dafür. Um nur einen zu nennen: Dadurch, daß die Zunftmeister in ihre Statuten die Bedingung aufnahmen, daß nur die ehrlich und ehelich Geborenen als Lehrlinge aufgenommen werden durften, wollten sie sich freilich nur die unbequeme Konkurrenz auf die für die damalige Zeit einfachste Weise vom Halse halten, aber deshalb erweist die Tatsache der ständigen Verwendung dieser Formel und die Möglichkeit, damit erfolgreich operieren zu können, doch, daß die Zahl der unehelich Geborenen ganz ungeheuer groß gewesen sein muß.

Weil aber die Zahl der unehelichen Schwängerungen damals so groß war, darum hat die gute alte Zeit außer dem blühenden Handel mit probaten Mitteln zur Wiedererlangung einer soliden Jungfrauschaft noch eine zweite »Kunst« mit starkem klingenden Erfolg betrieben, nämlich die Kindsabtreibung. Fürwahr, auch das ist »mehr geschehen«!

Viel, viel mehr sogar, als sich selbst jene träumen lassen, die in unseren biederen Altvordern nicht ohne weiteres Mustermenschen von keuscher Zucht und Sitte erblicken. Will man einen überzeugenden Beweis, so hat man ihn schon, wenn man die lange Liste der seit uralten Zeiten im Volke üblichen Mittel »gegen Blutstockungen« aufstellt. Diese Liste ist schon in der Renaissance fast endlos und umfaßt Hunderte von angeblich »untrüglichen« Mitteln, die von allen weisen Frauen den Mägdlein empfohlen wurden, die nicht an Tag kommen lassen wollten, daß ihre Jungfrauschaft in die Brüche gegangen war. Wir haben ein Verzeichnis vor uns, das rund zweihundertundfünfzig solcher Abtreibemittel enthält; Pflanzenabkochungen usw., die regeltreibend wirkten. Waren über zahlreiche dieser Mittel auch ganz abenteuerliche Anschauungen verbreitet –, vom Diptam zum Beispiel heißt es, »er wirkt so stark, daß man es nicht einmal auf das Bett einer Schwangeren legen dürfe« –, und waren wieder andere höchst harmloser Art, so befanden sich darunter doch auch die gefährlichsten Abtreibemittel. Und gerade sie genossen die weiteste Verbreitung und das größte Vertrauen. Es seien in dieser Hinsicht nur das »Mutterkorn« und der »Sadebaum« genannt. Über die Verwendung des Sadebaums hat man die meisten Nachrichten. Wie groß der Glaube an die Wirkung des Sade- oder Sevenbaums war, belegen uns schon überaus deutlich seine verschiedenen Namen: Jungfernpalme, Jungfernrosmarin, Kindermord, Mägdebaum. Er war in der Tat bei den Mädchen und Frauen das populärste Abtreibemittel; der liebebedürftigen Frauen und Jungfrauen ständiger Trost und letzte Hoffnung. Drum wurde er auch einst in vielen Gegenden selbst im kleinsten Gärtchen von der weiblichen Vorsehung gepflanzt und treulich gehegt – »man kann nie wissen...« Und kaum, daß die jungen Mädchen

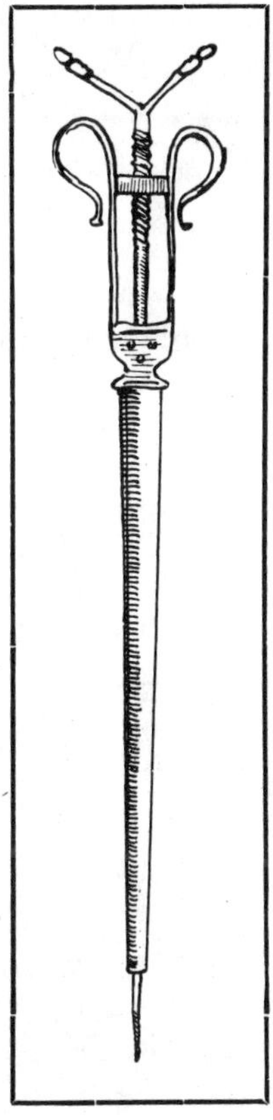
Instrument zur Herbeiführung des Abortes

Zwillinge gebärende Frau. Deutscher Kupferstich

flügge waren, zischelten ihnen die älteren Dirnen verständnisvoll zu, daß der Genuß der Blätter dieses Baumes den Schaden wieder gut mache, wenn der Geliebte »ja einmal die Kirche erst nach dem Segen verlassen habe«. Jedes Mädchen wußte es, und jede sagte es der andern: »Die Buben halten z'sammen, also müssen die Mädel auch z'sammen halten.« Wie weit verbreitet die Kenntnis von der fruchtabtreibenden Wirkung des Sevenbaumes ist, belegen sowohl englische wie andere Sprüche und Redensarten. In einer altenglischen Ballade heißt es von der Verwendung der Sabina (englisch savintree) zum Zwecke der Abtreibung durch eine junge Maid:

Das Liebespaar im Garten. Kalendervignette. Holzschnitt

She is gane to the garden gay,
To pu' of the savin tree;
But for a' that she could say, (or) do,
The babie it would not die.

Das norwegische Volk reimte:

Sevenbom, Sevenbom
Har gjurt saa mangen jomfru from.

Zu deutsch heißt das, daß so manche Jungfrau es nur dem Sevenbaum zu danken habe, wenn sie vor der Welt noch als keusch gelte.

Traf die erhoffte Wirkung eines solchen Mittels nicht alsbald ein, so griffen die Mädchen bei einer unerwünschten Schwangerschaft in den meisten Fällen stets noch außerdem zu den radikalen Pferdekuren, wie heiße Bäder, übermäßiges Tanzen, und zu noch viel tolleren Experimenten, die überall gang und gäbe waren. »Die tanzt, als ob sie morgen ins Kindbett kommen möcht«, ist eine gebräuchliche Redensart von einer eifrigen Tänzerin, die keinen Tanz ausläßt und beim Tanzen die Ausgelassenste ist.

Unter solchen Umständen ist es kein Wunder, daß man auch auf zeitgenössische literarische Hinweise stößt, die eine häufige Übung der Fruchtabtreibung in der Renaissance bestätigen. Danach muß es am tollsten in höfischen Kreisen zugegangen sein. Das ist auch ganz natürlich. Hier war die Verführungsgefahr am größten und eine voreheliche Schwangerschaft am fatalsten. Eine drastische Notiz findet sich bei Brantôme. Ein junges Mädchen, das von einem Prinzen geschwängert worden war und unehelich gebar, antwortete ohne Hehl auf die sittlich entrüsteten Vorwürfe, die man ihm machte:

Gebärende Frau. Deutscher Holzschnitt

»Man sollte mir meinen Fehltritt nicht vorwerfen, sondern höchstens, daß ich mich nicht zeitiger vorgesehen habe. Denn wenn ich so klug gewesen wäre, wie die Mehrzahl meiner Kameradinnen, die es ebenso, ja schlimmer wie ich getrieben haben, dann hätte ich den Folgen Abhilfe geschafft und wäre jetzt nicht in dieser Verlegenheit.«

Man war nicht darüber entrüstet, daß die junge Dame dem Prinzen mehr als zärtliche Blicke und ebensolche Vorspiele bewilligte; das Unsittliche erblickte man nur im Kinderkriegen, im Nichtbeherrschen der Spielregeln: alles riskieren, ohne den Einsatz – den Schein der Tugend – zu verlieren.

Aus anderen Notizen erhellt, daß es in den höfischen Regionen wenig hübsche Frauen gegeben haben muß, die nicht jedes Jahr mehreremal in der Gefahr einer unerwünschten Schwangerschaft geschwebt haben. Ein anonymer französischer Autor schrieb:

»Seit selbst die Demoiselles in den Apothekermitteln so trefflich Bescheid wissen, daß sie die Gefahren, in die sie ein stürmischer Liebhaber bringen könnte, nicht mehr zu fürchten brauchen, geht das Gewerbe der Kurtisanen immer mehr zurück. Denn es ist für einen Kavalier viel genußreicher, sich mit einer vornehmen Dame sorglos zu vergnügen. Auch sind seitdem selbst die züchtigsten Demoiselles nicht untröstlich, wenn ein Liebhaber mehr Rechte fordert, als zärtliche Versicherungen und den Anblick ihres schönen Gesichts und ihres schönen Busens.«

Schließlich ist noch zu beachten, daß die Abtreibung damals im allgemeinen nicht strafbar war, so daß man ziemlich offen solche Mittel anpreisen und erhalten konnte. Wo sie aber strafbar war, wurde sie nur in ganz seltenen Fällen verfolgt.
Es gibt in der Tat keinen Zweifel an der Richtigkeit des Schlußverses des oben zitierten Gedichtes: »Auch dies ist mehr geschehen«. [...]

Wenn wir im letzten Abschnitt für die Renaissance ein relativ häufigeres Vorkommen des vorehelichen Geschlechtsverkehrs der Frau behauptet haben, so wollen wir damit natürlich nicht, wie ja auch schon gesagt wurde, ein offziell vom Sittenkodex der Zeit zugebilligtes Recht darauf behaupten, sondern nur die Tatsache einer unausschaltbaren Wirkung der gesteigerten erotischen Bedürfnisse dieses Zeitalters, die überall eintreten mußte, wo der Zwang der Klasseninteressen dem Ansturm der Zeittendenz nicht gewachsen war.
Aber es gibt in der Tat auch Fälle und Volkskreise, bei denen der voreheliche Geschlechtsverkehr der Frau vom Sittenkodex sogar ausdrücklich sanktioniert war. Das gilt von dem Brauch der Komm- und Probenächte, der vornehmlich – wohlgemerkt: nur vornehmlich! – in bäuerlichen Kreisen heimisch gewesen ist und damals wohl über ganz Europa verbreitet war. Völlig ausgestorben ist er ja niemals, denn er hat sich in nicht wenigen Gegenden bis in unsere Gegenwart hinein erhalten. Dieser Brauch des »törschen beiliegens«, wie er im allgemeinen genannt wurde, geht überall auf sehr frühe Zeiten zurück, und man begegnet ihm unter den verschiedensten Namen. In der Schweiz nennt

Der Bauernbursche beim Fensterln. Augsburger Kupferstich

man es »kilten« und »zu Kilt gehen«, in Kärnten »brenteln« und »gasseln«, in Oberbayern »fensterln«, in den Vogesen »schwammeln«, in Schwaben »fugen« usw. [. . .]

Über das Vorhandensein dieses Brauches in Deutschland haben wir die genauesten und zuverlässigsten Nachrichten, weil er

Liebespaar

hier sogar gerichtsprotokollarisch festgestellt ist und die erhaltenen Nachrichten sich außerdem an ganz bestimmte historische Persönlichkeiten knüpfen. Es handelt sich in dem betreffenden Fall um den gerichtlich zum Austrag gebrachten Liebes- und Ehehandel der Barbara Löffelholz, der nachmaligen Mutter des berühmten Willibald Pirkheimer, mit ihrem ersten Geliebten Siegmund Stromer zur goldenen Rose. Bei diesem Liebes- und Ehehandel, über den wir eine treffliche Studie des gegenwärtigen Kustos der Nürnberger Stadtbibliothek, Dr. Emil Reicke, haben, in der dieser die erhaltenen Aktenstücke abdruckt und kommentiert, drehte es sich darum, daß der klagende Teil, Siegmund Stromer, die Einlösung eines ihm von Barbara Löffelholz angeblich gegebenen Eheversprechens forderte. Seine ehemalige Geliebte hatte sich später anders besonnen und leugnete deshalb das einst gegebene Eheversprechen ab, und so kam es zu einer ziemlich langwierigen gerichtlichen Klage, bei der von beiden Seiten mit umfangreichen Sachverständigengutachten operiert wurde. Der Kernpunkt der Frage ist für uns hier nebensächlich, jedoch um so wichtiger ist für uns, daß bei dem Prozeß auch über die zwischen den beiden Liebenden stattgefundenen Kommnächte eingehend diskutiert wurde; im Verlaufe einer solchen Nacht, in der die beiden im Bett der jungen und hübschen Barbara zusammenlagen, soll nämlich die letztere das Eheversprechen gegeben haben. Über diese Kommnächte berichtet Dr. Reicke nach den Akten:

Liebespaar.
Holzschnitt von Hans Sebald Beham

»Barbara mußte zugeben, den Kläger nächtlich in ihre Kammer gelassen zu haben, und wenn sie ihn auch anfangs nur zwei Stunden bei sich gehabt haben will, so rechnete man ihr doch wenigstens sechs volle Nächte nach, daß sie mit dem Kläger zusammengelegen habe. Die Beklagte konnte bei ihrer Vernehmung nicht leugnen, doch behauptete sie, daß das in allen Züchten geschehen sei...
Paul Imhoff und seine Frau – nahe Verwandte von Barbara Löffelholz, und in deren Wohnung Barbara die nächtlichen Visiten Sigmund Stromers empfing – gingen auch nach der naiven Sitte der damaligen Zeit in Barbaras Kammer aus und ein, setzten sich auf ihr Bett, schliefen mit ihr in demselben Zimmer, mit ihr und dem Kläger. Es will fast scheinen, als ob wenigstens einer der jungen Eheleute meist als eine Art Anstandsperson Stromers nächtlichen Besuchen beigewohnt habe; darauf deutet, daß Ursula den Schlüssel zu der Kammer der Beklagten von dieser selbst gehabt haben will. Doch will sie Kläger und Beklagte auch allein gelassen haben.«

Wir fügen ergänzend hinzu, daß diese intimen nächtlichen Besuche sämtlich in dem Holzschuherschen Hause stattfanden, also in einem der vornehmsten Nürnberger Patrizierhäuser. Martin Holzschuher war der Oheim von Barbara Löffelholz, die eine Waise war, und Paul Imhoff war der Schwiegersohn Martin Holzschuhers, in dessen Hause das junge Ehepaar eine Zeitlang wohnte. Außerdem fügen wir hinzu, daß das Gericht und die Sachverständigen in dem häufigen intimen Zusammenliegen der beiden jungen Leute an sich nichts Schwerwiegendes fanden und jedenfalls daraus nicht ableiteten, daß Barbara Löffelholz dadurch erweise, die feste Absicht gehabt zu haben, den Siegmund Stromer später zu ehelichen, denn der letztere wurde mit seiner Klage abgewiesen.

Verliebte Scherze.
Holländischer Kupferstich von J. Baning

Nach dieser jeden Zweifel ausschließenden aktenmäßigen Feststellung kann es als erwiesen gelten, daß das Abhalten solcher Kommnächte damals auch im Bürgertum stark verbreitet war. Durch diesen Prozeß erfahren wir auch, daß es dabei ziemlich ähnlich zuging wie bei den Bauern. Die Einleitung war freilich beim Bürgertum nicht so romantisch. Hier ging der Weg des Werbenden nicht prinzipiell durchs Dachfenster oder sonst über

halsbrecherische Pfade, sondern höchstens durch die Hintertür. Aber trotz dieser scheinbaren Kongruenz dürfte doch ein großer Unterschied zwischen Bürgern und Bauern vorhanden gewesen sein. Und zwar ein Unterschied im letzten Endzweck, und darum im Wesen der Sache.
Bei den Bauern kann man zum Beispiel feststellen, daß in verschiedenen Gegenden den mannbaren Töchtern, sowie der »Zershunger« oder das »Mannsfleischgelüst« sich bei ihnen einstellte, von den Eltern möglichst abgelegene Kammern angewiesen wurden. Daraus folgt schon allein, daß es in den meisten Fällen über kurz oder lang zur wirklichen »Probier« kam. Weiter folgt daraus, daß bei diesen nächtlichen Zusammenkünften keine schämige Zurückhaltung geübt wurde, sondern daß im Gegenteil viel häufiger Bursche wie Dirne mit der Wut von brünstigen Tieren ihre gegenseitigen Begierden stillten. Weil dies die Eltern nur zu genau wußten, – hatten sie es doch einst ebenso getrieben! –, weil sie weiter aus eigener Erfahrung wußten, daß, wenn der Bursche die Sinne der Dirne einmal in Aufruhr versetzt hatte, daß dann häufig alles vergessen wurde, auch das, daß im Nebenraume Eltern und unreife Geschwister sind, die schlafen wollen und sollen, und weil die Eltern schließlich – und das ist das wichtigste! – dies alles ganz natürlich fanden: daß des Nachbars Hans zu ihrer Grete ins Bett stieg, und daß die beiden dann andere Dinge miteinander trieben, als das Paternoster zu beten, – deshalb und darum wies man der Grete, sobald sie der Zershunger plagte, eine abgelegene Kammer an: beiden Teilen zum Wohle. [...]
Handelte es sich in den beim Bürgertum gepflogenen Kommnächten prinzipiell um die Urformen des Flirts von Verliebten, so beim Adel – denn auch bei diesem wurden solche Nächte abgehalten –, außer dem Flirt, genau so wie beim Bauern, ebenfalls um die gegenseitige »Probier«. Auch beim Adel reichen diese Bräuche sehr weit zurück, denn die gesamte ritterliche Heldensage strotzt von Beispielen. Überall finden sie sich: im Gudrunlied, im Parsifal, in der Lohengrinsage, in den Liedern der französischen Troubadours, in den Liedern der deutschen Minnesänger, in den spanischen Romanzen, – überall. Und alle informieren uns, daß die minnigliche Maid teils nackt, teils in einem zum Minnedienst verlockenden Nachtkleid willig in das Bett des Recken kommt, der ihrer begehrt, oder wie sie ihm

ebenso willig das Besteigen des ihrigen gewährt, um sich auf diese Weise nach bestandener »Probier« mit ihm zu verloben. In dem Gudrunliede heißt es von der Verlobung des Karadinerkönigs mit der Schwester Herwigs:

Sie ergab sich doch mit Zögern, wie gern ein Mädchen tut.
Man bot ihm ihre Minne: da sprach der Degen gut:
»Sie behagt mir also, ich will mich unterwinden
Der Frauen so zu dienen, daß man mich in der Schönen Bette finde.«
Sie verlobten sich einander, der Ritter und die Maid.
Sie konnten kaum erwarten der nächtlichen Zeit:
Da ward ihnen allen geheimes Glück zuteil.«

Die »Probier« der Elsa von Brabant ist im Lohengrin folgendermaßen beschrieben:

Wie Elsa von Brabant, die schöne, keusche Magd,
Dem Fürsten wert, des Nachts ward zugesellet,
Die Kaiserin nicht unterließ,
Daß sie die Fürstin selbst des Nachts zu Bette wies.
Die Kammer war mit Decken wohlbestellet.
Das Bett war schön geziert, mit Golde rot und reicher Seiden
Und manches Tier darein gewoben.
In dieses Bett hat sich die Jungfrau nun gehoben,
Um drin der Minne Buhurd zu erleiden.
Der Kaiser auch gekommen war,
Er hieß die Kammer das Gesinde räumen gar,
Gut Nacht gab er den beiden miteinander.
Nun war die Maid entkleidet schier,
Es drückte sie der Degen an sich stolz und zier:
Ich sag nicht mehr als – was er sucht', das fand er.

Französischer Holzschnitt aus dem 16. Jht.

Lohengrin suchte ihr »Magdtum« und forderte ihre Minne – das eine fand er, daß andere wurde ihm zuteil. Über einen derartigen vorehelichen Geschlechtsverkehr zwischen Edeldame und Ritter orientieren uns außerdem noch zahlreiche Volkslieder. Wir verweisen als einziges Beispiel auf den Schluß des altdeutschen Liedes »Der Sperber«, das in der einfachsten Sprache das Köstlichste ausdrückt:

Er saß zu ihr an den Klee.
Der Lieben tat er sanften weh,
Er sucht die Minne, und er sie fand,
Die süße Minne sie beide band.

Der verliebte Scholar. Schwankillustration

Aber die Existenz des Brauches der »Probier« beim Adel und bei den Fürsten wird uns nicht nur durch die schöne Literatur erwiesen, sondern sie ist auch außerdem urkundlich belegt. So erhielt Kaiser Friedrich III., der sich mit der Prinzessin Leonore von Portugal verlobt hatte, von dem Onkel der Braut, dem König Alphons von Neapel, ein Schreiben, in dem dieser den Kaiser Friedrich auffordert, sofort an Ort und Stelle die »Probier« mit seiner portugiesischen Nichte vorzunehmen, damit wenn Friedrich die junge Dame in diesen Dingen nicht nach seinem Geschmack finde, der Verwandtschaft wenigstens die teure »Rückfracht« nach Italien erspart bleibe, sofern die übliche »Probier« erst in Deutschland stattfinde. Die betreffende Briefstelle lautet:

»Du wirst also meine Nichte nach Deutschland führen, und wenn sie Dir dort nach der ersten Nacht nicht gefällt, mir wieder zurücksenden, oder sie vernachlässigen und Dich mit einer anderen vermählen, halte die Brautnacht mit ihr deshalb hier, damit Du sie, wenn sie Dir gefällt, als angenehme Ware mit Dir nehmen, oder wo nicht, die Bürde uns zurücklassen kannst.«

Ja sogar einen dokumentarischen Nachweis über eine erfolglose fürstliche »Probier« haben wir. Es ist das die »Probier«, die der Graf Johann IV. von Habsburg im Jahre 1378 ein halbes Jahr lang mit Herzlaude von Rappoldstein abgehalten hatte. Hier versagte der Mann. Die »Probier« verlief resultatlos, indem nach den

Angaben der Dame, der der Graf von Habsburg als Ehegespons beigesellt werden sollte, dieser sich während einer über sechs Monate ausgedehnten Probezeit als aller männlichen Qualitäten bar erwiesen habe. Dieses negative Resultat wurde der Dame urkundlich attestiert, und zwar wahrscheinlich deshalb, um sie anderen Bewerbern gegenüber als immer noch vollwertig erscheinen zu lassen. Ein halbes Jahr lang mittätige Partnerin in der für eine Frau peinlichsten Situation zu sein, tat ihrer Jungfrauenehre keinen Abbruch, wohl aber wäre dies nach den damaligen fürstlichen Ehrbegriffen der Fall gewesen, wenn es dem gräflichen Ehekandidaten im Verlauf des halben Jahres, in dem er mit der ihm zugedachten Braut das Bett teilte, ein einziges Mal gelungen wäre, mit Mühe, Not und liebevoller Beihilfe das ersehnte Ziel auch nur halbwegs zu erreichen. So war die Straße zwar beschmutzt, aber eben doch nicht beschritten. Und das letztere fällt einzig ins Gewicht. Solche Dokumente sind natürlich ungleich wichtiger als die Schilderungen der Heldensagen.

Aus alledem erkennt man übrigens deutlich, welch prinzipieller Unterschied zwischen dem »wirklichen Beiliegen« und dem offiziellen »Beilager« bestand, daß das »Beiliegen« in den Fällen, in denen nicht nur das Staatsinteresse, sondern auch das individuelle Vergnügen mit in Rechnung gesetzt wurde, dem »Beilager«, der Verlobung oder Vermählung, stets voranging.

Daß sich die Bräuche des Adels und der Fürsten in diesem Punkte mit denen der Bauern völlig einen, ist durchaus natürlich. Bei beiden sind ähnliche Interessen am Werke. Beim Adel und den Fürsten sind sichere Nachkommenschaft im Interesse der Erbfolge, der Stammerhaltung der oberste Ehezweck. Darum hat sich aber auch die »Probier« an allen Fürstenhöfen bis heutigentags erhalten. Niemals ist eine Fürstenbraut, abgesehen von den Interessen der Vergrößerung der dynastischen Machtsphäre und des Besitzes, von einem anderen als vom »Zuchtstutenstandpunkt« aus gewählt worden, um im bismärckischen Jargon zu reden. Handelte es sich um eine Verbindung, wo die Erbfolge auch der Frau zustand, so wurde der zu wählende Gatte genau so »nach den Qualitäten eines erfolgversprechenden Deckhengstes« gewählt. Wer von »Herzensbündnissen« bei Fürsten- und vor allem bei Kronprinzenverlobungen redet, ist ein Lakai, und wer daran glaubt, im besten Falle ein naiver

Tölpel. Der Unterschied gegen früher besteht nur darin, daß heute die »Probier« von der Wissenschaft vorgenommen wird. Ein Ärztekonsortium muß begutachten, welche Aussichten die Abstammung eröffnet, und welches die Sicherheiten sind, die die individuelle Konstitution der in Betracht kommenden Bräute und Bräutigame bieten. Und diese Art der »Probier« ist sicher die zuverlässigste. Freilich auch die allerbrutalste. Sie ist unendlich brutaler, als wenn ein strammer Bauernkerl und eine brünstige Dirne in wildem, unzähmbarem Begehren und unter Stöhnen sich gegenseitig ihre Geschlechtstüchtigkeit erweisen. Hier lodert doch schon die Flamme der individuellen Geschlechtsliebe. [...]

Die Formen des Liebeswerbens waren am Ausgang des Mittelalters fast bei allen Klassen und in allen Ländern noch überaus primitiv und bestanden somit durchwegs in den sogenannten Urformen der Galanterie. Das heißt: die beiden Geschlechter huldigten sich fast ausnahmslos in den unzweideutigen Manieren handgreiflicher Liebenswürdigkeiten. Augen und Hände nahmen und hatten alle Rechte. Gewiß verfuhr man in bäuerlichen Kreisen derber und direkter als beim Bürgertum und beim Adel, und wiederum war der deutsche Adel ungeschlachter als der italienische und spanische, aber es handelte sich dabei stets nur um Unterschiede des Grades und nicht um solche des Wesens. [...]
Einer hübschen Frau öffentlich in den Busen zu greifen, war die erste und stete Huldigung, der man damals in allen Kreisen begegnete. Man tat dies bei jeder Gelegenheit, vor allem bei den geselligen Zusammenkünften; bei den Tänzen wird es wohl ständig geschehen sein und galt sicher als der beliebteste Scherz. Diese Huldigung setzte gar keine intimere Beziehungen zwischen den Betreffenden voraus, sondern im Gegenteil, mit einer solchen scherzhaften Handgreiflichkeit begann nicht selten die Anknüpfung einer näheren Bekanntschaft. Es folgt daraus, daß ein derartiges Benehmen damals gar nichts Anstößiges an sich hatte, sondern sehr natürlich gefunden wurde. Und darum empfand eine Frau auch nichts für sie Beleidigendes dabei, sondern betrachtete es als die selbstverständliche Schmeichelei. Ja sogar als die ihr gebührende Schmeichelei, sofern sie nur

Verliebte Spiele. Hendrick Goltzius

halbwegs hübsch war. Und wenn eine Frau einen schönen Busen hatte, so wehrte sie sich auch meist nicht allzusehr gegen solche Unternehmungen eines Mannes. Wenn sie es doch tat, so sicher in sehr vielen Fällen nur zum Schein, oder um die Sache durch ihr Sträuben pikanter zu machen, wenn nicht gar deshalb, um eine Situation herbeizuführen, die dem Angreifer ermöglichte, mehr von den Herrlichkeiten zu sehen, auf die man stolz ist, als ihm die momentane Mode im allgemeinen erlaubt hätte.

Über die Häufigkeit und Beliebtheit dieser letzteren Methode orientiert uns die bereits zitierte gereimte Strafpredigt Murners. Was Murner in dem betreffenden Gedicht behauptet, ist, wie das vorhin Gesagte ergibt, daher in keiner Richtung die Übertreibung des Satirikers. Daß der Mann sich ostentativ gegenüber den Frauen in solch handgreiflichen Huldigungen gefällt, und daß die Frauen ihn dazu ständig provozieren und an solchen Unternehmungen Gefallen finden, – all das sind aber auch nichts anderes als die zusammengehörigen und darum voneinander untrennbaren Bestandteile und verschiedenen Seiten einer und derselben Sache. Und diese Sache ist eben die animalisch-sinnliche Grundanschauung der Zeit. Das ist der Rahmen, in dem eines das andere logisch bedingt: Die Besitzergreifung

Der zärtliche Bauernbursche. Pieter Aertsen

der irdischen Welt bedingt den Kultus des Körperlichen, der Kultus des Körperlichen bedingt – gegenüber der Frau – den Kultus des Busens, der Kultus des Busens den Kultus seiner Entblößung, der Kultus der Entblößung eine alledem entsprechende Form der Anerkennung von seiten des Mannes. Und diese entsprechende Anerkennung ist eben die so oft als möglich betätigte unzweideutige Offenbarung, daß man die körperliche Schönheit am höchsten schätzt. Das kann der Mann im Geiste dieser Zeit natürlich nicht anders zum Ausdruck bringen, als indem er bei jeder Gelegenheit seinen Wunsch nach dem Besitz dieser ihm so verführerisch dargebotenen Schätze äußert und darum keck und verwegen nach ihnen greift. In den Rahmen des Ganzen gehört natürlich ebensosehr das prinzipielle Einverständnis der Frau mit derartigen Unternehmungen des Mannes und weiter, daß man diese derbe Form der Huldigung im letzten Grunde als eine Harmlosigkeit ansah. Nur das Gegenteil wäre unlogisch. Es ist auf Grund von alledem kein Wunder, daß die gesamte Literatur und Kunst aller Völker von Bestätigungen für diese Grundform der Galanterie, wie man sie wohl nennen kann, strotzt. Wir wollen uns jedoch nur mit einigen wenigen Beispielen an dieser Stelle begnügen, weil von diesem Gegenstand ja in anderem Zusammenhang sowieso immer wieder die Rede ist. In dem »Spiel von Jungfrauen und Gesellen« erklärt eine Jungfrau:

»Nun hört mich auch mit meiner Sachen!
Man wollt ein Nönnlein aus mir machen.
So bin ich gar eine stolze Dirn
Und ißt gar gern gebraten Birn.
Des Morgens mag ich nicht lang' fasten
Und laß mich gern die Knaben antasten.
So trink ich lieber Wein, denn Brunnen.
Darum taug ich zu keiner Nunnen.« [...]

Am deutlichsten nennen natürlich die Sittenprediger die Sache beim Namen, wenn sie gegen die Geilheit der Zeit ins Feld ziehen. Geiler von Kaisersberg sagt in seiner bekannten Predigt, in der er des Sebastian Brants Narrenschiff in Predigtform umarbeitet:

Die ehebrecherische Frau und der Hahnrei. Anonymer französischer Kupferstich aus dem 17. Jht.

»Die dritt schell ist, ein Lust haben auf bloße Haut zu greifen, nemlich den Weibern oder Jungfrauen an die Bruestle zu greiffen. Dann es sein etliche darauf geneigt, daß sie meinen, sie können mit keiner reden, sie müssen ihr an die Brüste greifen, das ist eine große Geilheit.«

In dem Fastnachtsspiel von »Fürsten und Herren« rügt ein Sittenprediger dasselbe:

»Ihr wollt in alle Winkel putzen
Und tut die schönen Weiber anschmutzen,
Euer Mund zufleußt euch Beschaid,
Wenn ihr anseht Frauen und Maid.
Spricht eine ein Wort in ei'm Guten,
So wollt ihr ihr naschen um die Tutten,
Die kann eur nimmer ledig wern. [...]

Das Leben bot in der Renaissance Mann und Frau hundert Gelegenheiten zur Betätigung solcher derber Formen des gegenseitigen Werbens. Die Enge der Verhältnisse, das Zusammenleben auf engem Raume und die primitiven Mittel bei der Lösung aller gesellschaftlichen Bedürfnisse schufen sozusagen ständige Anreize. Wir wollen uns mit der Anführung eines einzigen Beispiels begnügen: das Reisen. Man reiste damals nicht allzu viel, und vor allem Frauen nicht. War man aber dazu gezwungen, so waren die Betreffenden für die ganze Reise durch die Umstände förmlich aneinandergefesselt. Und wenn Frauen reisten, so reisten sie doch nicht nur mit dem Gatten oder dem Bruder, sondern ebenso häufig mit dem Freund; denn einen Beschützer mußten sie bei der Unsicherheit der Straßen selbst auf die kürzeste Entfernung bei sich haben. Weil die Straßen zumeist schlecht waren, waren Wagen nicht verwendbar, auch waren diese umständlicher, teurer, und man kam damit immer nur sehr langsam vorwärts. Nur die reichsten Leute besaßen und benützten Reisewagen. Darum machte man die meisten Reisen zu Pferde. Aber auch hier führte die Umständlichkeit des Reisens noch zur Vereinfachung. Reiste eine Dame, so nahm sie entweder vor oder hinter ihrem Begleiter auf demselben Rosse Platz. So ritten auch die adligen Damen zur Jagd. In einem solchen Fall waren also die betreffende Frau und ihr Reisebegleiter stundenlang in intimer körperlicher Berührung miteinander; auch mußte der Reiter die Reiterin nicht selten halten oder stützen, wenn die Straße von Furchen und Gräben durchzogen war. Und da sollte die Begierde nicht die Hände des Mannes – und auch die der Frau! – geleitet haben, wenn man sich sonst gut

Junker und Edelfrau zu Pferde. Holzschnitt aus dem 15. Jht.

Freund war, oder auf der Reise gut Freund wurde? Daß das in der Hälfte der Fälle sicher der Fall war, liegt in der Natur der Sache, und es bedürfte nicht erst der Bestätigungen, auf die wir sehr häufig bei den Chronisten stoßen. Und zwar von den Minnesängern an bis herauf zu den spätesten Novellenschreibern. Immer und immer wieder erfährt man, daß der Reiter die minnigliche Maid oder die stramme Bauersfrau, die vor oder hinter ihm sitzt, kräftiglich an sich gedrückt und zärtlich gekost hat. Als einziges Beispiel wollen wir hier den Anfang einer sehr derben Erzählung hersetzen, die August Tünger im 15. Jahrhundert aufschrieb, und die gerade das zum Stoff hat, was sich alles bei einer solchen Reise zwischen den beiden Reitenden zutrug:

»Ein jung schön Bauerndirn ritt einst gen Gray, ist eine aus den vornehmsten Städten in der Grafschaft Burgund an der Saone gar lustig gelegen. Unterwegs begegnete ihr vor einem Wald ein dicker Pfaff. Den hieß sie propter reverentiam et securitatis causa hinter sich aufs Maultier sitzen. Dessen freute sich der Pfaffe. Nicht lange dauerte es, da spürt der Pfaff – zu rechnen, es sei auch einer der Bäuchpfaff statt Beichtpfaff gewesen – die Lindigkeit des wohlgestalteten Mägdlein. In primis die posteriosa atque der volle Busen hatte es ihm angetan. Plötzlich greift er der Dirn durch die Arme nach den

Die ungetreue Frau. Holzschnitt eines Nürnberger Meisters, 16. Jht.

Brüsten. Die Maid verwundert sich dessen, sagt aber nix, propter reverentiam. ›Ich muß mich festhalten, sonst fall ich‹, meinte der Pfaffe...« [...]

Ähnliche Vorrechte genossen vielfach auch Gäste und Besuche. Man empfand es häufig geradezu als eine Ehre, wenn ein willkommener Gast schon nach kurzer Zeit mit der Frau oder mit einer mannbaren Tochter handgemein wurde. Wurde der Besuch als eine besondere Ehre eingeschätzt, so kam es nicht selten vor, daß die Hausfrau sich beeilte, ihm die hübsche Tochter zur Gesellschaft zu schicken. Und es war dem Hause Ehre angetan, wenn der Gast die Tochter hübsch fand und dieser handgreifliche Aufmerksamkeiten erwies, die sich nicht bloß auf einige

Küsse zu beschränken brauchten und doch keinerlei Anstoß erregten. Aus dem Mittelalter stammte der Brauch, den wir sowohl von den Minnesängern, als auch von den Chronisten häufig registriert finden, nämlich die Übung, einem angesehenen Gaste des Nachts eine schöne Dienerin oder eine mannbare Tochter ins Bett zu schicken, ja daß selbst der Hausfrau manchmal diese Rolle zufiel. Diesen Brauch nannte man: »Die Frau auf guten Glauben beilegen«. Murner berichtet von ihm in der »Geuchmatt« als im sechzehnten Jahrhundert noch in den Niederlanden üblich: »Es ist in dem Niederland auch der Brauch, so der Wirt einen lieben Gast hat, daß er ihm sein Frau zulegt auf guten Glauben.« Wie gerne man bei einem schönen jungen Gast diese Rolle übernahm, weil er »den guten Glauben« gewöhnlich aufs beste rechtfertigte, – freilich nicht den des Gatten, sondern den viel wohlbegründeteren der Frau, – erfahren wir aus einem französischen Rittergedicht, wo die Hausfrau auf die in sicherer Aussicht stehenden Liebesfreuden zugunsten einer schönen Magd resignieren muß, weil ihr Gatte noch nicht schläft und diesem Brauch anscheinend nicht zugetan ist. Die betreffende Stelle lautet:

»Der höfischen Gräfin war es angenehm, einen solchen Gast bei sich zu sehen. Sie ließ ihm daher eine große Gans zubereiten und ein kostbares Bett in ein Zimmer setzen, worin man gut ruhte. Als die Gräfin schlafen ging, rief sie das schönste und artigste von ihren Mädchen zu sich und sagte ihm heimlich: Liebes Kind, gehe jetzt hin, lege dich zu diesem Ritter ins Bett und bediene ihn, wie sich's gebührt. Ich thäte es gerne selber, wenn ich es nicht aus Schamhaftigkeit unterließe, und zwar um des Grafen, meines Herrn, willen, welcher noch nicht eingeschlafen ist.«

Es soll übrigens auch solche Männer gegeben haben, die den guten Glauben der Ehemänner gerechtfertigt haben, aber nicht allzuviele. Hartmann von Aue sagt von seinen Erfahrungen, die er darüber in Deutschland gemacht hat: »Weiß Gott, deren ist aber nicht viel.«

Ehebruch einer an einen alten Mann verheirateten jungen Frau. Theodor de Bry

In welch hohem Grade die Zeit die Handgreiflichkeiten beim gegenseitigen Flirt selbstverständlich fand, erweist übrigens aufs allerdeutlichste die Art und Weise, mit der man diesen Wünschen allgemein Vorschub leistete. In Augsburg war es zum Beispiel in der Mitte des 17. Jahrhunderts noch üblich, daß man Brautleuten extra die Gelegenheit herrichtete, ungestört ihre verliebten Wünsche gegenseitig befriedigen zu können. Der betreffende Chronist schreibt:

»Wurde eine Braut von ihrem Bräutigam besucht, so gab man ihnen einen eigenen Tisch im Winkel des Zimmers und stellte eine spanische Wand um sie her, damit sie allein waren.«

Satire auf den Männermangel. 1595

Bei Brautleuten ließ man es sogar durchgehen, wenn sie ganz offen derbe Formen der Zärtlichkeiten miteinander austauschten, und auch die Braut hin und wieder »Gleiches mit Gleichem« vergalt. »Es sind Liebesleut«, lautete der allseits anerkannte Freibrief. [...]

Der eheliche Stand galt im fünfzehnten und sechzehnten Jahrhundert als der höchste Stand. Ehelosigkeit, in Unehe leben, galt dagegen fast als ein Laster, und den Junggesellen und den alten Jungfern haftete immer ein gewisser Makel an. Die Dichter und Schriftsteller sind voll des Ruhmes der Ehe. In allen Zungen und auf jegliche Weise wird »das Lob der Ehe« gesungen. »Im Ehebett schläft sich am weichsten.« Denen, die in der Ehe leben, winkt schon deshalb allein dereinst das Himmelreich, wer aber in der Unehe bleibt, dem droht die Hölle.
Dieses ständige und laute Lobpreisen der Ehe als des höchsten Verdienstes hat seine natürlichen Gründe, die auch ziemlich klar zutage liegen. Diese sind freilich viel weniger in den ethischen

Sieben Weiber kämpfen um eine Hose. Kupferstich von Franz Brun, 1560

Gesichtspunkten zu sehen, die man zugunsten der Ehe anführte, als vielmehr in den dringenden Bedürfnissen der Zeit. Die aufkommende Industrie brauchte Menschen, Arbeitskräfte, Käufer. Die absolute Fürstengewalt brauchte Soldaten. Es konnte nicht genug von dem Artikel Mensch geben. Andererseits standen der Bevölkerungszunahme die stärksten Hemmungen entgegen. Stagnierte im Mittelalter die Bevölkerung infolge der zunehmenden Macht der Kirche: – im gleichen Maße, in dem die Macht der Kirche wuchs, wuchs die Zahl der Klöster und ihrer zur Ehelosigkeit gezwungenen Insassen, – so traten jetzt noch ungleich gefährlichere Faktoren auf den Plan. Mit der neuen Wirtschaftsordnung waren auch gleich ihre unheimlichen Begleiter in die Welt gekommen: Pest, Branntweingift und Syphilis. Und der Handel, der sich nach allen Seiten auszudehnen strebte, schuf die Umstände, daß jede dieser Krankheiten einen epidemischen Charakter annahm. Alle diese schrecklichen Gesellen dezimierten aber nicht nur die Menschheit im allgemeinen, sondern noch besonders die Zahl der Männer. Denn diese waren den ansteckenden Gefahren der Epidemien am meisten ausgesetzt – auf Reisen, durch den Besuch der Frauenhäuser und so weiter –, und sie hatten auch zuerst die Kosten der neuen Wirtschaftsordnung zu tragen: die Männer verloren häufiger

Leben und Gesundheit in den ebenfalls häufiger werdenden Fehden und Feldzügen. Unter solchen Umständen wurde die Ehelosigkeit immer sichtbarer eine soziale Gefahr und wurde sozusagen aus jedem Mann, der nicht zur Ehe schritt, ein direkter Feind der Gesellschaft. Und darum entdeckte man auch plötzlich alle ethischen Vorteile der Ehe, und weiter, daß deren höchste Gipfelung in der Entwicklung zu einer möglichst fruchtbaren Kindergebäranstalt besteht. Weil sich so das wirtschaftliche Bedürfnis mit dem sinnlichen Grundzuge der Zeit deckte, deckte sich auch die Wirklichkeit mit dieser wichtigsten Ideologie. Ein

Der Pantoffelheld. Französischer Holzschnitt

Der unterjochte Hahnrei. Französischer Kupferstich aus dem 17. Jht.

Die Zähmung der widerspenstigen Männer. Karikatur aus dem 16. Jht.

Dutzend Kinder war in einer Familie durchaus nichts Seltenes. Willibald Pirkheimer zeugte in seiner Ehe mit Barbara Löffelholz dreizehn Kinder, der Augsburger Chronist Burkhardt Zink zeugte mit zwei Frauen achtzehn Kinder, Albrecht Dürers Vater wurden von seiner Frau ebenfalls achtzehn Kinder geboren, Anton Tucher hatte von seiner Frau elf Kinder, der päpstliche Sekretär Francesco Poggio hinterläßt achtzehn von ihm anerkannte Kinder, davon vierzehn uneheliche. Es gab sogar zahlreiche Ehen mit zwanzig und mehr Kindern.

War die Ehe die wichtigste Institution im Interesse der bewußt angestrebten Entwicklung, so handelte es sich aus denselben Interessen immer nur um eine spezifische Eheform, nämlich um die patriarchalisch geleitete Ehe: Der Mann sollte der unumschränkte Gebieter sein. Das erforderte die Organisation der handwerklichen Betriebsweise, die jeden Gesellen und jeden Lehrling zwang, »ihre Füße unter den Tisch des Meisters zu stecken«, das heißt: alle im Betrieb Beschäftigten waren an das Haus des Meisters gefesselt. Der Autorität in der Werkstatt mußte darum auch eine Autorität innerhalb der Familie an der Seite stehen. Also propagierte man beim Lob der Ehe in erster Linie alle die Anschauungen, die in der Richtung der unbestrittenen Herrschaft des Mannes in der Ehe sich bewegten: »Der Mann sei des Weibes Trost und Herr«, »der Mann sei der Meister ihres Leibes und Gutes«, »die Frau höre auf des Mannes Rat und handle als weibliches Weib nach seinem Willen«. Ja sogar etwaigen Roheiten des Mannes soll die Frau nur eine um so größere Demut gegenüberstellen:

Wann Er schreiet, Sie nur schweiget;
Schweiget er dann, redt sie ihn an.
Ist er grimmsinnig, ist sie kühlsinnig,
Ist er vielgrimmig, ist sie stillstimmig,
Ist er stillgrimmig, ist sie troststimmig,
Ist er ungstümmig, ist sie kleinstimmig,
Tobt er aus Grimm, so weicht sie ihm,
Ist er wütig, so ist sie gütig,
Mault er aus Grimm, redt sie ein ihm.
Er ist die Sonn, sie ist der Mond,
Sie ist die Nacht, er hat Tagsmacht.
U.s.w. ...

Die Demut des frommen Weibes soll sogar so weit gehen, daß sie des Mannes Herrenrecht auf Ehebruch stillschweigend erduldet. Ein altdeutscher Merkspruch lautet:

Der Kampf um die Hosen. Holländisches Flugblatt aus dem 17. Jht.

Von Einem Bößen Weib, welche sich auff einer breytten Heydten mit den Teüffeln geschlagen, gekratzt, gerissen
Vnd gebissen, auch endtlich den Sieg gar erhalten, darüber sich der Teuffel verwundert hatt, wie es doch könne muglich sein auff der gantzenn. Weiten Welt,
Das die arme Männer, bey solchen Oder dergleichen Vngeziefer Wohnen können.

Ich gieng eins mahls Vber Feldt,
Mein geschäfften nach zu fordern Geldt.
Als ich kam auff ein breyte Heyd,
Da hett ein böß Weib einen Streitt,
Mitt den Teuffeln das ist gewiß Wahr.
Dann derselben War ein grosse Schar.
Das böse Weib fluchet, Murrt Vnd zanckt,
Hielt ihr Waffen stäts in der Handt,
Ein Offen krucken Vnd Gabell lang,
Grimmiglich sie auff vnd nieder sprang.
Sie schrye als Wans gar Vnsinnig Wehr.
Vnd sprach; Ihr Teuffel Kommet nur her,
Wir wollen da einander reissen,
Stechen, schlagen, kratzen Vnd beissen,
Daß grewlich böß Weib Voller Vnfug,
In einem streitt stracks drey Teuffel schlug,
Vnndt spist sie auch an ihr Gabell ahn
Zuletzt sie auch den Sieg gar gewahn,
Sie erschlug daselbst mit ihrem leib,
Deß Teuffels Mutter, Vnd auch sein Weib.
Der Teuffell Warden Von ihr Verwundt,
Bey dreytaussendt in eintziger stundt,
Etliche flohen eylendts daruon,
Daß sie von diesem Streit musten lohn,
Sie sprachen: O Wol vns Gesellen mein,
Seyd froh, daß wir da entrunnen sein,
Hatt vns daß böß Weib daß gethan,
Ey Wie geschicht dann einem frommen Mann,
Der etwan ein solch böß Weib bekombt,
So nichts thut als nur murrt vnd Brumbt,
Welcher so gar mit bößen Weibern,
Sein Zeit auff Erden muß vertreiben,
Der lebt gewiß im Jammerthall,
Vnd hatt kein Frewd gantz vberall,
Es geschicht ihm Weh vnd geht ihm hart,
Weh ihm daß er gebohren Wardt,
Will er gehn, so Will sie lauffen,
Will er schlagen Will sie rauffen,
Will er essen, Will sie trincken.
Will er tantzen, Will sie hincken,
Will er reyten, Will sie fahren,
Will er zehrn, Will sie spahren,
Will er ruhen Will sie springen
Will er schweigen, will singen,
Will er Weinen will sie lachen,
Will er schlaffen, will Wachen,
Will er Dieses, so Will sie Das,
Will er Wenig, so Will sie baß,
Ist er nuchtern, so ist sie voll,
Will er vbell, so will sie woll,
Will er groß, so will sie klein,
Sagt er Ja, so sagt sie Nein,
Sagt der Mann: Weib, huy,
Sagt das Weib: Mann Pfuy,
Will er Wenig, so Will sie viel,
Sie helt altzeit daß Wiederspiel,
Trinckt er Bier, so trinckt sie Wein,
Ist er frölich, so thut sie grein,
Will er anderst so Will sie so,
Ist er trawrig, so ist sie froh
Wann er Will schwartz, so will sie Weiß,
Daß machet ihn bald alt vnnd greiß.
Gewint er etwas, sie Wills verthan,
Also ist er ein armer verdorbener Mann

Beschluß

Darumb ihr Wittwer Vnd Jung Gsellen,
Vnd die sich Verheyrathen Wollen,
Hutt euch vor eim solchen bösen Weib,
Das sie nicht peinigt ewren Leib,
Vnd mache euch daß Lachen thewr,
Auch sein ein Woh rechtes Fegfewr.
Das Sprichwort hatt in guter achtt,
Darneben auch gantz Wohl betracht,
Der vberalle Pflaster rennt,
Vnd nimbt ein Weib, die er nicht kendt
Der geschicht nit Wohl, Oder ist Verblendt
Vnd bleibt ein Narr, biß an sein Endt
Dann Heyrathen darff guten Rath.
Daß nicht gerewe nach der thatt,
Auff Erden ist kein schwerer Pein
Als bey einem bösen Weib zu seyn,
Bey trachen ist besser zu Wohn,
Das bezeugt mancher frommer Mann,
Das solches hatt erfahren Wohl,
Weist offtmahl nicht Was er thun soll,
Das macht sein grausamb böses Weib.
Die also peynigt seinen leib,
Ein böß Weib macht viel Hertzenleyd
Ein fromme bringt viel taußend frewd,
Ein böß Weib regiert ihren Mann,
Ein fromme ist ihm Vnterthan.
Ein böß Weib treibt viel tausendt Tuck,
Ein fromme ist des Mannes glück,
Ein böß Weib macht einen gar verkehrt.
Ein fromme ist aller Ehren Werth.
Ja wann ich der bößen weiber Geschlecht,
Alles Naturlich wolt beschreiben recht,
Vnd solchs die Zeit hierzu leyden wolt,
Auff ein Ochsen haut nicht Wohl geht solt
Hie gib ich ein guten Rath furwahr,
Man nehme ein Weib nur auff ein Jahr
Gefellts einem dann, so behalt ers gar,
Ist sie aber böß, so nimbs beym Haar,
Vnd Wirff sie dann die Stiegen hinab,
Was gilts sie Wirdt nit Lachen drab
Allein ich doch dieße nicht meyn
Die offtmals auß noth mußen böß sein

Ein gantze Compagny vnd
Zusammen geschworne Gsellschafft,
der bösen Weiber, so auff nimmerstag
den Teuffell gantz vndt gar auß der
Höll vertreiben, sich frölich
Vnd vnuerzagt Vnterste-
hen Wollen
Als Nemblich

Die Fraw von Dollenstein Oberst
Befelchshaberin.
Die Princessin Von Schlampampen.
Die Fraw von Klapperbürg,
Die Fraw von zörngern.
Die Fraw von Zanckenberg.
Die Fraw von Hurheimb.
Die Fraw von Neydberg.
Die Fraw von Bubendorff.
Die Fraw von Schnaderberg.
Die Fraw von Frehberg.
Die Fraw von Haßfort.
Die Fraw von Zanckenberg
Die Fraw von Bühleck vnd Löfflsdorff.
Die Fraw von Hoffartsstätten.
Die Fraw von Seltenfrewd.
Die Fraw von Rochübel.
Die Fraw von Naßweiß,
Die Fraw von Schlafflang.
Die Fraw von Neissenstein.
Die Fraw von Spitznaßen.
Die Fraw von Faulburg.
Die Fraw von Streitbürg.
Die Fraw von Murrbach.
Die Fraw von Murbelstein.
Die Fraw von Schwatzenburg.
Die Fraw von Geckerheimb.
Die Fraw von Sauersehen.
Die Fraw von Filtzhoffen.
Die Fraw von Zornberg
Die Fraw von Vbelhaußen.
Die Fraw von Trutzman.
Die Fraw von Weinsberg.
Die Fraw von Fallschenbürg
Die Fraw von Schleckstatt.
Die Fraw von Eyfferberg.
Die Fraw von Verthan.
Die Fraw von Verpraß alles daheimb.
Vnd die Vnnütze von Naschhausen.

Ein Jungfraw die gern Brandtewein trinckt,
Den Jungen gesellen mit Augen Winckt,
Vnd mit Fussen scharrt auff der Erden.
Ist sie kein Hur, Wirdts doch eine werden
Auß Schimpff dieser Spruch gemacht.
die fromme nicht dardurch veracht.
Gedruckt zu Rumpelskirchen im Schwaderloch, bey Rude Loffelstetz, Drey Meyl hinder der Beltzmühl.

Flugblatt auf die bösen Weiber. Aus dem 17. Jht.

Zu Bette und zu Tische
So sei sein Dirne und sein Magd,
Wird dir je von ihm gesagt,
Von kebeslicher Minne,
Das lege in deine Sinne
Mit bescheidenlicher Pflicht:
Tu als du es wissest nicht.

Und auch wenn es im eigenen Hause geschieht, soll sie keinen unnützen Lärm machen. Geht er der jungen Magd hin und wieder um den runden Busen, so soll sie sich stellen, als sehe sie nichts, trifft sie ihn aber »ob der Magd und ist dieser damit zu Willen getan, so soll sie die geile Person aus dem Hause tun, auf daß schlimmeres Unheil verhütet werde«. Den Gatten aber lenke sie mit gütigen Worten wieder zum Guten, denn selbstverständlich war auch damals nur »das geile Mensch« die Schuldige. Sie aber achte nach wie vor in ihm den Herrn...

Daß sich eine Frau diesen Geboten nicht beugen wollte, mußte dieser Zeit naturgemäß als der größte Frevel erscheinen, den eine Frau begehen konnte. Es ist darum in den Gedankengängen der Renaissance vollauf begründet, daß sie auch den Mann bevollmächtigte, eine etwaige systematische Unbotmäßigkeit der Frau gegen seinen Willen durch handgreifliche Züchtigungen zurechtzuweisen. Gegenüber einer eigensinnigen Frau rät schon Reinmar von Zweter:

»Zieh deine Freundlichkeit aus und greif nach einem großen Knittel, den miß ihr auf den Rücken, je mehr desto besser, mit aller Kraft, daß sie dich als Meister erkenne und ihrer Bosheit vergesse.«

Nur so könne man »eine böse Sieben« zähmen. In einigen sehr verbreiteten Sprüchen aus dem 16. Jahrhundert werden ähnliche und noch viel drakonischere Strafmethoden dem Manne anempfohlen. Und selbst die Frauen finden eine solche Behandlung meistens ganz selbstverständlich – der Sklave denkt eben stets mit dem Hirn seines Herrn, solange er noch nicht zum Eigenbewußtsein erwacht ist. Gesetzlich stand dem Mann ebenfalls überall ein Züchtigungsrecht gegenüber der Frau zu.

Diese unterdrückte Stellung der Frau in der Ehe hat aber gleichwohl diese niemals abgehalten, in der Ehe trotzdem das oberste Ziel ihres Lebens zu erblicken und mit allen Mitteln darnach zu trachten, in dem Konkurrenzkampf um den Mann – in dem Kampf um die Hosen – als Siegerin hervorzugehen. Das ist nicht

Der Kampf um die Hosen. Deutsches Flugblatt aus dem 17. Jht.

seltsam. Die Gesetze der Natur sind die obersten Gesetze, – die satirische Symbolik erweist es, indem sie unzweideutig zeigt, worum es der Frau beim Kampf um die Hosen in erster Linie zu tun ist. Die gesellschaftliche Moral ermöglichte der Frau aber nur innerhalb der Ehe eine natürliche und dauernde Befriedigung ihrer Sinne. Andrerseits war die Ehe damals noch mehr denn heute die einzige Versorgungsanstalt für die Frau; weibliche Berufe gab es noch wenige. Wenn wir nun die entsprechenden zeitgenössischen Dokumente nachprüfen, so machen wir die unabweisbare Beobachtung, daß der Konkurrenzkampf um den Mann damals von der Frau mit einer Erbitterung geführt wurde, die wohl ohnegleichen in der Geschichte ist. Das hat ebenfalls seine in der Zeit bedingten Gründe. Haben die vorhin genannten Umstände die Chance, einen Mann zu bekommen, für die Frauen sowieso überaus erschwert, so wurde die Situation noch durch eine Reihe anderer Umstände kompliziert. Das städtische Handwerk zum Beispiel war nur äußerlich eine homogene Klasse. Die starren Zunftgesetze zerschnitten das Kleinbürgertum in eine ganze Reihe Unterabteilungen, die durch die einzelnen Zunftinteressen streng voneinander geschieden waren. Nicht jedes Gewerbe konnte beliebig den Besitzer wechseln, also weiterverkauft werden, sondern die Rechte der Ausübung hafteten häufig an der Familie. So konnte also die einzige Tochter eines Bäckers, eines Schneiders, eines Goldschmiedes ebenso oft nur wiederum einen Bäckersohn, einen Schneidersohn oder einen Goldschmiedesohn heiraten, wenn sich der Familienbesitz nicht in Nichts auflösen sollte. Durch solche und ähnliche wirtschaftliche Schranken war die Frau also bei der Gattenwahl auf den denkbar engsten Kreis angewiesen. Wenn man diese Umstände gebührend würdigt, und den obengenannten hinzurechnet, so erstaunt man wirklich nicht mehr darüber, daß der Konkurrenzkampf um den Mann damals in den erbittertsten Formen durchgeführt wurde, daß Intrige und Verleumdung dabei ständig mit im Spiele waren. In den zahlreichen bildnerischen Darstellungen des weiblichen Kampfes um die Hosen, die diese Zeit hervorgebracht hat, haben wir daher nicht nur eine allgemeine und sozusagen für alle Zeiten gültige satirische Sentenz vor uns, sondern viel mehr das Dokument für eine spezielle Zeitmisere.

Das natürliche Gegenstück der weiblichen »Hosentollheit« ist die große Anmaßung der Männer. Die Männer wissen, was für ein gesuchter Artikel sie sind: »Weil ihre Zahl geht hinter sich, die Maidlen aber mehren sich.« Jeder kann darum jetzt stolz triumphieren: »Mir ist ganz frei jetzt heimgestellt, zu nehmen, welche mir gefällt.«

Und Geiler von Kaisersberg konnte ebenso mit Recht erklären: »Es muß jetzt eine über alle vier G zusammen verfügen, wenn sie noch einen Mann finden will, nämlich über Geschlecht, Gestalt, Gut und Geld.«

Aus der oben skizzierten Auffassung der Ehe folgt noch eine andere Erscheinung: wie die Gesellschaft dem Manne das Recht gab, die gegen seinen Willen »unbotmäßige« Frau körperlich zu züchtigen, so züchtigte sie ihn selbst, wenn er sich von seiner Frau systematisch beherrschen oder gar es soweit kommen ließ, daß die Frau »den Stiel umdrehte« und für ihr Teil die wurde, die die Prügel austeilte. Diese Züchtigung des Mannes vollzog sich durch die in fast allen Ländern und Gegenden übliche öffentliche Bloßstellung des Pantoffelhelden. Aus den mannigfachen, zum großen Teil höchst amüsanten Gebräuchen wollen wir nur einige wenige Beispiele zur Charakteristik anführen. Die Statuten des Städtchens Blankenburg a. H. aus dem Jahre 1594 enthalten folgende Vorschrift über die Strafe, die ein Ehepaar trifft – in den meisten Fällen wurde die Frau mitbestraft –, wenn sich ein Mann von seiner Frau hatte schlagen lassen:

Kartenblatt aus einem niederdeutschen Kartenspiel des 16. Jhts.

»Welch' Weib ihren Ehemann räuft oder schlägt, die soll nach Befinden und Umständen der Sachen mit Geld oder Gefängnis gestraft werden, oder da sie des Vermögens, soll sie der Ratsdiener einem zum Kleide Wöllengewand geben. Da aber ein Exempel gefunden werden sollte, daß ein Mann so weibisch, daß er sich von seinem Weibe raufen, schlagen und schelten ließe, und solches gebührenderweise nicht eifert oder klagt, der soll des Rats beide Stadtknechte mit Wöllengewand kleiden, oder, da ers nicht vermag, mit Gefängnis oder sonst willkürlich gestraft und ihm hierüber das Dach auf seinem Hause abgehoben werden.«

Die Strafe des Dachabdeckens war die verbreitetste gegenüber einem Pantoffelhelden und kommt in verschiedenen Ländern vor. In Hessen mußte die Frau, die sich an ihrem Gatten vergriffen hatte, verkehrt auf einem Esel durch den Ort reiten; der Mann führte das Tier. [...]
An der Züchtigung des Pantoffelhelden beteiligte sich auch die Satire; die literarische und die zeichnerische. Auf die letztere wollen wir vor allem verweisen, weil in ihr allein das Problem am entscheidenden Zipfel angefaßt wurde; und weil diese weiter das Problem auf die einfachste Formel reduzierte, brachte sie auch das letzte Geheimnis der Sache zutage; außerdem hob sie damit aber auch den Gegenstand auf die Höhe, die ihm gebührte. Die zeichnerische Satire wählte zur Charakteristik des »Weiberregimentes« oder des unterjochten Ehemannes vornehmlich zwei Motive. Die Frau, die mit ihrer Melodie den Mann zum Narren macht, oder nach deren Melodie dieser Narr pfeift und tanzt, ist das eine Motiv. Das zweite, noch häufiger verwendete, ist der aus der Antike übernommene Vorwurf von »Aristoteles und Phyllis«: Die Frau reitet auf dem Rücken des Mannes, der wie ein wirkliches und gefügiges Reittier an einem Zaum geleitet auf allen Vieren die Last seines Weibes dahinschleppt; über dem Haupte des Mannes droht häufig die geschwungene Peitsche. [...]

Ist von einer allgemeinen erotischen Expansion ein relativ häufigerer vorehelicher Geschlechtsverkehr beider Geschlechter untrennbar, so auch ein relativ häufigeres Übertreten des Gebotes der ehelichen Treue. [...]
Diese Tatsache muß der Zeit auch sehr deutlich zum Bewußtsein gekommen sein. Sie muß die starke Empfindung gehabt haben, als sei der Bestand der Ehe, diese in ihren Augen wichtigste gesellschaftliche Institution, stark ins Wanken gekommen, denn die eheliche Untreue wurde in der geistigen und öffentlichen Diskussion aller Länder das oberste Problem. Es ist der Gegenstand, mit dem man sich ständig beschäftigte, und zwar in allen

Der Geruch (Aus: Die fünf Sinne). Isaac Ostade

Formen des Ernstes und des Spottes. Am häufigsten geschah es natürlich in negativer Weise, indem man den begeisterten Hymnen auf die eheliche Treue ebensoviel oder richtiger noch viel mehr Kennzeichnungen und Schilderungen der Untreue an die Seite reihte. Aber auch die Tatsache, daß man allerorten die seitherige Ideologie als eine lästige Fessel empfand, rang sich dabei sehr deutlich zutage: Zahllose literarische Schilderungen des Ehebruchs bestanden nicht nur in Verdammungen, sondern

Das Weiberregiment. Anonymer Kupferstich

in ebensoviel Verherrlichungen der Untreue. Hierbei manifestierte sich das gesunde Empfinden der Zeit insofern, als man fast immer nur die ungetreue Frau verherrlichte, dagegen nur selten den ungetreuen Mann, und daß man am meisten mit der jungen Frau sympathisierte, die an einen Greis oder an einen ohnmächtigen Mann gefesselt ist. Mit wahrer Begeisterung wird häufig die Geschicklichkeit solcher Frauen geschildert, denen es gelingt, die Hindernisse zu überwinden, die ihre eifersüchtigen Ehemänner auftürmen, so daß ein begünstigter Jüngling trotzdem zu dem von beiden Teilen ersehnten Ziele kommt. Die gepriesenste Frau ist die, die es durch ihre List gar fertig bringt, daß der eifersüchtige Gatte ihr selbst einen anderen Mann in die Arme führt, und daß er womöglich noch durch die Mittel, auf die ihn seine Eifersucht verfallen läßt, dafür sorgt, daß der Betreffende ganz ungestört, und so oft ihm die Lust dazu ankommt, seinen ersehnten Liebeswerken obliegen kann.

Hier ist zu bemerken, daß die obengenannten Verherrlichungen der untreuen Frauen zwar an sich stets auch Verhöhnungen des zum Hahnrei gemachten Mannes sind, daß aber nicht auch das Umgekehrte schlechtweg der Fall ist. Das heißt, daß jede Verhöhnung des Hahnreis auch eine Verherrlichung der ungetreuen Frau in sich birgt. Das Gegenteil ist viel häufiger der Fall: daß sich mit der Verhöhnung des Hahnreis eine Verächtlichmachung der untreuen Frau verbindet. Und diese Verknüpfung ist auch im Sinne der Männerlogik die einzig konsequente. Solange das unbedingte Herrenrecht des Mannes über die Frau gilt, begeht jede Frau durch eine Untreue zugleich ein Verbrechen an der Gesamtheit der Männer. Daraus entspringt auch die systematische Verhöhnung des Hahnreis. Der hintergangene Mann wird deshalb so erbarmungslos verhöhnt, weil er sich durch die Untreue seiner Frau um das wichtigste der Männerrechte, das er besitzt, hat prellen lassen: eben um das unbedingte Herrenrecht über die Frau; er hat sich in seine wertvollsten E i g e n t u m s r e c h t e einbrechen lassen. In dem heimlichen Einbruch in sein Eigentum hinter seinem Rücken besteht in letzter Linie einzig die Schmach des Mannes. Sobald daher der geschlechtliche Verkehr seiner Frau mit einem anderen Mann kein heimlicher Einbruch in seine Rechte ist – und so liegt der Fall, wenn er sie zum Beispiel dem Gastfreunde überläßt –, so sind die wollüstigen Freuden, die die beiden mit einander genießen, auch keine

Der bäuerliche Hahnrei. Französischer Kupferstich aus dem 17. Jht.

Schmach für ihn und werden darum auch nicht von ihm als solche empfunden. Aus der gleichen materiellen Basis ergibt sich übrigens auch das Gegenstück: Warum die Ehre einer Frau nicht als verletzt gilt, wenn ihr Gatte außer mit ihr auch noch mit einer anderen Frau geschlechtlich verkehrt. Nur die Frau ist Eigentum des Mannes, nicht aber auch der Mann Eigentum der Frau; darum kann also die Frau rechtlich niemals die Geschädigte sein.

Nach dem Urteil aller Zeitgenossen ist die eheliche Treue geradezu die seltenste Blume. Wer sie suche, könne tagelang laufen, ohne sie zu finden. Sie sei das Kräutlein »Nimmermehr«, ein Eintagsblümlein, das man am Hochzeitstage pflanze, das aber schon am andern Morgen zu welken beginne. Dagegen wächst das Kräutlein »Untreue« in jedermanns Garten, kommt überall fort und blüht Sommer wie Winter. »Jetzt ist Ehebruch gar gemein worden, daß gleich weder Gesetz noch Gerechtigkeit mehr strafen darf«, heißt es in Petrarcas Trostspiegel. Sebastian Brant dichtet: »Ehebruch gilt so leicht der Welt, als würde ein Kieselstein geschnellt.« Und beide Teile betrügen sich gegenseitig in gleich redlichem Wetteifer, so daß keines dem anderen Vorwürfe zu machen hätte. Der Mann findet aus Versehen des Nachts den Weg in die Kammer der jungen, vollbusigen Magd, spricht zu günstiger Stunde bei der hübschen Frau Nachbarin vor, die vom »Nachthunger« gerade besonders heftig geplagt ist, weil der eigene Gatte schon so lange über Land ist, oder läßt im verschwiegenen Frauengäßchen an der Mauer bei einer aus Welschland neuzugezogenen »Nachtigallen« einen Gulden springen. Die Frau ihrerseits weiht zu Hause einen jungen Knaben in die süßen Freuden des Minnespiels ein und lehrt ihn, wie man würdig im Kampfe mit Frau Venus besteht, sie tröstet in kundiger Weise das Herzeleid eines verlassenen Gesellen, so daß er ob ihrer Liebeskünste leicht das karge Brot der Liebe vergißt, das ihm zuvor eine spröde Dirne gereicht hatte, oder sie beichtet ihr heimliches Sehnen einem geilen Pfaffen unter der Kutten, der immer wieder zu gelegener Zeit bei ihr einkehrt, »um zur Absolution mit ihr den Rosenkranz auf weltliche Art zu beten«. Weiter: Die Keuschheit keiner einzigen Frau ist sicher vor den geilen Angriffen der Männer, »wo ein Mann einer Ehefrauen begegnet, spottet er ihrer Zucht und Sitte und greift sie alsbald mit unzüchtigen Reden und Griffen an, um sie von der Treue zu ihrem ehelichen Gemahl abzubringen, und gar viele

Le Taste Poule.
Französischer Kupferstich aus dem 17. Jht.

Die kupplerische Magd. Holzschnitt von Hans Weiditz

nehmen sich mit Gewalt, was man ihnen im Guten verweigert«. Aber es gibt auch keine Lukretien mehr, die sich ob der Schande, die ihnen wider ihren Willen angetan worden, entleiben, sondern die meisten freuen sich sogar »insgeheim der unkeuschen Worte, die manche zu ihnen sprechen, und halten sich die geilen Begierden, die sie bei Nachbarn und Freunden erwecken, zur Ehr'. Sie sind im Herzen vor sich stolz, wenn man ihres Widerstandes nicht achtet, und es dünkt ihnen nicht als Sünde, weil man sie ja gegen ihren Willen zur Hure gemacht hat.« Die Satiriker höhnen darum mit Recht: »Hab Dank, Lukretia, deiner Ehr', Jetzund ersticht sich keine mehr.« [. . .]

Der erste und oberste Grund, den die Frauen zur Begründung ihrer Untreue anführen, ist das Recht der Wiedervergeltung, die Untreue des Gatten. Die Frau erklärt: »Ich habe noch einen stolzen Leib, mein Busen steht noch aufrecht als ein Speer und du grast doch einer andern ab ihr Weiden.« Unter solchen Umständen hat der betreffende Mann nichts anderes zu erwarten, als daß auch in seinen Garten ein anderer einsteigt »und sein Feld bestellt«. In dem Vorspiel »Von den Eheleuten«, erklärt die Frau gegenüber ihrem Manne:

»Hauswirt, mein traut ehelich Mann,
Ich han auf dich bösen Argwahn,
Das ich nicht länger mag verschweigen;
Du fiedelst auf fremden Geigen
Und deine Geig daheim ist wohl besait't
Und ist dir Tag und Nacht bereit
Und ist nach alle deinem Willen bezogen.
Noch leihest du hin dein Fiedelbogen
Und ich hab dir kein Zug nie versagt;
Und hättest eine Nacht viermal gewagt,
Es wär mir nit zu viel gewesen.
Laß dir ein andre letzen lesen!
Fiedelst du mir auf fremder Geigen,
So muß ein andrer in mein Nest steigen.«

Noch eingehender wird dieser Grund in dem »Spiel von Fürsten und Herren« begründet. Die Königinnen von Frankreich und von Arragon klagen darin also gegen ihre untreuen Männer:

Die Königin von Frankreich:
Ihr Frauen, ihr tut gar was sagen.
Ein solchen Mann soll niemand klagen,
Der ihm selbst solchen Schaden tut;
Er muß doch nehmen auch für gut.
Mein Herr der rühmt sich alle Tag
Gen mir vielmehr, denn er vermag.
Wenn er bei mir am Bette leit,
So liegt er bei mir als ein Scheit.
Das macht, daß, als ihr hie vernehmt,
Sein Fohlen in fremde Lachen er schwemmt.
Und müht den sehr in fremden Pfützen,
Den ich daheim selber sollt nützen.
Will er der Sach nicht abgahn,
So muß ich ein ander Fohlen han,
Dem ich auch Futter gib den Tag,
Daß er des Nachts geziehen mag.

Die Königin von Arragon:
Ja, Frau, ich gib euch nit unrecht.
Seit daß er euer Gras verschmecht,
Ich muß auch ein andern Mader han,
Der mir mein Wiesen mähen kann.
Mein Herr will fremde Wiesen grasen
Und läßt die sein werden zu Wasen;
Darumb ich billich ding ein Knecht,
Der mir mein Wiesen wässere recht,
Wann sie ist frech und darf sein wohl.
Will er ihr nit warten selbst, als er soll,
So düngt sie gern ein ander Mann,
Der nie kein Recht dazu gewann.

Die Untreue der Weiber. Italienische Bildergeschichte aus dem 17. Jht.

CAVATO DA M. L. ARIOSTO.
dire mot, il poursuit son voyage.
cependant le violent desdain
affront, poind si fort son courage;
beaute se defait tout soudain.
est l'effort de toute medicine
on mal. Iusques a ce qu'vn iour
le fait voir, en cachette la Reine
ne vn nain fort laid de son amour.
leur passe et son teint il recouure:
u'il a vn Roy pour compaignon:
presse soubs serment, il decouure
moyen de ceste guerison.
Da le mogli infedeli ambo traditi
Scorrendo andorno ignoti, e soli il Mondo,
Le altre Donne prouando, e senza liti
Poser tra loro vn viso assai giocondo;
Pur ancho da costei furo scherniti,
Ch'accolse vn fante suo tra l Re, e Giocondo
A' pie del letto: inteso poi lo scorno,
Ridendo a' le lor mogli fer ritorno
Le Roy, fasche de si maigre fortune,
Laisse la Reine. Ils s'en vont seuls a deux
Courir le monde. vne amie commune,
Pour leur plaisir, couche tousiours entre eux.
Ce non-obstant ceste garce infidelle
Permet, qu'un tiers, montant au pied du lict,
Entre ces deux, en iouisse encor d'elle,
Sans crainte, d'estre attrappée au delict.
Parquoy croyant pour vray, que toute femme
Estant requise abandonne sa foy,
Et qu'elles sont toutes d'une humeur mesme,
Chascun resout de retourner chez soy.
tti patron suo oss.mo O. V. D.

Die ungetreuen Ehegatten. Deutsche Kupferstiche, 1592

Der zweite Hauptgrund, mit dem die Frauen das Recht auf Untreue begründen, ist das Unvermögen des Gatten. Er hat seine Geschäfte im Kopf, hat Sorgen, bedarf des Nachts der Ruhe und denkt darum nicht so oft an die Werke der Liebe, oder er ist alt und ausgedroschen, oder er ist immer und lange auf Reisen – allen diesen, wo »die Frau im Bett friert«, gebührt es, daß sie sich einen Hausfreund anschafft, der ihr die Grillen vertreibt, »die den Frauen immer kommen, wenn sie einsam sind«. Clément Marot reimt (übersetzt von Margarete Beutler):

»Hat eine einen schlechten Mann,
So wird sie ständig traurig sein«,
Sprach Käthchen, »und es wäre dann
Das beste schon, sie schlief allein!«
– Doch Käthchens sanftes Schwesterlein
Rief: »Gegen einen schlechten Mann
Gibt's ein Rezept doch, sonder Pein:
Man schafft sich einen Hausfreund an!«

Die häufige und lange Abwesenheit des Mannes vom Hause, die der Frau mehr Fasttage im Jahre aufzwingt als Festtage beschert – um mit dieser letzten Ursache anzufangen –, macht jede Frau krank, so daß sie sichtlich »vom Leibe kommt«, sie magert ab, denn nichts zehrt an einer Frau mehr, »als Liebe, der kein Genügen geschieht«. Wenn die einsame Hausfrau einem willkommenen Gast daher mit zärtlicher Minnepflicht die gebotene Gastfreundschaft würzt, oder wenn sie hin und wieder einem verschwiegenen Buhlen heimlich ein Buhlbrieflein schickt, durch das sie ihn zu nächtlicher Fürsprach lädt, so geschieht das immer nur aus Liebe zu ihrem fernen Gemahl: »Es ist nur wegen des Kummers, den sie dem Gatten bereiten würde, wenn er bei seiner Rückkehr statt des wohlbeleibten Fohlens, so er zurückgelassen, ein abgehärmt Knochengerüste im Stalle wiederfinden würde.« Da in solcher Aufopferung selten eine Frau zurückbleiben will, so gilt die Ausnahme gleichsam als die Regel: »So die Männer zur Meß reiten, werden zu Hause die Gastbetten nie kalt.« Die Folgen bleiben natürlich nicht aus. Die folgende Priamel verkündet es:

»Es wundert manchen noch bis heut,
Daß Bürger schöner seyn, denn Edelleut.
Das hat ein'n hübschen, klugen Sinn:
Viel mancher Herr zeucht ein zu ihn'n
Und zehret lang in einer Stadt,

Der Eheschluß. Kupferstich von Theodor de Bry

So der Bürger sitzt in dem Rat;
Oder mit Kaufmannschaft auszeucht,
Dieweil sein Weib kein'n Herrn scheucht;
Den hat sie lieber denn den Mann.
Das mögt ihr selber wohl verstahn.
Eine versagt, eine gewährt.
Also red't man heuer und fährt,
Dass die Bürger viel edler sind.«

Ganz ebenso ist's, wenn die Männer auf langen Pilger- oder Romfahrten sind: »Wenn die Männer ziehen nach Compostell, Ihre Weiber sich legen auf Pumpernell.« In solchen Fällen sind die Vertreter der Kirche auch für ausgleichende Gerechtigkeit, jedes soll der Gnade genießen: Mann und Frau, die Frauen auf ihre Weise. Und darum: »Wenn die Männer auf der Romfahrt sind, so geben die Mönche daheim den Weibern zweihundertsiebzigtägigen Ablaß.« So haben denn die Pilger, wenn sie wieder nach Hause kommen, »den Segen ohne die Mühe«.
Dort, »wo die Manneskraft immer auf Reisen ist«, weil der Mann alt und grau ist, und darum der Ehekalender überhaupt nur Fasttage kennt, tut die Frau ebenfalls nur ein frommes Werk, »wenn sie die Hausandacht hin und wieder mit einem Jüngling

Das Gesicht (aus: Die fünf Sinne). Kupferstich von F. de Widt, 17. Jht.

Kuppelszene. Deutscher Holzschnitt

abhält«, denn nichts ist größere Sünde, als wenn man leichtsinnig gegen Leib und Leben frevelt. Stetes »Fasten im Bett bringt frühen Tod«. Und die Frau, die einem alten Mann beigesellt ist, hat übrigens doppelten Grund zur Untreue: Stets werden die Greise in der Ehe zuerst wortbrüchig, sie halten schon am ersten Tag nicht, was sie versprochen haben. Die Frau höhnt darum mit Recht: »Pfui der Männer zu allen Zeiten, die Roß halten und könnens nicht reiten.«

Natürlich braucht unter solchen Umständen die Frau auch nicht Wort zu halten und hat alles Recht, sich mit einem Jungen zu vergnügen, dem das eignet, was dem Gatten mangelt, und ohne das ihr Leben nur Trauer und Trübsal wäre. In der zeichnerischen Satire ist dieses »Was« stets so symbolisiert, daß den Jungen, der mit einer jungen Frau Buhlschaft treibt, stets ein stolzer Degen oder Dolch ziert – das Symbol der noch unverbrauchten Kraft, der stets aktionsbereiten Potenz.

Leider ist aber dieser Mangel, sagen die Frauen, nicht nur ein Fehler der Greise, sondern aller Ehemänner. Antoine de la Sale hat über die Schicksale, die jedem Manne in der Ehe bevorstehen, ein ganzes Buch geschrieben: »Die fünfzehn Freuden der Ehe«. In der siebenten heißt es:

»Ob nun die Frau so ist oder so – eine Eheregel gibt es, die eine jede glaubt und hält, und diese ist: mein Mann ist der schlimmste, den es gibt, und der unfähigste in den Dingen der Liebe. Das sagt oder glaubt jede Frau von ihrem Manne.«

Die Bestrafung des Ehebruchs. Anonymer Holzschnitt eines Nürnberger Meisters, 16. Jht.

In Wirklichkeit ist dies jedoch nur die billige Ausrede für den hauptsächlichsten und wahren Grund der weiblichen Untreue; und dieser ist: der große Liebesappetit zahlreicher Frauen, der sich an der Kraft eines einzigen Mannes kein Genüge tut, oder sich nach Abwechslung im Liebeskalender sehnt. [...]
Wenn auch damals die weibliche Untreue [...] das Selbstverständlichste von der Welt war, so darf dies alles natürlich nicht zu der Ansicht verleiten, daß es darum auch in allen Fällen die harmloseste Sache von der Welt gewesen wäre. Allen diesen geschilderten Kreisen und Individuen standen doch auch zahlreiche Männer gegenüber, die mit höchster Leidenschaft und Eifersucht über die Alleinherrschaft in ihrem Ehebett wachten. Hier mußte die Frau ganz auf eigene Rechnung und Gefahr der buhlerischen Liebe nachgehen. Wenn sie dies tat, war es dann ebenso oft eine überaus lebensgefährliche Sache, und zwar für beide Teile: für die ungetreue Frau und für den Liebhaber, der

auf fremder Weide grasen wollte. Denn es ergänzt sich vollkommen, daß sich, so »vorurteilslos« man auf der einen Seite war, auf der anderen Seite ebenso grauenhaft brutal die Rache gebärdete, wenn der Gekränkte die Schuldigen bei der Tat überraschte. Wir haben zahlreiche Berichte, Erzählungen und bildliche Darstellungen, die uns Beispiele solcher Racheakte mitteilen; und alle möglichen Formen der Rache und der Strafe des in seinen Besitzrechten verletzten Ehegatten findet man registriert. Die häufigste Strafe ist natürlich, wie zu allen Zeiten, daß der hintergangene Ehegatte die Schuldigen verprügelte. Viele rufen auch heimlich die Nachbarn herbei, um die Ehebrecher dem öffentlichen Spott und Gelächter auszuliefern, aber das sind nur die Dummen, die vergessen, daß sie dadurch nur ihre eigene Schande aller Welt offenbaren und sich selbst lächerlich machen. Solche Schande wendet der Mann nur dann von sich ab, wenn er Frau und Liebhaber erst tötet. Zyniker rächen sich in raffinier-

Bathseba im Bade.
Kupferstich von Aldegrever, 1532

ter Weise, indem sie zum Beispiel den Liebhaber erst in Gegenwart der untreuen Frau selbst schänden, bevor sie ihn an Leib und Leben strafen, solche Racheakte finden wir von verschiedenen Novellenerzählern geschildert. Eine andere zynische Rache ist, daß der betrogene Ehemann seinen Nebenbuhler auf der Stelle entmannt und die untreue Gattin Zeuge dieser schauerlichen Prozedur sein muß; auch diesen Racheakt findet man mehrfach mitgeteilt. In Konstanz überraschte ein Kaufmann seine untreue Ehefrau, die in seiner Abwesenheit mit einem Liebhaber, einem Doktor, in der Hausbadestube den Freuden der ehebrecherischen Liebe oblag; er ergriff einen Striegel und striegelte ihn auf der Stelle zu Tode. Die teuflischste Strafe, die sich ein hintergangener Ehemann ersann, wird von einem italienischen Edelmann berichtet, der von sich sagen durfte, daß er selbst überaus stark in der Liebe sei. Da ihr das nicht genügte, ihren Liebeshunger zu stillen, und sie dennoch Ehebruch trieb, so sagte er zynisch: »Nun so wollte er ihr Gelegenheit geben, daß sie sich wenigstens einmal in ihrem Leben sättigen könne«, und er überlieferte sie der Brunst von zwölf bezahlten Lastträgern und Ruderknechten, die nicht eher von ihr ablassen durften, bis die Arme den Geist aufgab, was am dritten Tage geschah.

Weil sich, wie wir schon an anderer Stelle sagten, immer eines logisch zum andern fügt, so entspricht der brutalen Rache eines Hintergangenen beim Vorsichtigen eine ebenso brutale Form, die gefährdete Treue der Frau künstlich sicher zu stellen. Diese Form sind die mechanischen Mittel zum Schutze der physischen Treue der Gattin, deren sich der Mann in der Renaissance bediente.

So hoch man gemäß der gesamten damaligen Lebensphilosophie

Die Wirkung der Eifersucht. Lucas Cranach

die Wirkung der moralischen Lehren stellte, weshalb man auch das Lob der Keuschheit stets im Munde führte, so dachten eben die Schlaueren unter den Männern doch: »Gut ist gut, aber besser ist besser.« Und das Bessere fand man darin, daß man dem Teufel – nämlich dem Unzuchtsteufel – ein Schnippchen schlug, das ihm das schönste Spiel verderben mußte. Und dazu bewährten sich nach Ansicht der Vorsichtigen unter den Männern solide mechanische Mittel, »die den Zugang zum Paradies der irdischen Liebe versperren«, unendlich besser als die solidesten Grundsätze und die höchsten Lobpreisungen der Keuschheit. Wenn eine Frau wußte, daß es ihr unmöglich war, einen Liebhaber zum Ziel seiner Wünsche kommen zu lassen, dann konnte sie obendrein aus der Not eine Tugend machen und sich mit stolzester Miene die Zuflüsterungen eines begehrlichen Buhlen verbitten und leichteren Gemütes die eigenen bösen Gedanken überwinden.

Diese Philosophie hat zur Erfindung des unter dem Namen Keuschheits- oder Venusgürtel bekannten eisernen Keuschheitswächters geführt. Dieser Keuschheitswächter war so konstruiert, daß er den Schoß der Frau mechanisch derart verschloß, daß die damit bekleidete Frau zwar ihre natürlichen Bedürfnisse verrichten, jedoch unmöglich den Geschlechtsakt ausüben konnte. Den Verschluß bildete in allen Fällen ein kompliziertes Schloß, zu dem allein der Ehegatte, Bräutigam oder Liebhaber den Schlüssel besaß.

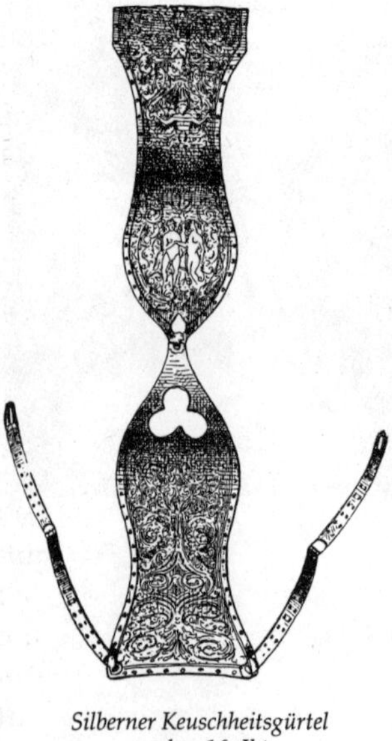

Silberner Keuschheitsgürtel aus dem 16. Jht.

Zweifelsohne ist der Keuschheitsgürtel nicht das einzige technische Schutzmittel gewesen, dessen man sich damals gegen die Untreue der Weiber bediente. In den unteren Volksschichten dürften wohl ähnliche Methoden im Gebrauch gewesen sein, wie man sie heute noch in den Balkanstaaten findet, und deren Fr. S. Krauß, der beste Kenner der Sitten dieses Landes, in seiner An-

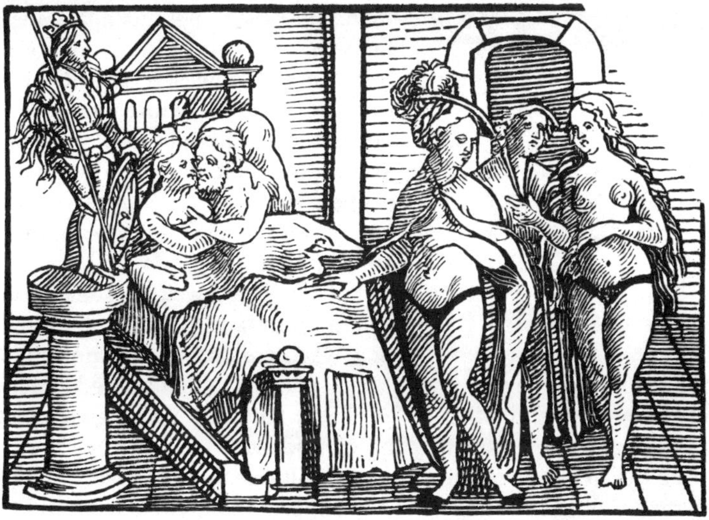

Liebesszene und Frauen mit Keuschheitsgürtel

thropophytheia mehrere beschreibt. Diese Methoden bestehen in der Infibulation, in der Einführung von Gegenständen in die weiblichen Geschlechtsteile, die schwer zu entfernen sind, in der Einspritzung von Säuren, die wochenlang währende Entzündungen hervorrufen und bei jeder Berührung der Frau die furchtbarsten Schmerzen verursachen usw. Jedoch nähere Kunde haben wir über solche Methoden aus der Renaissance nicht, und es läßt sich nur aus der inneren Logik der Dinge darauf schließen, daß die Eifersucht des Herrenrechtes damals mindestens ebenso produktiv war und ebenso brutal verfuhr wie heute.

Absolut sichere Kunde haben wir über den Gebrauch des Venusgürtels und auch über seine Verbreitung. Es steht fest, daß man sich seiner in jedem Lande und jahrhundertelang bediente. Bis in die neueste Zeit ist die Anwendung dieses technischen Schutzes zur Sicherung der Treue freilich mannigfach angezweifelt worden. Die Romantiker der Vergangenheit wollten die Übung einer derartigen Brutalität absolut nicht gelten lassen, und zum mindesten datierten sie den Gebrauch ins Mittelalter zurück, in die Zeit der Kreuzzüge. Denn gegenüber dem Mittelalter konnte

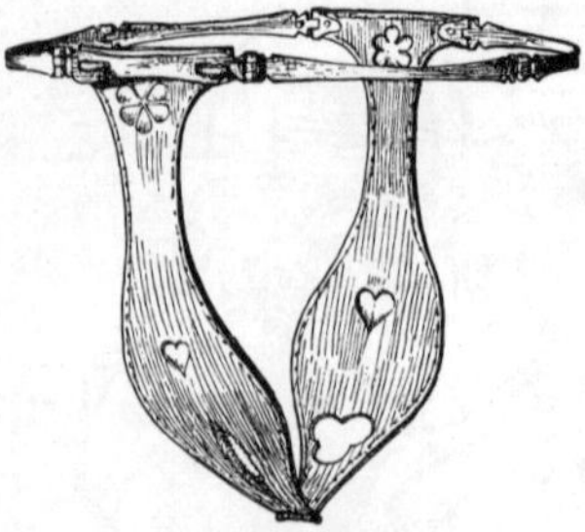

Eiserner Keuschheitsgürtel aus dem 16. Jht.

man das Beschönigungsmittel ausklügeln, daß es vornehmlich ein Schutzmittel gewesen sei, dessen sich die Ritter gezwungenermaßen bedienten, nicht nur, um sich die Treue ihrer Frauen in ihrer Abwesenheit zu sichern, sondern vor allem, um diese vor Vergewaltigung zu schützen. [...]

Der prinzipielle Zweifel an der wirklichen Benutzung dieses Keuschheitswächters und die Behauptung, daß man es dabei mit einer erst in späteren Zeiten ausgedachten erotischen Mystifikation zu tun habe, hat ja dadurch gewiß eine beachtenswerte Unterstützung gefunden, daß bei der Nachprüfung der in den verschiedenen Sammlungen und Museen aufbewahrten Stücke eine ganze Anzahl sich als mehr oder minder raffinierte Fälschungen erwiesen haben. Aber diesen stehen doch ebensoviel absolut echte Stücke gegenüber, und außerdem hat die neuere Zeit eine ganze Anzahl literarischer Hinweise aus der Zeit selbst zutage gefördert. Aber was das wichtigste ist: Es gibt darunter Funde aus der neuesten Zeit, deren Fundgeschichte nicht nur allen und jeden Zweifel an der Echtheit ausschließt, sondern auch zugleich den notorischen Gebrauch augenscheinlich belegt. Das letztere gilt zum Beispiel von dem Gürtel der Sammlung Dr. Pachinger-Linz. Dieser Gürtel wurde von seinem Besitzer an einem jugendlichen Frauenskelett aus dem 16. Jahrhundert entdeckt, dessen Ausgrabung auf einem österreichischen Friedhofe er zufällig beiwohnte. Der Name und der Rang der betreffenden Frau waren nicht mehr festzustellen; daß es sich jedoch um eine Dame aus vornehmem Geschlecht handelte, ergab sich daraus, daß sich das Skelett in einem Bleisarge fand. Zweifellos echte Stücke befinden sich weiter im Münchener Nationalmuseum, in Venedig, in den königlichen Sammlungen zu Madrid, im Musée Toussaud in London, im Museum von Poitiers usw. Zu beachten ist noch: Alle diese Stücke stammen aus der Renaissance; denn es gibt kein einziges Exemplar, das weiter als bis in den Anfang des fünfzehnten Jahrhunderts zurückreicht.

[...]

Die häufigste Version läßt den Tyrannen Francesco II. von Padua den ersten Erfinder sein; nach einer anderen Nachricht wurden die meisten dieser Gürtel in Bergamo hergestellt, weshalb man sie nicht nur »venetianische Gitter«, sondern auch »bergamesische Schlösser« nannte und davon sprach, daß man seine Frau oder Geliebte »auf bergamesisch vernestle«. Höchstwahrscheinlich ist die Erfindung in verschiedenen Orten zugleich gemacht worden.

Daß der Keuschheitsgürtel gewissermaßen offizielle Institution war, erkennen wir auch aus der Art der Hinweise. Dem Liebhaber, der um ein schönes Mädchen wirbt, wird von der Mutter im Vertrauen und mit Stolz mitgeteilt, daß sie bereits seit ihrem zwölften Jahre Tag und Nacht »ein venetianisches Gitter« trage. Ein andrer Liebhaber, dem es darum zu tun ist, ein keusches Mädchen zur Frau zu bekommen, betastet die Hüften des Mädchens; und als er unter dem Kleid den eisernen Gürtel fühlt, der ihren Leib umschließt, ist er befriedigt. Der junge Gatte bekommt in dem Augenblick, da ihm die Braut ans Bett geführt wird – die Hochzeitsnacht findet gewöhnlich im Hause der Eltern der Braut statt – von der Mutter den von dieser seit Jahren sorgfältig gehüteten Schlüssel zu dem kunstvoll gearbeiteten Schloß; hinfort wird er dessen alleiniger Besitzer. Auf das Schloß des Keuschheitsgürtels rich-

Frau mit Keuschheitsgürtel. Kupferstich von Aldegrever, 1532

tet der junge Ehemann zuerst seine Aufmerksamkeit, und triumphierend verkündet er nach wenigen Minuten den vor der Türe harrenden Eltern und Freunden, daß »Schloß und Tor« unversehrt sind. Wieder wo anders ist »ein zierlich Venusgitter« das erste Geschenk, das der junge Gatte am Morgen nach vollzogener Hochzeitsnacht seiner jugendlichen Frau überreicht. Die Unschuldige hat noch nie ein derartiges Schmuckstück gesehen und weiß nichts damit zu machen. Der Gatte erklärt der Neugierigen, wo und zu welchem Zweck dieser eigenartige Schmuck zu tragen ist, und legt ihr den Gürtel selbst an: »Nun ist der buhlerischen Liebe der Weg verlegt« und hinfort trägt sie »diesen besten Beschützer der Tugend ehrbarer Frauen« immer, wenn sie nicht an seiner Seite ruht. Wenn der Edelmann und Patrizier sich zur Fahrt in ferne Lande rüstet, bestellt er »seiner geilen Ehefrauen einen Freund, der ihrer Treue der sicherste Hüter ist«; dieser zuverlässige Freund ist ein »Zaum aus Eisen, mit dem man die Unzucht der Weiber am Zügel hält«, auch wenn der Mann in fernen Landen weilt. [...]

In den Novellen des Cornazano befindet sich eine Erzählung, in der geschildert wird, wie Kaufleute, die für längere Zeit verreisen, sich auf diese Weise der Treue ihrer Frauen versichern:

»Da war ein fremder Kaufmann, der eine schöne Frau sein eigen nannte. Nun sollte er eine Seereise antreten, und da er der Gattin nicht sicher war, weil sie von vielen geliebt und begehrt wurde, gedachte er etwas zu tun, damit sie nicht in Sünde fallen könne, auch wenn sie selbst wollte; und so ließ er einen Gürtel nach syrischer Art anfertigen, wie sie Semiramis wegen der Eifersucht ihres Sohnes erfunden hat. Dieser Gürtel ließ der Dame nur eine so kleine Öffnung, als sie für die natürlichen Bedürfnisse nötig hatte; er legte ihr ihn um und behielt den Schlüssel bei sich, worauf er ruhig in die Levante zu reisen gedachte.«

Auch Rabelais erwähnt den Venusgürtel als Vorbeugungsmaßregel gegen die Untreue der Weiber, den man darum den Frauen anlegen soll, sowie man überhaupt das Haus verlasse:

»Dieser und jener, der kein Weißes im Auge hat, soll mich mit Haut und Haar holen, wenn ich nicht meine Frau auf bergamesisch vernestle, so oft ich mein Serail verlasse.«

Das sind einige wenige jener Dokumente, die uns über die Anwendung dieses Keuschheitswächters in den verschiedenen

Der Venusgürtel. Deutscher Kupferstich, 1648

Ländern und Klassen Kunde geben. Aber das ist nicht alles, was man aus diesen Hinweisen erfährt; außerdem erfährt man aus diesen und anderen Berichten noch ein zweites, etwas noch Wichtigeres, – nämlich die grausame Ironie der Geschichte, die sich auch hier eingestellt hat. Daß die Zeit, die den eisernen Keuschheitsgürtel erfunden hat, auch sofort auf den Nachschlüssel gekommen ist. Und wir erfahren weiter, daß derselbe Händler, der an die Männer um teures Geld den Keuschheitsgürtel verkaufte, gleichzeitig um ebenso teures Geld deren Frauen den Nachschlüssel lieferte.

[...]

Daß die Zeit, die den Venusgürtel konstruierte, auch den Nachschlüssel erfand, so daß der Schutz gegen Untreue nur ein illusorischer war, ist nur die eine, und zwar überdies noch die kleinere Fatalität. Die Hauptironie bestand vielmehr darin: Weil der Keuschheitsgürtel die Vorsicht der eifersüchtigen Männer einschläferte, wurde er zugleich zum größten Gelegenheitsmacher der Untreue der Weiber. Der Mann fürchtet die galanten Scherze nicht, die seine Freunde und Gäste mit seiner schönen Frau treiben, er geht beliebig oft und stets auch länger fort, als er es sonst tun würde. Damit hat aber die Untreue nun hundert Möglichkeiten, wo sie vordem nur eine hatte. Es liegt in der

Natur der Dinge, daß die Frauen in den meisten Fällen auch alle hundert ausnützen. Oder, wie das Sprichwort sagt: »Der Jungferngürtel mit dem Schloß, vermehrt im Weib die Untreu bloß.« Und das ist auch das Fazit in den meisten Berichten und Schilderungen, die man über den Gebrauch des Keuschheitsgürtels findet. In einer kleinen Schrift »Le miroir des dames de nostre temps« heißt es:

»Ich kannte mehrere Frauen, die in der ganzen Stadt als Muster ehelicher Treue und Keuschheit bewundert wurden, obgleich sie immer einen oder mehrere Liebhaber hatten und diese auch mehrmals im Laufe der Jahre wechselten. Einige von ihnen waren mit Kindern gesegnet, die sie von den verschiedensten Liebhabern empfangen hatten, wie es ja bekanntlich zahlreiche Frauen gibt, die sich viel gerner von einem Freund oder Liebhaber, ja selbst von einem fremden Manne schwängern lassen, als von ihren Gatten. Der Ruf dieser Damen war auch in den Augen ihrer Männer niemals gefährdet; das machte, weil sie jene venetianischen Schlösser trugen, die als der sicherste Schutz gegen die Untreue der Weiber gelten.«
[...]

Welches ist nun die Schlußfolgerung, die sich für die Sittengeschichtsschreibung aus der Erfindung und dem allem Anscheine nach auch ziemlich häufigen Gebrauch des Keuschheitsgürtels in den Kreisen der herrschenden Klassen der Renaissance ableitet? So müssen wir zum Schluß fragen. Die Antwort auf diese Frage lautet: Die Einführung eines mechanischen Keuschheitsschutzes als Konstruktion einer künstlichen Hemmung der weiblichen Untreue, weil die natürlichen Hemmungen der Scham so häufig versagen, ist geradezu die klassische Bestätigung aller der Gesichtspunkte, die wir bis jetzt zur Charakteristik der geschlechtlichen Physiognomie der Renaissance angeführt haben, und es ist außerdem im besonderen der wichtigste Schlußstein dieses Kapitels. Der Gebrauch des Keuschheitsgürtels bestätigt vollauf unsere Behauptung einer rein sinnlichen Auffassung der

Beineinlage auf einer Armbrust (Nachzeichnung)

Liebe in der Renaissance, er bestätigt klassisch die Vorherrschaft der handgreiflichen Derbheit in der Galanterie und im Liebesgenuß, er bestätigt ebenso die Vorliebe für ein möglichst abgekürztes Verfahren beim gegenseitigen Werben, und er bestätigt nicht weniger bezeichnend die wichtigste Tatsache: die der ungeheuren erotischen Expansion jener Epoche.

Hermann Glaser

Spießer-Ideologie

Von der Zerstörung des deutschen Geistes im 19. und 20. Jahrhundert und dem Aufstieg des Nationalsozialismus

Band 4351

Das vorliegende Buch wurde erstmals 1964 veröffentlicht und war eines der umstrittensten Bücher dieser Zeit. In Hunderten von Besprechungen wurde es gehaßt, getadelt, gelobt und gefeiert. Inzwischen hat es mehrere Auflagen erlebt und so gut wie nichts von seiner ursprünglichen Sprengkraft verloren.

Dargestellt wird der geistesgeschichtliche Hintergrund, auf dem sich das Dritte Reich mit all seinem kleinbürgerlichen Muff und seiner grauenvollen Dynamik entwickeln konnte. Die Wegbereiter der Spießer-Ideologie – ein Begriff, den Glaser scharfsinnig einführte – standen nach Meinung des Autors von vornherein auf dem Niveau ihrer späteren epigonalen Aneigner.

Glasers These provozierte damals schmerzhaft, was die ungewöhnliche Rezensionsflut nachdrücklich beweist. Die These sollte aber auch Leser von heute – die jungen zumal, für die Hitler eine (interessante?) Figur aus dem Geschichtsbuch ist – aufrütteln, macht sich doch derzeit unter vielerlei Ablenkungen und Betäubungen eine satte, konsumorientierte und träge Mentalität breit, die gefährlich werden könnte.

Fischer Taschenbuch Verlag

fi 481/1